哲学家 2021 (2)

PHILOSOPHERS

中国人民大学哲学院　编

臧峰宇　主编

人民出版社

·

目　　录

1

Contents

哲学家

☞【Forum for Ph.D Candidates】

编者前言

臧峰宇

　　前不久,我们举办了"中国人民大学哲学学科 65 周年展",很多难忘的瞬间历历在目,与会领导、嘉宾和校友们回顾了人大哲学学科建设史,希望我们不断凸显哲学学科建设的中国特色和世界格局,弘扬优良传统,紧扣时代脉搏,坚持国际视野,推动人大哲学学科在实现哲学社会科学大繁荣大发展进程中作出独特贡献。我们深受鼓舞,深刻感到一代代人大哲学人传承哲思、接续文脉,扎根中国大地做学问,形成了具有国际水准和民族情怀的哲学理论思维。我们以"大先生"们的境界砥砺前行,进一步发展体现中国气派和时代精神的哲学的民族形式,也努力编辑好《哲学家》,使之为促进哲学研究和思想传播发挥更大作用。

　　本期"马克思主义哲学"栏目包括三篇文章,其中,周文彰教授在《主体性的发现和弘扬》一文中回顾与梳理了改革开放以来马克思主义哲学研究历程,认为这种学术探索是不断解放思想、摆脱僵化和教条主义束缚,勇于求索、追求真理的结果。吕佳翼副教授解读了莱福特对马克思的"不确定性"阅读及其形成的后马克思主义取径,分析了托克维尔、马基雅维利等对其思想的影响,相关思路在《从官僚批判到激进民主:克洛德·莱福特的后马克思主义取径》一文中得到深入展开。澳大利亚马克思主义哲学家罗兰·博尔探究了比较马克思主义哲学的方法论,通过追问比较马克思主义哲学与比较哲学的差异,揭示了比较马克思主义哲学的成因。基于对《共产党宣言》等文本的研读,他力图对马克思主义基本原理作创新阐释,并对如何理解马克思主义基本原理与偶然性判断之间的关系问题提出了一种新见解。

　　"中国哲学"栏目由两篇关于《孝经》的论文组成,舒大刚教授立足对马一浮先生《泰和宜山会语》《孝经大义》的考察,解析以简驭繁的读经之道,指出马一浮先生以"孝道"振起民风士习,以《孝经》提挈"六经"总纲,发挥大义微言,其真知灼见、实利实效具有重大理论意义。刘增光副教授在《致太平与总汇六经:郑玄〈孝经〉学发微》一文中认为,郑玄对《孝经》中"先王"的理解内涵对五帝公天下与三王家天下的分别,由此强调唯有通过孝礼之治方能实现天下太平或大同。他指出郑玄以《孝经》为六艺之根源,落实于人道,其对孔子制法的理解包含深远的希冀,从而揭明孔子之真志。

　　关于"外国哲学",本期发表了德国学者迈克尔·弗雷德的《古代哲学的研究》,吕纯山副研究员的《〈形而上学〉核心卷与发生学》和马琳副编审的《从海德格尔的翻译哲学来看他对〈道德经〉的"翻译"》。迈克尔·弗雷德认为,找到"好的理由"对研究一位哲学家持有某个观点颇为重要,为此要重构一种推论,诉诸某种历史背景来理解某个哲学观点。他强调研究古代哲学的历史维度,理解某个古代哲学家的思想与社会历史之间的错综复杂的关联,构成一种理想的哲学史研究。吕纯山副研究员指出,《形而上学》Λ卷补充了 ZHΘ 卷尚需进一步解释的思想,它们共同构成了集中讨论"作为存在的存在"的《形而上学》核心卷,并强调运用发生学方法对研究亚里士多德哲学体系诸发展阶段的重要性。马琳副编审探讨了海德格尔对《道德经》的翻译事件,她认为海德格尔对"词语"(Wort)的强调体现了其翻译哲学的一个特点,指出任何一种翻译都必须从一种语言精神移步到另一种语言精神,翻译作为"诠解"应能揭示在源语言中存在着却没有明确表达出来的关联。

本期"美学"栏目包括三篇论文,柯小刚教授在《身体的山水:宗炳〈画山水序〉义疏》一文中阐述了《画山水序》所言之深入骨髓的物我相入、天人交融的意境,细品"含道映物"之"含"、"澄怀味象"之"味",体会让物进入身体、让物化入身体的感知,从中探知疏通山水画笔墨经验中的天人物我通道。孙斌教授以赫西俄德的文本为基本线索,考察人类起源的神话与普罗米修斯的形象,指出普罗米修斯置身于人自身的这种生成之中,被预见者并非处在度量时间上的将来,而是置身于当下的生成之中。殷曼楟教授从知觉心理学出发,研究视觉在古德曼图像再现说中的暧昧处境,通过解读纳尔逊·古德曼对以往图像再现说的相似性理论的批判,指出其论证了图像再现观的合理性及其对视觉与图像问题的搁置,推动了分析美学领域的图像再现研究向视觉经验及图像性分析的转向。

在"博士生论坛"中,王明磊探讨了"亚里士多德论一门普遍的存在科学",在他看来,"作为存在"是对研究方式的限定,而非对"存在"的限定,这门科学具有一种把所有种属包含其中的普遍性,不与专门科学的研究冲突,且为所有专门科学奠基。李星原探讨了"海德格尔论黑格尔的经验概念",围绕意识经验与精神现象的关系、"我们"的问题、绝对精神的判教问题、现象学体系被抛弃的原因、精神现象学演进的动力、绝对之意愿六个具体议题,她认为海德格尔刻意回避了黑格尔"特定的否定"概念,海德格尔与黑格尔对话的基础在于"拯救现象"。高语含在《诗境与道境:论释道玄理于诗言中的朗现》一文中指出,魏晋以来以诗言道的境界日趋高卓,技法日趋成熟,他力图揭示玄理诗演进蕴涵的美学理念,认为这种创作可被认作一种另类的心性工夫实践。

本期"我们的哲学年轮"栏目包括周桂钿教授和肖群忠教授的两篇回忆文章。周桂钿教授回忆了在哲学试验班的学习经历,描述了当时课堂教学和小组讨论的情景,谈及对哲学答案的探寻以及对为什么要学哲学的思考。他从远近两个角度述说哲学试验班的影响,近的方面是促其当时发表文章,远的方面则逐渐体现在其后教学与研究历程中。肖群忠教授回忆了在伦理学专业的"沈阳班"学习的经历,谈到当年师生之间、同学之间深厚的情谊,他将伦理学界"沈阳班"看作是一种"现象",在生活中的情谊叙事中彰显伦理叙事,认为中国伦理学从来都强调情理、情谊和实践精神,培养懂情理的人和有情义的人。

本期增设了"书评"栏目,发表了冯庆博士的《星空与大地的辩证法——评〈哲学的星空:前沿问题与研究方法〉》,他回顾了2020年秋季学期"哲学的星空"系列讲座的主要内容,不仅对每讲实录做出独特评论,而且阐释了讲座总体呈现的现代意涵。

在此,感谢学界同仁对本刊的大力支持。扩展为半年刊两年来,我们逐渐丰富栏目设置,改进编辑流程,提高编校质量,得到很多师友惠赐的佳作。希望这块学术芳草地面向更多体现思想深度和时代质感的学术议题开放,在深邃的研讨中增强学术对话,记录我们时代深沉的哲思。

2021年暮冬
于中国人民大学人文楼

【马克思主义哲学】

主体性的发现和弘扬

周文彰[*]

内容提要：新中国马克思主义哲学中国化、时代化，在时间上长达 70 多年，在空间上涵盖哲学的一切领域。在这一进程中，主体性的发现和弘扬是不可忽视的重要成果。本文从"主体性的发现和弘扬"这一角度，参照改革开放以来作者有所经历、有所体验的研究工作，对此进行历史回顾与梳理。可以看出，如今我国马克思主义哲学的丰硕成果和生动局面是不断解放思想、摆脱僵化和教条主义束缚，勇于求索、追求真理的结果；今后，我们要坚持不忘本来、吸收外来、面向未来，把马克思主义哲学中国化、时代化的步伐继续推向前进。

关键词：马克思主义哲学中国化；主体性；主客关系；发现；弘扬

马克思主义必须中国化，中国化的马克思主义必须时代化，这是两个密切关联的命题。这两个命题，是党的百年奋斗历程所得出的重要结论；这两个重要结论既来自没有中国化、时代化而导致的沉痛教训，也来自中国化、时代化而积累的宝贵经验。作为马克思主义重要组成部分的哲学自然也是如此，而在马克思主义哲学中国化、时代化的过程中，主体性的发现和弘扬是不可忽视的重要成果。

一

新中国诞生以后，马克思主义哲学教科书似乎是苏联哲学教科书的翻版，但细究一番并非如此。因为毛泽东同志的《实践论》《矛盾论》《人的正确思想是从哪里来的》等哲学论著就是马克思主义哲学中国化的产物，其实践性尤为突出，注重利用马克思主义哲学原理解决中国革命的实际问题；毛泽东同志多次号召要把哲学从哲学家的课堂上和书本里解放出来，把它变为群众手里的锐利武器。同时，马克思主义哲学也面临着通俗化的时代要求，因为中国革命的主力军文化程度不高，哲学不通俗就无法成为"群众手里的锐利武器"，因此毛泽东同志总是用浅显易懂的语言去讲授哲学。例如，他用亲口尝一尝梨子才能知道梨子的滋味的生活常识、用"不入虎穴，焉得虎子"的古代成语，

---

* 中共中央党校（国家行政学院）教授、博士生导师，中华诗词学会会长。

来说明直接经验对于认识的重要性,说明实践对于认识的重要性。随着毛泽东思想被确立为党的指导思想,以及毛泽东同志个人威望高涨,毛泽东哲学思想不仅走进了马克思主义哲学教科书,也在群众性的学哲学用哲学活动中进入人们的头脑。1961 年由艾思奇同志主编的《辩证唯物主义历史唯物主义》一书出版,成为新中国第一本马克思主义哲学教科书,这本书紧密结合了中国革命和建设的实践、中国历史和中国文化的实际,以丰富鲜活的历史经验和实际情况对马克思主义哲学基本原理作了细致阐述。由此可见,在改革开放以前,中国马克思主义哲学教科书并非苏联哲学教科书的照搬照抄。

二

1978 年 5 月《实践是检验真理的唯一标准》一文发表,是马克思主义哲学中国化、时代化进程进入新时期的重要标志,也是马克思主义哲学中国化、时代化在新时期的重要理论工具。

说它是理论工具,是因为马克思主义哲学工作者不再拘泥于本本和权威,从传统的思想观念和思维方式中解放出来,在"实践标准"的激励下对几乎所有哲学概念、命题进行了反思,甚至敢于对马克思主义哲学体系特别是教科书体系,提出质疑和新的见解。比如,对于矛盾的斗争性是绝对的、同一性是相对的,是否过分突出了"斗争性"而低估了"同一性";辩证唯物主义除了本体论、认识论、辩证法三部分,价值论是否也应当充实其中;辩证唯物主义和历史唯物主义究竟是并列关系还是从属关系;等等。此外,系统论、控制论、信息论传入国内以后,"马克思主义哲学与'三论'"一时成为哲学工作者的研究热题。众多事例足以说明:主体性的发现和弘扬,既是马克思主义哲学中国化、时代化的重要成果,也是马克思主义哲学中国化、时代化的推进力量。

三

所谓主体性,是人的主体性,是人在认识活动、评价活动和实践活动中发挥主观能动作用而使认识、评价和实践过程和结果打上主体烙印的属性,即认识主体性、评价主体性和实践主体性。

所谓"发现",既包括理论的发现,也包括实践的发现。理论的发现是说,我们重温马克思主义经典哲学著作,发现了曾被我们忽视的马克思主义关于主体性的重要思想内容;我们重温中国哲学史和西方哲学史,发现了以往被当作"垃圾"踩在脚下的关于主体性的合理思想内核;我们引进当代西方哲学,发现了其中关于主体性的深度研究和精彩论述。实践的发现是指,我们发现不同人的领导实践带来不同的经济社会局面,不同的劳动实践导致不同的产品质量……于是,理论发现和实践发现两方面形成合力,共同推动着主体性思想重新展露于马克思主义哲学思想体系。

四

在马克思主义哲学中,认识论曾是最活跃的研究领域。当时,中国人民大学辩证唯物主义和历史唯物主义博士点在肖前、李秀林、夏甄陶等导师的研究示范和出色指导下,始终坚持在马克思主义指导下解放思想、活跃学术,以认识论研究见长,而其中主体性问题成为我们前后三届博士生同学的共同课题:李德顺的价值论、陈志良的思维建构论、郭湛的主体活动论、欧阳康的社会认识论,以及其后本人完成的主体认识图式论,都对主体性进行了富有成效的研究。人民大学哲学系的研究和全国相关高校、研究机构的研究,共同奏响了当时认识主体性研究的大合唱。

认识的主体性是说,认识是主体大脑对客体的反映,这种反映不是"照镜子",而是主体对客体加以选择、加工、改造制作后的产物,从而,认识实际上是主体对客体的解释或说明。因此,不同的人对同一事物会产生不同的反映。这种反映,有的合乎客体,有的背离客体。

为什么主体对客体的反映不是"照镜子"式的直观反映? 因为主体认识客体时,头脑不是空无一物的"白板",而是带有先在的精神状态。这种先在的精神状态,有的叫做思维模式,有的叫做思维结构,有的叫做思维方式,有的叫做主体认识图式。对这种精神状态的内在构成及其功能和效应的研究,一时成为热点和亮点。

五

深入研究发现,认识和实践的活动过程,时时处处伴随着主体对客体的评价,即评价客体之于主体的利害、善恶、美丑等价值关系。以李德顺为代表的一批学者,展开了价值及其评价的研究,逐步形成了马克思主义哲学价值论。其研究及其成果,对哲学其他专题的研究和其他人文社会科学的研究意义重大,哲学价值论研究更是有力地支持和推动了认识主体性的研究。现在看来,这些研究实际上为后来我国社会主义核心价值体系、核心价值观的提出和建立演奏了"第一小提琴"。

六

认识主体性的揭示,把一个尖锐的矛盾摆到了人们面前:认识的任务是要"客观地"反映客体,而认识又不可避免地具有"主体性",如何保证充满主体性的认识具有客观的真理性呢? 面对这个矛盾,不同哲学家给出了不同解答,有人加以否认,宣称心灵是清白无瑕的"白板",认识是打在心灵上的自然的印记构成的。有人神秘地解决这个矛盾:客观对象就是自我、心灵、绝对精神外化的产物,自我当然能够认识自己的产物,达到真理性认识。有人对认识前景充满忧患意识和悲观情调,宣称人类天生无法掌握客观对象,只能俯首听命,顺从天意。他们的共同失误在于不了解主体性具有两极性,即否定的主体性和肯定的主体性。否定的主体性也即是认识的主观性、片面性、随意性。肯定的主体性,即指认识由于主体因素的参与反而更加接近客观对象,达到真理性认识。因此,认识的客观性并不在于排除主体因素的参与,而是恰恰借助主体对客体对象的能动干预,沿着肯定的方向强化主体性。这种主体性越强,越能达到认识的客观性。大约 1989 年前后,《中国社会科学》杂志社以本人的论文题目为主题,在湖南张家界召开了"认识的主体性和客观性"学术研讨会,有学者质疑"认识的主体性和客观性"的逻辑性,认为"主体性和客观性"不能并列,要么是"认识的主体性和客体性",要么是"认识的主观性和客观性"。实际上,这是没有明白该论题所要解决的问题所致。

七

主体性的发现,让我们对党的实事求是的思想路线有了更加深刻的认识。"实事求是"一词是毛泽东在哲学层面的古为今用,而"实事求是"的现代工作表述,就是"从实际出发"。从实际出发所要求的"实际"是"客观实际",而主体能做到的只能是从"脑中实际"出发,即先要认识"实际",把"客观实际"反映到头脑中来,成为"脑中实际",再根据"脑中实际"作决策、做工作。由于认识的主体性,"脑中实际"与"客观实际"之间存在的距离,不以主体意志为转移地造成了"从实际出发"的难度,造成对局部与全局、现象和本质、个别与一般、主要矛盾和次要矛盾、矛盾的主要方面和非主要方面等在观念把握与实践把握上的误差。所以,主体即使深入了实际,也不宜过分信赖自己的眼睛和自己的判断,眼见不一定为实,这也是"从实际出发为什么这么难"的主体原因。只有在不断深入实际的同时,虚心听取各方面的意见,才能使自己对客观实际的认识即"脑中实际"比较地接近客观实际。

八

主体性的发现,让我们深刻认识到,主体作用于客体的一切活动及其效果的是与非、利或害、善或恶、美或丑,都不能依赖于主体的主观愿望或主体的自我评价,而是要经过"群众的检验、历史的检验、实践的检验"。历史上对"反右"运动、"大跃进""计划经济""市场经济""社会主要矛盾"等的认识和评价,都是经过这"三大检验"才获得的。然而,"实践"这一似乎无须解释的明晰概念,在深入研究面前,似乎又模糊起来。实践形态、实践过程、实践结构、实践观念或实践模型、实践如何检验、实践检验与理论指导、实践的哲学地位等一系列问题,因此成为研究的热题。与此相关的真理问题更是得到了细化研究,例如,真理有没有阶级性、自然科学真理和社会科学真理的异同等问题的探讨,使人们对"实践是检验真理的唯一标准"的认识得到深化和拓展。

九

主体性的发现,让我们深刻认识到,"一切历史都是当代史"。历史是已经发生的故事,本来是客观真实的历史事实,但当主体去认识和阐释历史时,由于主体性的存在,一切历史都成为主体"眼中的历史"或"脑中的历史"。对于客观历史的认识活动,必然受到主体的历史观、历史知识以及主体思维方式、主体立场等的支配,也必然具有从主体需要和时代需要去研究历史并做出历史结论的特点,这使得一切历史都成了"当代史"。因此,历史认识也需要"百花齐放、百家争鸣",历史认识也需要不断深化、不断发展,永远不能故步自封。

十

改革开放以来,与主体性研究相伴随的是哲学界对主体和客体这对范畴的研究和确立。主体是人,但并非人都是主体,只有当人和外部事物结成一定关系时,人才成为主体,外部事物才成为客体。因此,不光主体依赖于客体,客体也依赖于主体。这一论断的后半部分,往往被视为唯心主义观点而不被接受,因为在以往哲学视域下,外部事物是不依赖于人的客观存在。惭愧地说,本人于1981年撰写学士论文研究德国古典哲学家谢林思想时,就依据这种哲学观点。当我们区分了哲学本体论与实践—认识论以后才确立了"客体也依赖于主体"这一重大哲学论断。

如果我们把人和外部世界都当作一个整体,那么,毫无疑问,人都是主体,外部世界都是客体。随着时代的发展,人在越来越大的空间内成为主体,外部世界也在越来越大的范围内成为客体。而这一切,都导源于人的生存和发展的需要。随着时代的发展,人的需要也在变化,人的需要的满足则通过主体改造客体、客体改造主体这双向作用的实践,此外别无他途。"需要"也由此成为哲学的研究对象。

由此,人是一切实践活动的出发点和落脚点,人是最终目的。理所当然,人的实践应当以人为本。正因此,过去我们长期忌讳的"以人为本"的观念,很快成为我们党的科学发展观的核心。这里的"人",对我们党而言,就是广大人民群众。从"以人为本"演进到"以人民为中心",是我们党的宗旨理论合乎逻辑的发展。

"以人民为中心"的发展理念,强调发展为了人民,发展依靠人民,发展成果由人民共享,"群众是真正的英雄"的唯物史观在中国特色社会主义新时代得到了进一步高扬。同时,我们党又极其重视"关键少数"——领导干部的作用,要求"关键少数"严以律己、忠诚干净担当,通过"关键少数"率领和带动"绝大多数"。传统哲学一直争论的英雄和群众的关系问题,在我们党的理论和实践中得到了有效解决。

结　语

新中国马克思主义哲学的中国化时代化,在时间上长达70多年,在空间上涵盖哲学的一切领域。本文仅仅从"主体性的发现和弘扬"这个极为狭窄的角度,参照改革开放以来本人有所经历、有所体验的研究工作,作了以上简要回顾。可以看出,今天我国马克思主义哲学的丰硕成果和生动局面是不断解放思想、摆脱僵化和教条主义束缚,勇于求索、追求真理的结果;今天和今后仍然需要我们这样做。习近平总书记指出:"理论的生命力在于创新。创新是哲学社会科学发展的永恒主题,也是社会发展、实践深化、历史前进对哲学社会科学的必然要求。"①我们要坚持不忘本来、吸收外来、面向未来,把马克思主义哲学中国化、时代化的步伐继续推向前进。

---

①　《习近平谈治国理政》第二卷,北京:外文出版社,2017年,第342页。

从官僚批判到激进民主：
克洛德·莱福特的后马克思主义取径

吕佳翼[*]

内容提要：克洛德·莱福特是当代法国最重要的政治哲学家之一。他从在梅洛·庞蒂的影响下开始参与政治活动，经过对托派的认同和批判，走向与卡斯托里亚迪斯在《社会主义或野蛮》的合作，对苏联社会性质作出独到的分析，后又聚焦于对极权主义的思考，并由此对马克思哲学作出发展与批评，最终走向以激进民主为特点的后马克思主义思想。莱福特致力于通过开放地阅读马克思，保留马克思的批判性，以至将对极权主义的批判这一传统上被视为"右翼"的理论阵地也嫁接到马克思的批判向度上，开启了批判极权主义的左翼视野，这是他值得注意的理论贡献之一。对马克思的"不确定性"阅读和对"极权主义"的翻转，构成了莱福特理解民主的独特取径，这是他的另一理论遗产。总体而言，莱福特是在质疑马克思或马克思主义的进程中，接受马克思的思想影响的，这就使我们格外需要加以辨别，哪些是莱福特对马克思的误读，因而不可为我们所取，而哪些是对我们研究马克思主义或"后马克思主义"有启发的。

关键词：克洛德·莱福特；后马克思主义；《社会主义或野蛮》；极权主义；激进民主

克洛德·莱福特（Claude Lefort，1924—2010）对国内学界还是一个比较陌生的名字，但他是当代法国最重要的政治哲学家之一。他去世时，法国报刊以数页篇幅称赞其为"本世纪的伟大思想家之一"[①]。纽约社会研究新学院的哲学学者伯纳德·弗林（Bernard Flynn）这样写道："汉娜·阿伦特评论道，现代性产生出了社会哲学和历史哲学，但没有产生出政治哲学。但克洛德·莱福特是一个例外。他在众多方面是一个政治哲学家。他追问经典的政治哲学问题：'不同政体类型的性质是什么，如何区分它们？'同时，莱福特也是这样一种政治哲学家，他对政治的思考总是与当时的政治事件

---

* 吕佳翼，南开大学马克思主义学院副教授，天津市高校习近平新时代中国特色社会主义思想研究联盟特邀研究员。本文是 2020 年度天津市哲学社会科学规划项目"后马克思主义的意识形态认同理论及其现实启示研究"（项目编号：TJKSQN20—001）、2022 年度中央高校基本科研业务费专项资金资助项目"'习近平新时代中国特色社会主义思想是 21 世纪马克思主义'重大论断研究"（项目编号：63222079）的阶段性成果。

① Martin Plot ed.Claude Lefort, *Thinker of the Political* , London：Palgrave Macmillan，2013，p.20.

交织在一起'。"①这一评论扼要概括了克洛德·莱福特政治哲学的总体特点。

只要稍微列举几个与之相关的人物,就能看出克洛德·莱福特在法国哲学界的渊源关系。克洛德·莱福特是梅洛·庞蒂的学生和朋友,早年在梅洛·庞蒂的影响下接受马克思主义并参加政治活动,开始在萨特和梅洛·庞蒂主编的《摩登时代》发表作品。1961年梅洛·庞蒂去世后,莱福特是梅洛·庞蒂的手稿整理人。1946年与卡斯托里亚迪斯相遇,因观点一致,两人相见恨晚,以两人的笔名形成"科尼利厄斯—蒙塔尔思潮"(Chaulieu-Montal Tendency)。1949年《社会主义或野蛮》杂志创办,卡斯托里亚迪斯和克洛德·莱福特是最主要的创办者。但克洛德·莱福特因观点分歧于1958年离开,并与其追随者成立了"工人信息与联络"团体。20世纪50年代初期,莱福特和萨特就苏联问题和工人阶级的作用激烈争论,萨特还写了《共产党人与和平——兼答克洛德·莱福特》一书回应。美国波士顿学院的学者朱利安·博格(Julian Bourg)指出:"20世纪60年代标志着克洛德·莱福特明确地转向后马克思主义,具体而言是政治问题和哲学。"②而这种后马克思主义的影响之一,就是启发了拉克劳、墨菲的激进民主理论的形成。位于苏格兰的玛格丽特皇后大学的学者杰里米·瓦伦丁(Jeremy Valentine)在《莱福特与激进民主的命运》一文中开宗明义地写道:"莱福特民主理论的影响之一就是拉克劳和墨菲关于'激进、自由、多元民主'观念的形成。"③从这个意义而言,说克洛德·莱福特是后马克思主义的开创者亦不为过。1998年,克洛德·莱福特获"汉娜·阿伦特奖",这是主要表彰政治哲学成就的二大哲学界奖项之一。

克洛德·莱福特的著作丰富,主要作品包括《现代社会的政治形式》《难题:共产主义与民主的困境》《民主和政治理论》《形成中的马基雅维利》《写作:政治测验》等多种。国外已有的研究成果主要包括伯纳德·弗林(Bernard Flynn)的专著《克洛德·莱福特的哲学——解释政治》和马丁·布洛特(Martin Plot)编的一本诸多学者研究克洛德·莱福特的论文集《政治思想家克洛德·莱福特》。《克洛德·莱福特的哲学——解释政治》这本专著主要是从哲学角度研究的,它包括四个部分:作为马基雅维利读者的莱福特、莱福特论前现代性、莱福特论现代性、莱福特论极权主义。《政治思想家克洛德·莱福特》这本论文集收入的论文则从政治现象学、政治人类学、人权与民主理论、莱福特与马基雅维利、莱福特与托克维尔等多种角度研究和论述。但它们的关注点都在莱福特的后期思想,特别是其中的民主和哲学维度;但对于莱福特从马克思主义到后马克思主义这一发展线索关注甚少。但笔者以为这一线索对于克洛德·莱福特的思想是十分重要的,这不仅由于莱福特的思想发端于马克思主义,而且自始至终自视为左翼,也由于莱福特在离开马克思主义之后对马克思主义的反思也镌刻在他的思想之中,

① Martin Plot ed.Claude Lefort, *Thinker of the Political*, p.vii.

② Claude Lefort, *Complications*: *Communism and the Dilemmas of Democracy*, Julian Bourg trans., New York: Columbia University, 2007, p.4.

③ Martin Plot ed.Claude Lefort, *Thinker of the Political*, p.203.

更何况就莱福特对人类解放这个主题的执着思考而言,他并没有离开马克思主义。

一、莱福特的早期经历与思想裂变

1943 年,克洛德·莱福特在巴黎组织了一个属于"第四国际"法国支部的托派组织。但克洛德·莱福特与卡斯托里亚迪斯一样,很快就对托派的观点感到不满。托洛茨基及其后的正统托派是斯大林主义的激烈批评者,但他们认为斯大林主义苏联是"堕落的工人国家"——虽然堕落,却没有改变工人国家的基本性质,因而在世界大战中仍是世界工人阶级所要保护的对象。早在托洛茨基仍在世的 1939 年,就由于《苏德互不侵犯条约》的签订,托派内部就托洛茨基关于苏联性质的上述认识发生过争论,1940 年托洛茨基去世后,托派很快就因这个理论分歧炸裂。除了后来的正统托派仍坚持"堕落的工人国家"论外,不少重要的前托派成员离开了托派,并迅速发生着各种思想裂变,其中就包括克洛德·莱福特等人。1939 年以来,托派中关于苏联性质的观点主要有三派:除了正统托派持"堕落的工人国家"论;拉雅·杜娜叶夫斯卡娅从 1940 年起提出一种国家资本主义论,后来这一观点蔚为潮流,并在托尼·克里夫等思潮中得到发展;詹姆斯·伯纳姆(James Burnham)等人则提出了苏联是一种"官僚集产主义"的新剥削社会。

克洛德·莱福特和卡斯托里亚迪斯对正统托派的观点不满,同时,应该也受到了后两者观点的影响,但他们又不认同于后两者中的一种。他们认为苏联是一种"官僚资本主义",这一观点在某种程度上融合了国家资本主义论和官僚集产主义论两种观点。它既同国家资本主义论一样,认为这是一个资本主义社会(尽管是特殊的),而非一个像"官僚集产主义"一样新型的剥削社会;又同官僚集产主义论一致,认为光从资本主义经济范畴并不能破解这一社会的性质,而必须聚焦于它的独特政治。但克洛德·莱福特达到这一观点的思想行进路线,既与卡斯托里亚迪斯、西里尔·莱昂内尔·罗伯特·詹姆斯(C.L.R.James,非洲裔特立尼达和多巴哥新闻工作者、作家和理论家)等人主要诉诸哲学思辨不同,也与拉雅·杜娜叶夫斯卡娅、托尼·克里夫(Tony Cliff)等人主要诉诸政治经济学分析不同,他甚至对用"官僚资本主义"这个词来概括苏联社会性质并不十分在意(行文中很少使用),但他有着独特的问题意识、对"官僚"问题的独特敏感及其政治哲学的思考进路。

克洛德·莱福特的第一篇重要文献是写于 1948—1949 年的《托洛茨基的矛盾》。莱福特批评了托洛茨基"堕落的工人国家"论的局限性,指出了这种观点在批判斯大林主义上的无力。这一观点在当时对正统托派的异议者中是并不鲜见的,值得注意的是莱福特对苏联转变的一段历史哲学分析。他说:"1923 年的转折点通常看起来难以理解。事实上,在这一阶段,布尔什维主义的革命性质命悬一线。因为列宁和托洛茨基的政策是导向世界革命的。在革命缺位的情况下,一线生机只能断裂。矛盾太紧张,以至不能持续。"①斯大林的崛起代表着以异化的方式解决这一矛盾，从而导致苏联的形式维持下来了，但性质改变了。托洛茨基还代表着原来那种矛盾的性质与斯大林斗争，因而，这表面上是个人之间的斗争，实则折射着两种不同社会性质之间的斗争。莱福特还写道："我已指出托洛茨基代表着 1923—1927 年间布尔什维主义的矛盾。我现在要补充说，他从未从这种矛盾中出来。"②在矛盾已经改变的情况下，托洛茨基仍陷于早前的矛盾而不自知，莱福特认为，这就是托洛茨基对斯大林主义批判之局限的根源。克洛德·莱福特的这一解说自成一家之言，但是，在 1923 年由于革命的缺席，官僚怎么就能在一种相对和平的条件下由一个"阶级"变而为"阶层"，以至统治阶级幡然改变，整个国家发生社会革命般的根本性质改变？这在马克思主义理论内部是自洽的吗？这对于国家资本主义论者是较大的理论挑战，莱福德没有比托尼·克里夫等人回答得更好。

《托洛茨基的矛盾》是莱福特对托洛茨基的批判，同时也是他对自己原先立场的自我清算。他认为托洛茨基虽然是反对苏联官僚主义的旗手，但这种反对从来没有彻底，这不仅表现在理论上托洛茨基否认官僚集团的畸形发展对无产阶级专政性质的改变，而且在实践上托洛茨基本身助长了官僚主义的发展，"托洛茨基反对官僚主义的斗争缺乏任何基础，因为他自己客观上就是官僚主义的工匠。托洛茨基不能责备斯大林实行了反无产阶级和反民主的政策，因为他自己就创立了这种政策。他不能批评对反对派的镇压，因为他自己就参与了对'工人团体'和'工人真理派'的镇压。"③很显然，莱福特不满足于批判官僚主义的托派框架，试图在理论上走得更远。他要把托洛茨基在反官僚主义过程中人格上的撕裂和理论上的矛盾揭示出来，找到问题更深刻的根源，同时他认为这实际上也是托洛茨基悲剧的根源。但此时，莱福特没有超越马克思主义的基本理论，他在此文的最后指出问题将会由一场新的革命来解决，它的特点是"无产阶级先锋队有效参与统治、阶级之自治机关的重要性、党的作用降低"等④。克洛德·莱福特是以一种回到马克思的方式批判托洛茨基的，但是，上述理论挑战在马克思主义理论框架内仍然存在。他不是像有些理论家那样试图回避或修补这条裂缝，而是由此促使他进一步的思想裂变。

二、批判"极权主义"的左翼视野

莱福特写于 1956 年的《没有斯大林的极权主义》长文是另一篇重要文献，它虽然

---

① Claude Lefort, *The Political Forms of Modern Society*, John B. Thompson ed. Cambridge, The MIT Press, 1986, p.49.

② Claude Lefort, *The Political Forms of Modern Society*, p.50.

③ Claude Lefort, *The Political Forms of Modern Society*, p.49.

④ Claude Lefort, "The Contradictions of Trotsky", https://www.marxists.org/archive/lefort/1948/trotsky.htm, 2020-12-26. 此文在收入后来出版的文集时，此处所引的最后这段话被删去了，故而只能在网上找到这篇原文。

是结合当时赫鲁晓夫非斯大林化的时事而写,其中的理论深度和视野却远远超越时政评论的羁绊。其中虽然也有不少类似正统托派对斯大林主义的批判以及对正统托派的异议者对托洛茨基的批判这类老生常谈,但克洛德·莱福特对苏联性质作出了独特的分析。在经济问题上,他持一种与国家资本主义论者相似的观点,他说:"由革命锻造起来的(斯大林主义)政治机构使自己摆脱了任何无产阶级的控制,然后使生产机构直接从属于自己。""如果我们采用一种经济视角,我认为核心的现象将是资本的集中,在一种新的全面生产制度中对所有者的剥夺和垄断的融合,以及无产阶级从属于一种新的对经济的集中管理。"①读到这里会觉得它比较类似于国家资本主义论者那种将国家视为一个总资本家的观点,但莱福特立即指出:"如果我们仅仅拥抱经济观点,我们将使自己被一种虚假的历史必然性图景所欺骗。因为尽管资本主义的集中能在所有当代社会被观察到,但你不能得出结论说,凭借某种理想规律,它必然导致其最后阶段。比如,没有理由认为,在缺乏一场将会扫除资本主义统治阶层的社会动荡的情况下,像美国或英国这样的国家必然将垄断从属于国家控制并消灭私有财产。""在这个意义上,把1930年以来苏联发生的转变简单地视为从一种资本主义管理形式转变为另一种——换言之即出现了国家资本主义,这种观点是虚假不实的。"②莱福特的这些论述既驳斥了国家资本主义论者仅仅从经济出发推论出其对苏联性质整个认识的观点,也蕴含着对马克思主义经济决定论和历史规律论的否定,后者将在往后得到更明确的表述。

托尼·克里夫的国家资本主义论认为,资本主义经济的发展本身包含着一种对价值规律、私有财产等自我否定的"极化"趋势,以至于最终达到国家资本主义阶段;而经济上的国家资本主义又决定了政治上的极权主义,即随着经济的集中化,政治权力也几乎同步地集中化。正如他说:"国家资本主义带来了工会与国家的融合,乃至于最终取消……国家资本主义意味着从历史上看国家的极权主义……国家资本主义意味着工人阶级被一个控制着生产资料的资产阶级极端地镇压。"③但这种资本主义经济趋于"国家化"、且国家资本主义导致了极权主义的经济决定论逻辑,在经验上极易被证伪,在哲学上则是黑格尔主义的幻象。克洛德·莱福特的上述论述,正可以看作出于对这种理论的不满而发。莱福特力图弥补国家资本主义论的理论罅隙,由于国家资本主义论是一种力图遵循经典马克思主义的观点,因而莱福特实际也是力图通过对马克思主义的某种调适使其更有解释力,直到对马克思主义的这种"调适"逸出了马克思主义。

根据国家资本主义论者的上述经济决定论观点,苏联官僚是一种特殊的资产阶级,是资本最纯粹的人格化。莱福德驳斥了这种观点。第一,他认为,这种观点把官僚视为

---

① Claude Lefort,*The Political Forms of Modern Society*,pp.64-65.

② Claude Lefort,*The Political Forms of Modern Society*,pp.65-66.

③ Tony Cliff, "State Capitalism in Russia", https://www. marxists. org/archive/cliff/works/1955/statecap/index.htm,Chapter 5,2020-12-26.

国家资本主义的被动工具,而实际上,苏联之所以能形成这种特殊的国家资本主义,离不开政治机构及其官僚的相对独立作用。他引用马克思的话指出:"不管经济趋向多么具有决定性,也不能与社会生活的整体分离。正如马克思所说,资本这个'主角'也是这样一些社会集团,他们的经济行为是受到他们的过去、他们的生活方式和意识形态的影响的。"①第二,莱福特认为,官僚阶级的剥削和占有方式使他们在性质上与资产阶级不同,"他们是这样一群个人的集合,这些个人通过其职能和地位分享通过对劳动力的集体剥削实现的利润"②。受到马克斯·韦伯的影响,克洛德·莱福特的确把官僚化视为现代社会的一个共同特征,但他没有像詹姆斯·伯纳姆在《管理者革命》一书中那样轻易断定一个新的管理者社会将取代资产阶级社会,相反地,他反对从官僚性质推断社会发展路线,他写道:"从官僚的社会性质(我更愿意称之为它的'社会性')不能推论出一条未来的发展路线,因为那取决于一种整体的复杂历史情境,其中已确立的结构和事件是决定因素。"③莱福特思想中这种打破确定性的倾向,看起来受到了其师梅洛·庞蒂的影响。这也意味着莱福特对用"国家资本主义""官僚资本主义"等托派争论中衍生出来的、实际上仍然从属于经典马克思主义范畴的概念来表征苏联问题感到理论上的乏力,从而也意味着"极权主义"这一新概念在左翼视野中的即将出场。

1958年,克洛德·莱福特离开《社会主义或野蛮》杂志,与共同创办者卡斯托里亚迪斯分道扬镳,一方面是因为组织观念上的分歧,莱福特认为《社会主义或野蛮》的成员"复制了他们所批评过的先锋队主义和官僚主义"④,更重要的方面在于他对马克思主义的理解发生变化。"他已经放弃了这样一种观点或意识形态,即一场大型政治革命将解决现代社会的社会矛盾。"⑤而此时的卡斯托里亚迪斯还在"论社会主义的内容"这个主题下大谈工人自治、自主性、创造性以及直接民主等观点,还在试图以回到经典马克思主义的方式拯救革命。当着卡斯托里亚迪斯发现这种努力也无法拯救革命时,便在对本体论的探索中走向后马克思主义之路。而克洛德·莱福特则比卡斯托里亚迪斯更早地通过上层建筑领域中的官僚批判走向后马克思主义。这是两人走向后马克思主义的不同取径,从今天回过头看,笔者以为,莱福特走向的民主探讨比卡斯托里亚迪斯的"用本体论拯救革命"之途更切中时弊,因而也更有现实意义。

托洛茨基在其后期著作中偶然地使用"极权主义"一词,这一概念在后来的正统托派中几乎湮没无闻,在托派的异议者如杜娜叶夫斯卡娅、托尼·克里夫那里,虽也使用"极权主义"概念,但只是把它作为国家资本主义理论的外在附加,也即只有感到国家资本主义理论无法说清苏联的某些特点时才借用这一概念。克洛德·莱福特在1956

①　Claude Lefort, *The Political Forms of Modern Society*, p.65.
②　Claude Lefort, *The Political Forms of Modern Society*, p.72.
③　Claude Lefort, *The Political Forms of Modern Society*, p.120.
④　Claude Lefort, *Complications: Communism and the Dilemmas of Democracy*, p.4.
⑤　Martin Plot ed. Claude Lefort, *Thinker of the Political*, p.16.

年的《没有斯大林的极权主义》长文中就开始由对官僚的批判走向对极权主义的分析，并成为此后长期的主题。在此文中，莱福特指出："极权主义与专制政体不同"，"它不是一种政治制度，它是一种社会形式，在这种形式中，所有活动迅即相互联系，呈现为一个单一世界的样态；在这种形式中，一套价值观占绝对统治地位，以致任何个人的或集体的事业必然要以这种价值观与现实联结；在这种形式中，统治模式向每个个体的行为施加全面的现实和精神约束。在这个意义上，极权主义要求否定社会生活各领域——政治、经济、法律、意识形态等——的分离，而这种分离是资产阶级社会的特征。"①莱福特也指出，极权主义只有在现代社会才是可能的，"这是因为在最深的层面上，它是与现代生产的结构，以及与之相应的社会融合的要求联系在一起的"②。莱福特甚而引用马克思指出："正如马克思所指示的，社会的'社会化'将每个个体置于相互依赖的境地"③。这是莱福特在读到汉娜·阿伦特对极权主义的分析之前，独立作出的一种比较深入的分析。

莱福特在后期的著作中进而指出，极权主义的本质是国家权力的绝对主义、国家对社会的吞并及其完全同质化、国家与社会以及社会内部的区分被否定，"在极权主义的根基处，是对'作为整体的人民'（People-as-One）的代表。"④在"作为整体的人民"之外唯一存在的，就是"他者"，即是"作为整体的人民"的敌人，即是要消灭的对象。在《极权主义的逻辑》中，克洛德·莱福特还力图探讨"左翼"对极权主义认识不足，以至于批判极权主义成为"右翼"思想家的"专利"这一现象的根源。莱福特是自居于左翼的，因而某种程度上也是通过一种自我批判发现其视野局限。莱福特经过反思后发现，这是因为"他们（左翼）已然把现实限制于经济的限度之内，他们看不到明确嵌入政治制度中的生产制度结构。"⑤莱福特写道："我尝自问，为什么'左翼'不愿使用极权主义这个概念？一开始我回答道：因为它是'右翼'发明的。没错。但我继续问：为什么它（左翼）允许自己被对手（右翼）超越？我现在敢说：因为这一概念是'政治的'，而'左翼'不以政治术语思考。"⑥更确切地说，不是"左翼"不以政治术语思考，而是"左翼"的政治思考中难以摆脱经济决定论的框架。正如笔者对托尼·克里夫国家资本主义论的批评："事实上，如果说苏联的国有制也没有逾越资本主义的经济范畴，那这也佐证了在资本主义的经济基础上可以生长出各种不同的政治制度以及相应的政治理念，如极权主义的、自由主义的或社会民主主义的。它们并非取决于资本主义的经济基础，而与各自的历史沿革和思想传统有较大关系。因此，必须相对独立地考察其政治体制才能

---

① Claude Lefort, *The Political Forms of Modern Society*, p.79.
② Claude Lefort, *The Political Forms of Modern Society*, p.79.
③ Claude Lefort, *The Political Forms of Modern Society*, p.79.
④ Claude Lefort, *The Political Forms of Modern Society*, p.297.
⑤ Claude Lefort, *The Political Forms of Modern Society*, p.277.
⑥ Claude Lefort, *The Political Forms of Modern Society*, p.277.

得到对某种资本主义社会的全面把握。以资本主义的称谓将所有上述政体等量齐观,不能不说是一种偏见;托洛茨基把法西斯主义和社会民主主义视为资本主义左、右支柱的观点,也即把法西斯主义视为资本主义本质属性之一的观点,就是这种偏见之一。这种偏见导致了他对二战性质的误判,也导致了托派对资本主义发展前途的误判。"①但我们通常对经济决定论的批评,也只是强调上层建筑的相对独立性和反作用,要求摆脱对马克思主义的机械化理解;但克洛德·莱福特则根本质疑唯物史观的这些基本概念,这是他走向后马克思主义的理论开端。

三、莱福特的后马克思主义取径

克洛德·莱福特在回顾自己的苏联批判时写道:"对苏联政体的分析使得对社会现实的界定,以及基础设施和上层建筑的区分完全成为问题。像卡斯托里亚迪斯那样,指出社会关系是在生产层面产生的,以及财产关系只是它们的法律表达,仍然太接近于马克思主义的问题。这种方法不能把握官僚社会与资产阶级社会的区别"②。莱福特提出一种对于生产方式的整体性理解,从而完全打破经济基础与上层建筑的两分法。他写道:"在一定意义上,马克思的生产方式概念使我们得以思考一种社会领域的结构化,它决定了经济情况、政治情况、表现体系及其表达。但这种结构化以经济、政治和象征的指示物为前提,而不是由这种结构化去创造这些指示物。你只需想一想资本主义的崛起,就能使自己相信非经济因素的功效。"③鉴于这一时期莱福特对马克斯·韦伯的阅读,莱福特在写下这些话时也许想到了《新教伦理与资本主义精神》,故而强调非经济因素对资本主义兴起的重要作用,以及一种包含经济、政治、文化、宗教等诸因素在内的独特的社会领域结构。

克洛德·莱福特对马克思的第二种质疑,是在题为《马克思:从一种历史视野至另一种》的长文中提出的马克思历史观之连续性与断裂性的矛盾。这种矛盾表现在两个层面。就第一个层面而言,"一方面,马克思把历史观呈现为一种连续、进步的过程,从'史前'的各个阶段到进入无阶级社会的革命,后者标志着真正人类史的开端。另一方面,马克思也强调历史过程中激烈的断裂,这种变异使资本主义与一切前资本主义社会形式分离开来。"④莱福特认为,马克思的这种断裂的历史观使所有前资本主义生产方式成为资本主义的"他者"。就马克思历史观之连续性与断裂性矛盾的第二个表现而言,一方面,马克思指出资本主义生产方式在兴起之时具有摧枯拉朽的革命性质,"资

---

① 吕佳翼:《当代托派的"重定方向"——托尼·克里夫思想研究》,杭州:浙江大学出版社 2020 年版,第 235—236 页。

② Claude Lefort, *The Political Forms of Modern Society*, p.134.

③ Claude Lefort, *The Political Forms of Modern Society*, p.134.

④ Claude Lefort, *The Political Forms of Modern Society*, p.11.

本主义的出现和发展迅速破坏了当地的、以社群为基础的前资本主义生产方式的社会关系,将个人卷入大城市和工厂,使生产社会化,并为一种真正的、作为整体的社会的'社会化'创造条件。"①另一方面,资本主义生产方式一旦形成,本身就开始"石化",莱福特认为,"但是伴随着这种进步的洪流而来的另一幅景象,是重复的机制、石化的原则,这使社会回到过去。"②然而,克洛德·莱福特所认为的马克思历史观中的矛盾,究竟是人类历史发展中的客观矛盾呢,还是马克思思想中的矛盾呢? 马克思曾明确指出不能将他对资本主义的研究视为放之四海而皆准的"历史哲学",包括东方社会在内的各种前资本主义社会是否将经历资本主义,以及怎样走向共产主义,都是需要对特定社会作出具体研究才能回答的问题。至于资本主义社会相对于前资本主义社会的历史进步性,与资本主义社会本身的异化性质同时存在,也是一种客观的历史矛盾,而非马克思思想中矛盾。如果是这样,这种矛盾的责任当然就不能由马克思来负。

克洛德·莱福特在《现代社会中的意识形态起源概述》中,就意识形态问题对马克思提出了第三种质疑。他指出:"马克思不是将意识形态视为某个特定阶级,例如资产阶级的产物。而是将意识形态与作为现代社会之特征的根本性分裂相联系,这些分裂由于各种原因不能被公开表达"③。莱福特认为,马克思对意识形态的这种理解即便是正确的,也是有限的。莱福特提出了另外三种意识形态形式。第一种是所谓"资产阶级"意识形态,它在 19 世纪达到高峰。第二种是极权主义意识形态,"极权主义意识形态力图抹去社会不同领域之间、市民社会与国家之间的边界;力图将权力扩散至整个社会,而不允许权力显出分裂。"④第三种是当前在西方工业社会中流行的"不可见的意识形态",它像极权主义意识形态一样追求同质化和统一化,但这种意识形态是通过扩散进社会媒介和大众文化而与社会话语相融合。顺便指出,就像莱福特认为官僚化、意识形态的同质化都不是为苏联所独有,而是现代社会的普遍特征,极权主义也普遍蕴藏在现代社会之中,只是程度有别而已,因而他的激进民主追求是对于整个现代社会而言的。

克洛德·莱福特对马克思哲学的上述反思和批评,有些是有价值的,诸如他对经济决定论的反拨和对意识形态理论的发展,有些则站不住脚,例如他所谓马克思历史观中连续性与断裂性的矛盾。因而总体上是瑕瑜互见,必须对之辩证地分析。当莱福特离开马克思主义之后,就从极权主义批判走向了激进民主和人权理论。

由于莱福特认为,现代极权主义建立在"人权"的废墟之上,而这些"人权"恰恰是为马克思所批判的资产阶级民主权利,因而,马克思关于资产阶级权利之抽象性的批判是应当受到重新检视的。莱福特并非认为这些资产阶级"人权"就是全面的,他也跟马

---

① Claude Lefort, *The Political Forms of Modern Society*, p.12.

② Claude Lefort, *The Political Forms of Modern Society*, p.12.

③ Claude Lefort, *The Political Forms of Modern Society*, p.15.

④ Claude Lefort, *The Political Forms of Modern Society*, p.18.

克思一样认为这些权利是有局限的,但莱福特认为它们仍是真实的,并不能像马克思那样采取完全否定的态度。他指出马克思"失误"的根源:"马克思没有走到个人主义的修饰之词背后,如果他这样做了,就会发现这些权利在任何情况下都不能被视为仅仅是个人的,因为它们的实现需要以某种社会环境为前提。如果他这样做了,他就不会倾向于对这些权利采取完全否定的态度"①。仔细体察就会发现,虽然莱福特在说这些话时已表明离开马克思主义,但他仍然秉持一种隐性的唯物史观,将这些权利视为"历史地"出现的,而绝非天赋的或超验的,这大概就是莱福特所说的"走到个人主义的修饰之词背后"之所指。

与人权理论相应的是莱福特的民主理论。克洛德·莱福特对民主有两个基本观点:一是民主不等同于资产阶级民主,它有着超越资产阶级民主的内容,但这并不意味着拒绝资产阶级民主;二是民主不应被视为一种或一系列特殊制度,而是现代社会的一种"形式"。现代民主的产生在于,中世纪以后,"国家权力与整个社会相分离,与经济行为、法律、知识等相分离。国家权力不仅分离,而且受到限制。"②莱福特的民主理论发端于他对极权主义的批判,因而他对民主的理解即是极权主义的"反面",如果说极权主义是国家权力的无所不在,现代民主即是国家权力的"空场"("empty place")。他认为现代民主处在"权力来源于人民"和"权力不属于任何人"这两条原则的紧张平衡中。此外,莱福特不像哈尔·卓普(Hal Draper)和前期卡斯托里亚迪斯那样崇拜直接民主,他不拒绝代议制民主,只是也并不限制于此。他把政治争论领域的社会运动也纳入民主范畴。他也并不认为现代民主制一经建立就确定无误,而是还会不断遇到危机,因而还要不断应对挑战。在莱福特看来,"民主"虽然古已有之,但传统的民主仍然潜藏着"统一"的要求,它在资本主义社会中就表现为资产阶级的意识形态,在这个意义上而言,极权主义也是从这种民主中产生的,正如莱福特所说,极权主义的尝试"本身利用了一种民主的根源,这种民主的根源在'作为整体的人民'这种观点中得到了发展和充分的确证"③。因而,莱福特所主张的民主是一种异质性的、对抗性的、不确定的民主,他以一段含义颇具"不确定性"的话语表达了现代民主的这种"不确定性":"事实上,现代民主社会在我看来,其中的权力、法律和知识遭受着极端的不确定性,现代社会成了一场不可控制的冒险的舞台,因而,被建立起来的东西从未确定下来,已知的东西仍然被未知的所侵蚀,现在被证明是不可定义的,涵盖了许多不同的社会时代,它们同时相互交错——或者只能根据某种虚构的未来来定义"④。

---

① Claude Lefort, *The Political Forms of Modern Society*, p.22.
② Claude Lefort, *The Political Forms of Modern Society*, p.21.
③ Claude Lefort, *The Political Forms of Modern Society*, p.305.
④ Claude Lefort, *The Political Forms of Modern Society*, p.305.

四、结　语

　　克洛德·莱福特的民主理论已经是走向后马克思主义之后的另一种思想体系,虽然他走向后马克思主义民主理论的动力来自马克思,但他的民主理论则更多受到托克维尔、马基雅维利等另一个群体,而非马克思的影响。然而,马克思对莱福特的影响自始至终地存在,特别是深植于马克思思想中的批判性和打破固定体系的不确定性。在《"身体"形象与极权主义》这篇稍晚的、在极权主义剖析中引入精神分析理论的作品中,莱福特仍然写道:"事实上马克思吸引我的是他思想中的不确定性,以及他的自我批判。在他的最好作品中,以及一部作品与另一部作品之间,他逃离自己的思想,从而某种呈现为体系性的东西被不确定性打破"①。

　　莱福特的思想以托派的自我批判为发端,他较早地看到了托洛茨基和托派理论的局限,在这方面的确有不少"同路人",如托尼·克里夫、拉雅·杜娜叶夫斯卡娅、卡斯托里亚迪斯等,但他很快就在思想上走得比他们中的绝大多数人更远,这得益于他理论资源的广泛和哲学视野的深度。他早期的理论不管是对官僚主义的批判,还是"官僚资本主义"的概念,在尖锐中也包含着矛盾,甚至理论上的破绽。他和托尼·克里夫、拉雅·杜娜叶夫斯卡娅等人一样难以解释苏联的官僚集团如何在一种没有大规模革命的情况下从一个阶层转变成一个阶级。如果说托尼·克里夫、拉雅·杜娜叶夫斯卡娅等人还试图作出某种解释,莱福特则几乎放弃了这种努力。他在《什么是官僚主义?》中,一方面试图借鉴马克斯·韦伯的理论将现代官僚制度作为某种中性的组织体系来分析,但他深层的问题意识则是将苏联的官僚主义作为一个主要矛盾来批判。这是他理论中的矛盾之处。他由对苏联官僚主义的批判而走向质疑社会主义和马克思主义,则显然矫枉过正,缺乏对一种复杂的历史现象进行批判的同时肯定其合理因素的辩证方法。纵观莱福特对马克思理论的几处明确批评,其实主要批评的也是对马克思的某些狭隘理解,并不足以据此否定马克思主义。

　　莱福特致力于通过开放地阅读马克思,保留马克思的批判性,以至将对极权主义的批判这一传统上被视为"右翼"的理论阵地也嫁接到马克思的批判向度上,开启了批判极权主义的左翼视野,这是他值得注意的理论贡献之一。一方面,他以异质性、对抗性、不确定性来理解现代民主,以此来超越资产阶级民主,这一取径虽然与传统的马克思主义有别,但与他对马克思思想之批判性、不确定性的理解未始没有关系。另一方面,对民主的这一理解范式也来自对"极权主义"之同质性、确定性、统一性、透明性等特征的彻底"翻转"。因而可以说,对马克思的"不确定性"阅读和对"极权主义"的翻转,使莱福特开启了激进民主的所谓"后马克思主义"取向。在这一路向上对民主理论的开掘

---

　　①　Claude Lefort, *The Political Forms of Modern Society*, p.294.

是莱福特的另一理论遗产。总体而言,莱福特是在质疑马克思或马克思主义的进程中,发挥马克思的思想影响的,这就使我们格外需要加以辨别,哪些是莱福特对马克思的误读,因而不可为我们所取,而哪些是对我们研究马克思主义或"后马克思主义"有启发的。

什么是比较马克思主义哲学？
一些方法论的思考

[澳]罗兰·博尔/文[*]　刘爽/译

内容提要:本研究为比较马克思主义哲学提供了一个立场说明。研究分为两部分。第一部分提供了一些关于比较马克思主义哲学的方法论上的思考,最初是涉及比较哲学本身,然后回应了认为马克思主义哲学只是西欧哲学一个分支的错误观点。我们可以探究马克思主义哲学根据各个地区历史、文化和经济发展水平扎根并形成了鲜明的特征。第二部分提供了两个比较马克思主义哲学研究如何进行的例子:对一个"共产主义者"的不同定义,以及基于对《共产党宣言》本身的不同理解而产生的对"社会主义"的定义,即把社会主义定义成生产资料所有权或解放生产力。结论回到了马克思主义的基本原理及其偶然性判断如何相互联系的问题。

关键词:比较马克思主义哲学;基本原理;偶然性判断;中国马克思主义;西方马克思主义

比较马克思主义哲学不是一个经常听到的术语。例如,在中国,最接近比较马克思主义哲学的研究是对马克思主义哲学和儒家思想的比较。在其他地方,如构成"西方"的相对较少的国家,人们会遇到比较哲学本身,以及试图将马克思与另一位西方思想家进行比较的著作。但据我所知,没有任何关于比较马克思主义哲学的论述。因此,本研究是一个立场声明,是定义和描述这样的实践需要做什么的一个基础性的努力。

我将通过两个主题来进行尝试。第一个主题是为什么人们要进行比较马克思主义哲学研究,这源于这样一个现实,即马克思主义在世界许多地方(俄罗斯、中国、拉丁美洲、非洲等)的发展过程中,根据地方特定的历史、文化和经济水平,各具鲜明"特色"。这一论述也回应了那些可能认为马克思主义哲学只是西方哲学的一个分支的人。这样的错误观点出现的时间可能很短暂,到了 19 世纪 80 年代,最初是在俄罗斯,这种哲学

---

*　罗兰·博尔,加拿大麦吉尔大学哲学博士,澳大利亚纽斯卡尔大学人文与社会科学学院教授、中国人民大学特聘教授。

传统已经开始采取地域的形式。在本文中,我聚焦于马克思和维拉·查苏利奇之间的通信,这些书信标志着马克思主义哲学开始发展鲜明的地区特色。第二个主题涉及比较马克思主义哲学的潜在内容。我认为马克思主义哲学的所有范畴,甚至其基本原理都可以被比较。在许多潜在的例子中,我主要关注两个关键问题。第一个是关于一个"共产主义者"的定义。在这里,我们发现西方马克思主义的存在主义式的假定与中国马克思主义关于党员的集体主义式的假定的侧重点明显不同。第二个问题涉及将社会主义定义为共产主义之前漫长的准备阶段。社会主义被定义为生产资料(和生产力)的所有权,还是生产力的解放?还是像马克思和恩格斯的文本所表明的那样,社会主义是一种辩证关系?结论回到了我们如何理解马克思主义基本原理与偶然性判断之间关系的问题。

一、比较马克思主义哲学产生的原因

让我们从追问马克思主义比较哲学与比较哲学本身有什么关系开始。它们确实共享一个方法论上的重要要求,即要完全熟悉各种类型和传统的争论和立场。就马克思主义哲学而言,这些包括俄罗斯和东欧、中国、拉丁美洲和非洲。不用说,一个人必须能够用各自的语言工作,以便处理主要材料。例如,如果你试图比较中国马克思主义和西方马克思主义,那么你必须能够学习中文、德文、法文和英文的文本。此外,我们需要牢记马克思主义哲学的相对重要性。例如,在少数西方国家,马克思主义哲学相对自由主义"主流"来说是边缘化的;在俄罗斯和东欧,它曾经是哲学的主要形式;在拉丁美洲国家,特别是在古巴、委内瑞拉、尼加拉瓜、玻利维亚和巴西等国家,马克思主义哲学地位很高;在中国、越南、老挝和朝鲜等国,马克思主义哲学是其哲学体系本身的主要框架。

(一)基本原则和具体判断

同时,有一个区分比较哲学和比较马克思主义哲学的主要特征。前者从差异开始,并以某种方式寻求共同点,无论是在方法论、认识论、伦理学、美学,还是自我定义等方面。这种比较的传统通常是在相对孤立的情况下发展起来的,并且比较往往采取较早期的形式,例如孔子和亚里士多德。[①] 在西方的框架中,我们可以将这些比较描述为寻找对比基础,从找不到这样的第三者到随处可见,从认为没有东西可以比较到

---

① 这种比较大部分是不对称的,这种比较从西方关心的问题转向谈论中国哲学,参见 Kwong-Loi, Shun."Studying Confucian and comparative ethics：Methodological reflections." *Journal of Chinese Philosophy* 36.3 (2009).pp.455-478。

发现处处都能比较。① 在中国背景下,我们可以说"双重本体"或者实际上是多重本体,需要通过"框架对比"实现"相互协调",从而在保持尊重文化主权的同时进行对比。

马克思主义比较哲学与比较哲学是不同的:它从共同点开始,即从基本原理开始,然后考察差异产生的方式。对比基础(使用此类术语)实际上是"预比较",这是参与"比较"[Comparatia]②的哲学和历史的先决条件。③ 基本原理的确是"普遍性的"或需要重新解决的共同"一系列问题"。抑或如恩格斯所述:"马克思的整个世界观[Auffassungsweise]不是教义[Doctrin],而是方法。它提供的不是现成的教条[Dogmen],而是进一步研究的出发点和供这种研究使用的方法。"④我们也可能会想起毛泽东的评论:"马列主义基本原理至今未变,个别结论可以改变……这是马列主义的普遍真理与中国具体情况的统一的问题"⑤。在每种情况下,都会出现新的问题,这就需要新的解决方案,尽管这样的方案仍是根据马克思主义的方法制定的。

(二)马克思与维拉·查苏利奇

这一切都很好,但有人可能会反对,他们认为,从根本上看,所讨论的方法或实际上的行动指南是西方的。事实上,马克思主义方法受限于西方背景的时期非常短暂,这种受限已经在19世纪80年代随着俄罗斯马克思主义的兴起而结束了。从那时起,它在世界大部分地区以不同的方式扎根和发展,特别是那些可以被视为"发展中"的地区。我们可以通过马克思和俄罗斯社会主义者维拉·查苏利奇之间的书信往来来确定这一

---

① 关于这个问题的争论似乎没有尽头,所以我只能列举几个最具代表性的研究作品。例如:Panikkar, Raimundo. "What isComparative Philosophy Comparing?". *Interpreting across Boundaries*: *New Essays in Comparative Philosophy*. Princeton University Press, 2014. pp.116-136. MacIntyre, Alasdair, "Relativism, Power, and Philosophy". *Relativism*: *Interpretation and Confrontation*, Notre Dame: University of Notre Dame Press, 1989. pp.182-204. Wong, David, "Three Kinds of Incommensurability". *Relativism*: *Interpretation and Confrontation*, Notre Dame: University of Notre Dame Press. 1989. pp.140-158. Wong, David B. *Natural Moralities*: *A Defense of Pluralistic Relativism*. Oxford: Oxford University Press, 2009. Hall, David, and Roger Ames. *Anticipating China*: *Thinking through the Narratives of Chinese and Western Culture*. New York: State University of New York Press, 1995. Weber, Ralph. "Comparative philosophy and the tertium: Comparing What with What, and in What Respect?". *Dao*: *A Journal of Comparative Philosophy* 13.2(2014). pp.151-171. Van Norden, Bryan W. *Taking back Philosophy*: *A Multicultural Manifesto*. New York: Columbia University Press, 2019.

② Weber, Ralph, "Comparative Philosophy and the Tertium: Comparing What with What, and in What Respect?". *Dao*: *A Journal of Comparative Philosophy* 13.2(2014). pp.162-166.

③ 在17世纪末的德国哲学中,韦伯发现了第三者标准这一术语的起源和早期历史。

④ Engels, Friedrich, "Engels an Werner Sombart in Breslau, London, 11. März 1895". *Marx Engels Werke* 39 (1895). pp.427-429.

⑤ "马列主义基本原理至今未变,个别结论可以改变(1959年2月14日)",见《毛泽东文集》第八卷,北京:人民出版社,1999年,第1—6页。

转变发生的时刻。查苏利奇①向马克思提出了一个具体问题,这个问题涉及当时俄罗斯社会主义各界的一个重要辩论话题:农村公社将凭借其集体财产的遗产和土地共享的实践活动,走上一条不同的社会主义道路。抑或在一场无产阶级革命可能发生和社会主义建设可能开始之前,俄罗斯也必须经历西欧建立的资本主义的所有阶段。

马克思发现最难回答的是问题的第二部分:在无产阶级革命之前,世界上所有国家是否都必须经历资本主义发展的所有阶段,从而使社会主义成为可能。马克思回答这个问题的过程中经历了巨大挣扎。他写了四份草稿作为回应,从对农村公社的性质和历史的长篇阐述开始,借鉴了恩格斯当时研究的与德国有关的材料。② 最初,马克思认为,这样的公社将不可避免地被资本主义的私有财产关系所吸收和克服。直到后来,他才开始看到,如果在特定的历史环境中给予公社机会,其集体因素可能会为俄罗斯提供一个"历史新生的支点"。

随着草稿的推进,马克思意识到乡村公社只是一个具体的例子,更深层次的问题涉及他和恩格斯在三四十年的时间里所制定的这些方法和分析的规范地位。世界上所有国家都必须遵循马克思和恩格斯所分析的西欧所经历的相同道路吗? 毕竟,马克思是一位优秀的传统德国哲学家,这是一个内置设定,即这一传统,如果不是西欧哲学,就是哲学本身。最后,马克思意识到情况并非如此。根据当时在俄罗斯被广泛研究的《资本论》,以及西欧过去已经和现在仍在进行的对农业生产者土地的彻底侵占,马克思得出结论:不,这些资本主义发展阶段和他的见解"明确地限于西欧各国"③。

从它们的历史来看,经济和社会条件实际上并不相同。这意味着他们通往社会主义的潜在道路也将存在明显的差异。人们一直对中国历史、政治发展和文化的独特性有很深刻的认识④,因而这些信件草稿和简要书信本身成为中国继续研究的主题也就

---

① 查苏利奇的信于 1924 年以俄语出版,最终有英文译本出版。Zasulich, Vera, "A Letter to Marx, 16. Feb., 1881, Genéve". *Late Marx and the Russian Road: Marx and the "Peripheries of Capitalism"*, edited by Teodor Shanin. New York: Monthly Review Press, 1983. pp. 98−99. Zasulich, Vera, "V. Zasulich−K. Marksa, p. 16. Fevralia, Zheneva". *Arkhiv K. Marksai F. Engel'sa (Marx and Engels Archive)*, Vol. 1. Moskva: Gosudarstvennoeizdatel'stvo, 1924. pp. 269−270.

② Engels, Friedrich, "Die Mark". *Marx Engels Gesamtausgabe*, Vol. I. 27. Berlin: Dietz, 1988. pp. 628−643.

③ Marx, Karl, "Lettreù Vera Ivanovna Zassoulitch résidantà Genève, Londres, le 8 mars 1881" (Letter to Vera Ivanovna Zasulich resident in Geneva, London, 8 March 1881). *Marx Engels Gesamtausgabe*, Vol. I. 25. Berlin: Dietz, 1985. p. 241.

④ 参见卡尔·马克思:《给维·伊·查苏利奇的复信草稿——初稿》,见《马克思恩格斯全集》第 19 卷,北京:人民出版社,1972 年,第 430—441 页。卡尔·马克思:《给维·伊·查苏利奇的复信草稿——二稿》,见《马克思恩格斯全集》第 19 卷,第 442—446 页。卡尔·马克思:《给维·伊·查苏利奇的复信草稿——二稿》,见《马克思恩格斯全集》第十九卷,第 447—452 页。卡尔·马克思:《给维·伊·查苏利奇的复信[复信]》,见《马克思恩格斯全集》第 3 卷,北京:人民出版社,2009 年,第 589—590 页。冯景源:《马克思跨越"卡夫丁峡谷"理论的制定——再读马克思〈给维·伊·查苏利奇的信〉》,《东南学术》2009 年第 4 期。沙健孙:《论述俄国农村公社命运和社会发展前景的重要著作——学习马克思〈给维·伊·查苏利奇的复信〉札记》,《高校理论战线》2010 年第 9 期。俞良早:《马克思对俄国走新式社会发展道路可能性的评估——研读〈给维·伊·查苏利奇的复信(初稿)〉》,《湖南师范大学社会科学学报》2013 年第 2 期。王俊博:《论〈给维·伊·查苏利奇的复信〉的社会形态演进理论——基于"地质学笔记"的重构》,《马克思主义与现实》2019 年第 3 期。

不足为奇了。从一个中国马克思主义者的视角来看，马克思在晚年面对不同的历史和文化传统，开始意识到"在不同的经济和社会环境中，人们生产不同的思想和文化"①，这一点意义重大。

从一个相对较小的开端（即一封用法语写给俄罗斯共产党人的简短信）开始，巨大的发展接踵而至。马克思主义作为行动指南扎根于世界许多不同的地方，每个地方都有自己独特的文化、历史和社会历史。从非洲到东亚，从俄罗斯到拉丁美洲，我们发现马克思主义传统的发展具有鲜明的特色。当然，这些发展正是人们所期待的，也是一条曲折且确是辩证的道路（想想 1991 年苏联的"解体"和今天中国的复兴）。但是，让我把这一宏大的历史场景拉回到马克思主义哲学这个更为普通的问题上来。

二、什么是共产主义者？

就比较马克思主义哲学涉及的内容而言，人们很容易假设这种比较只适用于"区域差异"，如果你愿意，它也容易被看成是"区域研究"的一个版本。相比之下，我认为所有属于马克思主义哲学范围内的范畴或问题构成了可供比较的潜在内容。许多话题涉及计划经济和市场经济，涉及劳动价值论、工人阶级、阶级斗争、社会主义民主、人权、"一国两制"以及社会主义建设阶段出现的社会主义制度，但我将在此集中讨论两个关键问题：从存在主义和集体主义维度对"共产主义"的定义和社会主义的定义。

（一）存在主义的"马克思主义者"

让我通过假设两个人来处理这个问题。一个是在西方背景下认识马克思主义传统的人，可以说是一个西方马克思主义者；另一个则是来自既有历史又有现实背景的社会主义制度下的人。我想问他俩每人一个问题："什么是共产主义者？"

西方马克思主义者说："这是一个政治性说教、个人选择的问题。"不可避免地，这种回答被限定于西方自由主义传统的框架之下，这种传统充斥于许多西方马克思主义之中：拥有某种政治立场是一种个人选择。一个人决定投票给某个政党是因为一系列因素，但最终这通常是保密的个人选择。一个人在这样的选举中私下投票，其他选民看不见。的确，这是界定政治偏好的整个框架的关键：私人的"自由选择"至关重要。

结果是，"共产主义者"的定义是一个存在主义意义上的定义：一个人"是"一名共产主义者，这是一个私人决定的结果。这可能会促使这位共产主义者以某种方式思考

---

① 习近平：《在纪念马克思诞辰 200 周年大会上的讲话》，北京：人民出版社，2018 年，第 9 页。

和行动,阅读自己喜欢的文学作品,与其他意见一致的人交往。因此,"我是一名共产主义者"的说法被视为一种存在的现实。总之,对存在主义的共产主义者来说,关键在于"主观的作用,以为只要保持他们抽象的'善良之心',就可以改变现实,改变社会和改变自己"①。

让我们更进一步思考:现在西方国家的实际情况是,很少有人会在存在层面上把他们自己称为"共产主义者",因为首选的自我描述词是一个"马克思主义者"。看看这一做法是如何发展的,让我们来考察佩里·安德森的经典著作《西方马克思主义探讨》②。安德森指出,在西方国家共产主义运动失败的背景下,西方马克思主义形成了独特的意识形态假说和实践。因为我有一个特别关注的问题,所以我不能在这里讨论所有的特征。这个问题是:对安德森来说,这种情况意味着共产主义者从参与工人阶级政治活动退到大学和学院,并意味着这些马克思主义者必须做出的一个关键决定。这个决定与西欧国家的共产党有关:"要么理论家可以加入共产党,接受共产党严格的纪律……相反的选择是作为一名自由知识分子留在任何党组织之外。"③许多人选择了后者,即作为自由知识分子工作。在这里,值得注意的是安德森本人描述民主集中制本质的方式。民主集中制当然是一种行之有效的做法,可以追溯到 1904—1905 年的俄罗斯④。但在安德森看来,这种普遍做法成为欧洲共产党"斯大林化"的一种表现。结果是,这些"马克思主义者们"更愿意寻求个人知识生活的相对"自由"。对民主集中制的夸张描述表明了安德森对托洛茨基的偏好。但至关重要的是,它也表明了安德森自己作为"自由知识分子"的定位。

正是在这种情况下,出现了自称"马克思主义者"的做法。这个词变成了一个名词,并且可以包含一系列可能的做法。成为一名"马克思主义者"可能仅仅意味着作为一名知识分子在自己的工作中运用了一些马克思主义的方法,也可能意味着对一种可接受的社会主义政治形式(通常是较温和的形式)的某种存在主义式的承诺,也可能与其他假设相结合,无论是宗教的、自由的还是无政府主义的假设。

（二）党员

现在让我们比较一种不同的做法:如果一个人是一个党员,他就是一个同志,是一个共产主义者。我将用刘少奇著名而权威的文本(我已经在前面引用过)来补充回答。这最初是在延安万里长征后的极富创造性的时期作为演讲发表的,标题翻译成英文是

---

① 《刘少奇选集》第一卷,北京:人民出版社,1981 年,第 108 页。

② Anderson,Perry.*Considerations on Western Marxism*.London:Verso,1976.

③ Anderson,Perry.*Considerations on Western Marxism*.London:Verso.1976,p.42.

④ Lenin,V.I.,"Svoboda kritiki i edinstvodeistvii. 20 maia 1906 g"(Freedom to Criticise and Unity of Action).In *Polnoesobraniesochinenii*(*Complete Works*)Vol. 13. Moscow:Izdatel ' stvopoliticheskoiliteratury,1971,pp.128-130.

"How to Be a Good Communist"①。从西方的视角来看，"成为"可以被视为一种存在条件，它定义了一个人如何成为一名"优秀的共产主义者"。然而，中文的标题实际上是"论共产党员的修养"，它可以翻译为"Concerning the Cultivation of Communist Party Members"②。两者的区别在于："cultivation"（修养）一词的语义场包括训练、理解、掌握和成就。而经历这种修炼的人不是存在主义的"共产主义者"，而是"共产党员"（或简称党员）。很明显，主要指的是共同体意义上的，即作为共产党的一部分，是共产党员的身份定义了作为个人的他是谁。

首先，有几项任务也可以看作是我们存在主义的共产主义者的任务：摆脱旧封建和资产阶级自由主义的旧思想和旧做法，例如个人自私、自负、摇摆不定、小气，以牺牲和毁灭他人为代价来提升自己；不断发展马克思列宁主义知识；用共产主义世界观审视自己的思想和行为，并加以纠正；牢牢掌控自己的思想、言论和行动。可以想象，这些任务可以通过单独的学习和自律来完成。

刘少奇强调，在取得政权之前以及尤其是在取得政权之后，革命实践是不可避免的。这样的修养，不仅仅是一个温和的过程，还包括经历艰苦奋斗的磨炼。此外，一个党员的个人利益必须服从党的利益，从而服从群众和社会的需要："个人利益服从党的利益，地方党组织的利益服从全党的利益，局部的利益服从整体的利益，暂时的利益服从长远的利益"③。但这里的要点是，只有通过集体，个人才能获得充分的成果。这种繁荣是如何体现的？表现在共产主义者的高尚道德，最伟大的革命勇气，对马列主义理论和方法的更清晰的掌握，表现在真挚、坦诚和幸福，以及表现在最伟大的自尊和自爱。总之，一个全面发展的共产党党员通过这样的修养过程获得奉献于农村和城市工人阶级的共产主义美德。

到目前为止，存在主义的共产主义者和共产党员之间的差异应该是显而易见的。独特的文化和哲学传统在此发挥着重要作用，西方自由主义界定了存在主义的共产主义者的含义，而东方儒家强调在一个集体语境中"生生不息"。然而，假设个人与集体的对立为简单对立是错误的。相反，需要重新调整个人与集体的关系。在西方自由主义语境中，个人是主要的，社会成为这些个人的隐性契约集合；在中国共产主义的环境中，集体是决定性的框架，尽管它不是与个人的非此即彼（或零和）的关系，而是在个人通过集体实现最佳蓬勃发展的意义上的关系。

① Liu, Shaoqi, "How to Be a Good Communist (July, 1939)". *Selected Works of Liu Shaoqi*, Vol. 1. Beijing: Foreign Languages Press, 1984, p.107.

② 刘少奇：《论共产党员的修养》（1939 年 7 月），见《刘少奇选集》第一卷，第 97 页。

③ 刘少奇：《论共产党员的修养（1939 年 7 月）》，见《刘少奇选集》第一卷，第 129 页。在这里，刘少奇引用了毛泽东的话，即"共产党员无论何时何地都不应以个人利益放在第一位，而应以个人利益服从于民族的和人民群众的利益。因此，自私自利，消极怠工，贪污腐化，风头主义等等，是最可鄙的；而大公无私，积极努力，克己奉公，埋头苦干的精神，才是可尊敬的。"（《毛泽东选集》第二卷，北京：人民出版社，1991 年，第 522 页）

三、什么是社会主义?

第二个基本问题涉及作为共产主义之前的初级阶段的社会主义的定义。①

（一）西方马克思主义对生产力所有制的强调

首先,让我回到我们的西方马克思主义者那里,并要求给社会主义下一个定义:"社会主义是工人阶级对生产资料的所有权。"我在与西方国家的人们交谈时,一次又一次地遇到这个定义。但这是正确的答案吗? 这个答案只是部分正确,实际上是不平衡的。

为了弄清原因,我们需要回到《共产党宣言》。在那里,马克思和恩格斯期待共产党在无产阶级革命成功后为社会主义建设而行使权力:

无产阶级将利用自己的政治统治,一步步地夺取资产阶级的全部资本,把一切生产工具[Produktionsinstrumente]集中在国家即组织成为统治阶级的无产阶级手里,并且尽可能快地增加生产力[Produktionskräfte]的总量。②

为了理解这句话对社会主义定义的影响,我们需要仔细分析。《共产党宣言》中的这句话有两个主要部分。第一部分涉及逐渐("一步步")夺取资本以及将所有生产工具或手段集中在无产阶级手中,而无产阶级现在拥有统治权力。简言之,在这一点上,这是国家中的无产阶级的生产资料集中所有权。第二部分是关于生产力的加速发展,也就是按照中国的实践,我们可以称之为解放生产力。显然,对于马克思和恩格斯来说,生产资料的所有权和生产力的解放都是社会主义建设进程所需要的。

关于所有权的另一个问题:这种所有权是否只涉及生产工具或生产资料? 这里要说明的是,恩格斯在《卡尔·马克思》一书中的概述揭示了这一问题的答案:

社会生产力已经发展到资产阶级不能控制的程度,只等待联合起来的无产阶级去掌握[Besitzergreifung]它,以便建立这样一种制度,使社会的每一成员不仅有可能参加生产,而且有可能参加社会财富的分配和管理,并通过有计划地组织全部生产,使社会生产力[gesellschaftlichenProduktivkräfte]及其所制

---

① 对这样一个定义的需要假定了主流马克思主义（自列宁以来）对社会主义和共产主义之间作为两个不同但相关阶段的区分,前者是一个相当长的过渡期,且为后者做准备。

② Marx,Karl,and Friedrich Engels,"Manifest der KommunistischenPartei"（Manifesto of the Communist Party）.*Marx Engels Werke*,Vol.4.Berlin:Dietz Verlag,1974,p.481.

成的产品增长[steigert]到能够保证每个人的一切合理的需要日益得到满足的程度。①

值得注意的是,在这里,恩格斯的论述比在《共产党宣言》的论述更进了一步,在此谈到"生产力"[Produktivkräfte]的所有权和解放两个方面。因此,生产力需要无产阶级夺取、占有[Besitzergreifung],其结果是生产力将增加[steigert]。因此,对恩格斯来说,所有权(包括夺取、占有和控制在内的一系列含义)既适用于生产资料,也适用于生产力。②

回到西方马克思主义,回到它关于社会主义是生产资料(和生产力)的所有权的定义。显然,这一定义是片面的,甚至歪曲了马克思和恩格斯的说法。但为什么西方国家的马克思主义者倾向于做出这样的定义呢? 我认为历史条件起了作用。在西方马克思主义中,人们从生产资料所有权的角度来定义社会主义也许可以理解。为什么呢? 一般来说,在西方国家(大约 15 个国家)生产力直到最近才得到高度发展。③ 鉴于此,农村和城市的工人阶级夺取对生产资料的控制权就意味着合理继承了发展了的生产力。多梅尼克·洛苏尔多④指出了一个更深的原因。他认为,西方马克思主义由于资本主

---

① Engels, Friedrich, "Karl Marx". *Marx Engels Gesamtaugabe*(*Marx and Engels Complete Works*), Vol.I.25. Berlin:Dietz, 1985: 109. Engels, Friedrich, " Grundsätze des Kommunismus" (Principles of Communism). *Marx Engels Werke*, Vol.4.Berlin:Dietz, 1972:377.Engels,Friedrich, "Herrn Eugen Dührings Umwälzung der Wissenschaft (Anti-Dühring)" (Herr Eugen Dühring's Revolution in Science(Anti-Dühring)). *Marx Engels Werke*, Vol.20.Berlin:Dietz,1973:263-264.

② 需要注意的是,马克思和恩格斯的著作中没有完全阐明这一术语(尤其是,Engels 1894,263—264),它需要后来的发展才能达到这种清晰度。大多数术语都是在苏联发展和建立的,人们可以比较权威的苏联大百科全书的三个版本,来看看术语是如何澄清的(See Berestnei, V., "Proizvoditel' nyesilyobshchestvaiproizvodstvennyeotnosheniialiudei" (The Productive Forces of Society and the Production Relations between People). *Bolshaiasovietskaiaentsiklopediia* (*The Great Soviet Encyclopaedia*), 1st edition, edited by O. I. Schmidt. Volume 47.Moscow:Gosudarstvennyiinstitut *sovetskaiaentsiklopediia*, 1940. pp.145-162. MacIntyre, Alasdair, "Relativism, Power, and Philosophy". *Relativism: Interpretation and Confrontation*, edited by Michael Krausz. Notre Dame: University of Notre Dame Press, 1989.pp.182-204.Vasilchuk, I.A., "Proizvoditel' nyesily" (Productive Forces). *Bolshaiasovietskaiaentsiklopediia*(*The Great Soviet Encyclopaedia*), 3rd edition, edited by A.M.Prokhorov. Volume 21. Moscow:Gosudarstvennyiinstitut 《sovetskaia entsiklopediia》.1975.pp.47-48)在这里,我们发现生产力被定义为人类劳动力与生产资料的结合,以便在创造社会经济福祉(从而决定社会水平)的过程中改造自然的原材料。在这个定义中,生产资料是生产力的一个子集,但这个术语有一个特定的含义:生产资料是人类从事生产所必需的所有物质资料。或者,正如马克思在《资本论》第一卷[See Marx, Karl, "Das Kapital.Kritik der politischen Ökonomie.Erster Band.Hamburg 1867" (Capital.A Critique of Political Economy.Volume 1, Hamburg 1867) *Marx Engels Gesamtausgabe*.Vol II.5.Berlin:Akademie Verlag, 2004.p.131.]中所说的,劳动资料与劳动对象共同构成生产资料。

③ 这一发展的历史背景是基于殖民主义、奴隶制、贩卖毒品(鸦片)、对土著居民的种族灭绝以及现在所称的危害人类罪。

④ Losurdo, Domenico, "Wie der *westlicheMarxismus* geborenwurde und gestorbenist" (How " Western Marxism" Was Born and How It Has Died). Die Lust am Widerspruch.Theorie der Dialektik-Dialektik der Theorie. *Symposium aus Anlass des* 80.Geburtstag von Hans Heinz Holz, edited by Erich Hahn and Silvia Holz-Markun, Berlin: Trafo, 2008, pp.35-60.

义国家的经验而产生了对国家的怀疑,由于科学技术导致了核武器的生产,从而产生了对科学技术的怀疑,并且对我们来说最重要的是,他们还怀疑生产力。产生这种怀疑的原因是西方马克思主义者经历了资本主义生产力的发展,这样的发展更加剥削工人,并镇压工人阶级运动。因此,可以预见,西方马克思主义者往往会忽视《共产党宣言》中提到的需要尽快促进生产力全面发展的那部分内容。

（二）东方马克思主义对解放生产力的强调

回到我们的东方马克思主义者,事实上,是所有发展中国家的马克思主义者。在无产阶级革命时期生产力相对不发达的国家(以俄罗斯和中国为例),重点往往是解放生产力。的确,成功的共产主义革命绝大多数发生在世界经济欠发达地区,并且执政的共产党关注的是缓解长期贫困。他们认为,贫穷的社会主义根本不是社会主义,因为社会主义应该改善所有人的社会经济福祉并达到共同富裕。

我们一次又一次地发现这个重点,但我想讨论另一个与中国有同样初始问题的国家:越南。这也是一个探索社会主义发展道路的贫困国家,但越南进入这条道路的时间稍晚,因此受益于其他国家的经验和见解。在越南,对生产力的强调从未真正成为背景。比如,黎笋在 20 世纪 60 年代(在南北统一的革命斗争取得成功之前)的演讲中有一个一贯的主题,那就是新的生产关系需要通过提高生产力来获得足够的内容。更具体地说,这意味着建设"社会主义的一个物质和技术基础",具体表现为"能够为国民经济各部门提供所需的大型工业",为各部门提供必要的技术设备。原因是,"只有在此基础上,我们才能在我们的社会中进行合理的新劳动分工,才能合理利用我国的劳动力和资源,并实现一个高的劳动生产率"[1]。在越南,这种生产力和生产关系的辩证协调被视为满足人民物质和文化需求的唯一途径。显然,来自中国甚至东欧的教训迫使越南必须通过强调生产力及其解放具有不可避免的重要性来发展经济,以便为生产关系提供内容。

对邓小平来说,"从历史发展的角度看,发展生产力……是最根本的革命"[2]。"贫穷的社会主义"不是社会主义;相反,社会主义应该谋求发展生产力,谋求提高国力和改善人民的生活。[3]

---

① Le, Duan, "Leninism and Vietnam's Revolution(20 April, 1960)". *The Socialist Revolution in Vietnam*, Vol.1.Hanoi: Foreign Languages Publishing House,1965,pp.22-23.Le, Duan, "Enthusiastically to March Forward to Fulfill the First Five Year Plan (18 May, 1963)". *The Socialist Revolution in Vietnam*, Vol. 2. Hanoi: Foreign Languages Publishing House,1965,p.180.

② 邓小平:《社会主义首先要发展生产力(1980 年 4 月—5 月)》,见《邓小平文选》第二卷,北京:人民出版社,1994 年,第 311 页。

③ 邓小平:《答美国记者迈克·华莱士问(1986 年 9 月 2 日)》,见《邓小平文选》第三卷,第 172 页。邓小平:《在武昌、深圳、珠海、上海等地的谈话要点(1992 年 1 月 18 日—2 月 21 日)》,见《邓小平文选》第三卷,第 372 页。

　　为了清楚起见，我从强调所有制或强调解放生产力这两个角度提出了两种方法。当然，在现实中，两者不可避免地以辩证的方式联系在一起。为了了解这种联系是怎样的，让我们回到《共产党宣言》的文本（上文引用的），并解决出现的一些问题或问题的一些不清楚的地方。这些相对简短的纲领性声明是否只有在通过无产阶级革命夺取政权后才有意义？两个术语之间是否存在因果关系？① 在社会主义建设的长期过程中，解放和所有制的辩证关系将如何展开？马克思和恩格斯非常谨慎地指出，他们没有以共产党执政来建设社会主义的经验，因此他们强调，实际结果只能在经验中确定，并且"只有科学地"［nurwissenschaftlich］②确定，并且"企图预先回答和针对一切可能场合来回答这个问题，那就是制造空想"③。

　　我认为，根据建设社会主义的实际经验，最好的方法是辩证的。事实上，至少在20世纪50年代，我们在苏联发现了这种强调。他们指出，某些经济规律，特别是生产力和生产关系之间的矛盾规律，适用于社会主义建设。一方面，生产关系的根本转变（公有制和集体化）对十月革命后解放生产力产生了深远影响；另一方面，生产力和生产关系的辩证关系根据具体情况而变化。在某种情况下，生产力滞后，其就成为生产关系的桎梏，而在另一种情况下，生产力则相反。解决方案是：落后者需要加快速度④。因此，西方强调生产资料所有权的倾向显然是片面和不平衡的，但过分强调解放生产力也是片面和不平衡的。

结　论

　　通过这两个基本问题，即关于对共产主义者的理解和对社会主义的定义，我试图展示比较马克思主义哲学是如何从事研究的。如前所述，许多主题能够成为这种比较分析的对象，但正是根据这样比较的练习，我们可以回到方法论的思考上来。早些时候，我的立场是，马克思主义的所有特征都可以作为比较的主题，并且应该包括基本原理。对基本原理如何进行比较？我在前面提到，基本原理仍然具有普遍性，但因具体问题而产生的看法或解决办法可能会改变。后者显然是偶然的，尽管它们可能有助于建立一

　　① 恩格斯特别指出，正如上文引述的文本所表明的，也正如他在《反杜林论》［See "Herrn Eugen Dührings Umwälzung der Wissenschaft（Anti-Dühring）"（Herr Eugen Dühring's Revolution in Science（Anti-Dühring）.*Marx Engels Werke*,Vol.20.Berlin：Dietz.1973,pp.263-264.］中所作的更为全面的陈述一样，是存在因果关系的。

　　② Marx,Karl,"Kritik des GothaerProgramms"（Critique of the Gotha Program）.*Marx Engels Gesamtausgabe*,Vol.I.25.Berlin：Dietz.1985,p.22.

　　③ Engels,Friedrich,"ZurWohnungsfrage"（The Housing Question）.*Marx Engels Gesamtausgabe*,Vol.I.24.Berlin：Dietz.1984,p.77.

　　④ Stalin,I.V."Ėkonomicheskieproblemysotsializma v SSSR"（Economic Problems of Socialism in the USSR）.*Sochineniia*（*Works*）,16.Moscow：Izdatel'stvo"Pisatel'".1997,pp.196-205.

个潜在的解决方案的宝库,作为可以吸取的经验教训,但它们不能机械地应用于其他地方。

我们可以更进一步追问:基本原理是永远保持不变的,还是可以发展、深化和扩展的? 显然,答案是这些基本原理确实需要在实践和深化理论理解过程中进一步发展和创新。例子包括马克思主义哲学中矛盾这一核心范畴如何可能是对立的或非对立的,包括辩证分析的过程如何在不同的语境中显现出来。到目前为止,市场经济(甚至劳动价值论)在社会主义制度中的作用也已成为一项基本原理,这需要仔细分析东欧以及现在的中国、越南等国对其进行理解。这些发展是创新和丰富基本原理过程的一部分内容,而不是具有区域差异性或偶然性的解决方案。

【中国哲学】

孝为德本与《孝经》为"六经之宗"
——立足马一浮先生《泰和宜山会语》《孝经大义》的考察

舒大刚[*]

内容提要：本文从学理、文献和历史文化等角度，对马一浮先生"《孝经》为'六艺'之宗"的观点进行了论述，认为马先生构建的"六艺统诸学""《孝经》统六艺"等体系，对系统认识儒家经典的意义，大顺读书次第，快捷地掌握儒家经典实质，具有以简驭繁、握本执要的功效。

关键词：马一浮；六艺；孝经；孝道

马一浮先生为理清中华学术的源流正变，特别彰显了儒家经典的重要价值，提出"国学即'六艺'之学""'六艺'该摄一切学术"等重要命题。"六艺"即"六经"。马先生意谓："六艺"之书是中国最古老的文献，记载和传承了中华上古的历史文化；"六艺"之文又是中国最古的教科书，诱发了包括儒家在内的诸子百家的形成和经史子集文献的产生。可见，国学的主要流派——诸子百家，主要载体——经史子集，都是在"六艺"影响下形成的，因此说"国学即'六艺'之学"。此外，还有"六艺之道"和"六艺之教"，诸如"知仁圣义忠和""礼乐射御书数"，等等，亦具有广泛的普适性和容摄性，可以涵摄中学（经学、子学、史学、词章等）、西学（自然科学、社会科学、哲学、宗教等）。于是举国学诸科可以归诸"六艺"之道，举"六艺"之教可以该摄天下之学，古今中外的学术不外乎"六艺"之道与"六艺"之教的分殊。

然而"六经"卷帙浩繁，内容庞杂，以事言理，旨趣各别，如何才能以简驭繁、提纲挈领地掌握经典要义呢？马先生指出："六艺之旨，散在《论语》而总在《孝经》。"[①]六经的义理宗旨已经散见于16000字的《论语》之中，而其纲领又系统地总结在1800字的《孝经》之中。这样一来，马先生就为我们构建起了以"六艺统天下学术"，以《论语》见"六艺"精神，以《孝经》举"六经"纲领的经典体系和文献架构了。这一架构对于我们了解中华文化的根源问题、主次问题、繁简问题，都具有重要参考价值，这里愿就六艺与国

---

　*　舒大刚，四川大学教授、博士生导师，国际儒学研究院院长兼古籍整理研究所所长。
　①　马一浮：《泰和宜山会语·论六艺该摄一切学术》乙"六艺统四部"，见《马一浮全集》第一册上，杭州：浙江古籍出版社，2012年，第13页。

学、孝道与诸德、《孝经》与六艺等问题,来稍作阐发。

一、"六艺"该摄一切学术

马一浮(1883—1967)原籍浙江绍兴,生于成都。平生隐遗,不事荣利。抗日战争期间,曾随流亡中的浙江大学,短暂讲学于泰和、宜山,讲义集为《泰和宜山会语》。后来又应邀在四川乐山办复性书院,担任主讲,有《复性书院讲录》行世。先生擅长诗文书印,作品甚多,学人辑为《马一浮集》《马一浮全集》《马一浮书法作品集》出版。

先生以天纵之资,博览群书,终身事学,思维深邃。他纵横中外,出入三教,涵泳诸子,穷极众理,兼通诸艺,被梁漱溟称为"千年国粹,一代儒宗",为"新儒家三圣"之一。他关于"国学即六艺""六艺统众学"等命题,都是他泛观博览,心知其意,远观近察,高屋建瓴,切身体贴出来的。他非常重视儒家经典之于中华文化的重大影响,说:"今先楷定国学名义,举此一名,该摄诸学,唯'六艺'足以当之。'六艺'者,即是《诗》《书》《礼》《乐》《易》《春秋》也。此是孔子之教,吾国二千余年来普遍承认一切学术之原皆出于此,其余都是'六艺'之支流。"①从经典文献的产生,系统教育的兴起,核心理念的形成和中华学术的源流而言,马先生此说无疑是正确的。《左传》《国语》虽然说上古有《三坟》《五典》《八索》《九丘》,但这些文献皆渺焉无传,周之国学实主"四经":"乐正崇四术,立四教,顺先王《诗》《书》《礼》《乐》以造士"(《礼记·王制》)。孔子继之,"论次《诗》《书》,修起《礼》《乐》","序《易》传","作《春秋》"(《史记·孔子世家》),于是形成影响中华学术两千余年的经典文献——"六经"(亦即"六艺")。孔子"以《诗》《书》《礼》《乐》教",形成"弟子三千,达徒七十有二"的儒家学派。再经孔门弟子散游诸侯,友教士大夫,于是民智大开,诸子纷起,形成中华文化第一个"百家争鸣"的高峰。再经汉武帝"罢黜百家,表章六经",六经又以政府的力量推广,成为觉世牖民、治国理政的最高经典。自后的一切学术无不受"六艺"影响,大致而言,两汉经学是"我注六经"之学,南北朝注疏是"疏注六经"之学,宋明理学是"六经注我"之学,清代朴学是"考据六经"之学,近代疑古是"我疑六经"之学,现代新儒家是"我阐六经"之学。于是马先生说:"故'六艺'可以该摄诸学,诸学不能该摄'六艺'。今楷定国学者,即是六艺之学,用此代表一切固有学术,广大精微,无所不备。"②因为中国的主流学术,无非是变换态度和角度对"六艺"进行的研究、阐释和征引、创新的过程而已。

马先生论"六艺该摄一切学术",主要分"六艺统诸子""六艺统四部"甲乙两段来论述。关于"六艺"与诸子,他主要依据汉人"诸子皆六经之支与流裔"和《礼记·经解》"入其国其教可知"章论"六经之教"的得与失等说,认为诸子百家,儒、道、名、墨、

---

① 马一浮:《泰和宜山会语·楷定国学名义》,见《马一浮全集》第一册上,第8页。
② 马一浮:《泰和宜山会语·楷定国学名义》,见《马一浮全集》第一册上,第8—9页。

法、纵横、杂、阴阳、农等家,皆受"六艺"影响,然而各家所受,却有深有浅,有得有失,有精有粗,唯儒家得多失少,其他皆不该不遍、不圆不满:"故《老子》得于《易》为多,而流为阴谋,其失亦多。""《庄子·齐物》好为无有端崖之辞,以天下不可与庄语,得于《乐》之意为多,而不免于流荡,亦是得多失多。"又说:"墨子虽非乐,而兼爱、尚同实出于《乐》,节用、尊天、明鬼出于《礼》,而短丧又与《礼》悖。《墨经》难读,又兼名家,出于《礼》,如墨子之于《礼》《乐》,是得少失多也。"又说:"法家往往兼道家言,如《管子》,《汉志》本在道家,韩非亦有《解老》《喻老》,自托于道。其于《礼》与《易》,亦是得少失多。"又说:"余如惠施、公孙龙子之流,虽极其辩,无益于道,可谓得少失少。其得多失少者,独有荀卿。……若'诬'与'乱'之失,纵横家兼而有之,然其谈王伯皆游辞,实无所得,故不足判。杂家亦是得少失少。农家与阴阳家虽出于《礼》与《易》,末流益卑陋,无足判。观于五家之得失,可知其学皆统于六艺,而诸子学之名可不立也。"①

马先生论"六艺"与四部关系,大意说:经部文献本来就是对"六艺"的阐释和推演,如经部所立"十三经"(《周易》《尚书》《毛诗》《周礼》《仪礼》《礼记》《左传》《公羊》《谷梁》《尔雅》《孝经》《论语》《孟子》),其实"六经唯《易》《诗》《春秋》是完书;《尚书》今文不完,古文是依托;《周礼》亦缺冬官;《乐》本无其书"。至于《礼记》《左氏》《公羊》《谷梁》皆传;《尔雅》"是释群经名物",《孝经》虽有经名但"实与《礼记》诸篇相类";"《论语》出孔门弟子所记";"《孟子》本与《荀子》同列儒家(子部)",皆不中真正的"经"。十三经与儒家诸子文献可分为宗经、释经二部,都是围绕六经展开的,自然可归于"六艺"之属;《论语》和《孝经》是六艺之旨的精华提炼和系统总结。故马一浮将"十三经"及其注疏,皆统在"六经"之下:"如是则经学、小学之名可不立也。"②

至于"史部":司马迁《史记》本仿《春秋》而作,故《汉书·艺文志》就将其放在《春秋》类;"纪传虽由史公所创,实兼用编年之法;多录诏令奏议,则亦《尚书》之遗意";"诸志特详典制,则出于《礼》";"记事本末则左氏之遗则也";史学巨制"三通",并《通鉴》为"四通",其"编年记事出于《春秋》,多存论议出于《尚书》,记典制者出于《礼》"。所以,"诸史悉统于《书》《礼》《春秋》,而史学之名可不立也。"③

至于"集部":马一浮先生认为:"文章体制流别虽繁,皆统于《诗》《书》"。《庄子》说:"《诗》以道志,《书》以道事。"马先生据此说,"文章虽极其变,不出此二门。"但是"志有浅深,故言有粗妙;事有得失,故言有纯驳。"所以才有汉魏以下文章的无穷变化,"但直抉根原……其体要咸统于《诗》《书》,如是则知一切文学皆《诗》教、《书》教之遗,

---

① 马一浮:《泰和宜山会语·论六艺该摄一切学术》甲"六艺统诸子",见《马一浮全集》第一册上,第12页。

② 马一浮:《泰和宜山会语·论六艺该摄一切学术》甲"六艺统诸子",见《马一浮全集》第一册上,第12—13页。

③ 马一浮:《泰和宜山会语·论六艺该摄一切学术》乙"六艺统四部",见《马一浮全集》第一册上,第13页。

而集部之名可不立也。"①

不仅"六艺"可统中国的诸子百家、经史子集,甚至西方学术也可统进来。关于
"六艺"与"西学",马先生主要从学理角度出发,以为西学之理也可以统摄在六艺之
下。如他举大概言,由于《易》明天道,讲阴阳变化,故凡研究自然界一切现象的自然
科学,都可统于《易》;《春秋》明人事,别嫌疑是非,故凡研究人类社会一切组织形态
的社会科学或人文科学,都可统于《春秋》。同理,"文学、艺术自然可以统于《诗》
《乐》,政治、法律、经济亦皆可以统于《书》《礼》"②。天下宗教虽信仰不同,"亦统于
《礼》",这个礼不是人间正道的礼,而是《经解》所谓"亡于礼者"之"礼"也,是礼仪缺
失的精神救赎。

世界上"哲学思想派别虽殊,浅深小大亦皆各有所见"。但从根本上讲,"本体论近
于《易》,认识论近于《乐》,经验论近于《礼》"。其中又存在唯物、唯心的区别,在马先
生看来,"唯心者,《乐》之遗;唯物者,《礼》之失"。③ 西方近代学术,学科纷繁,文献资
料浩如烟海,各家立论五花八门,本来与中国思路不一,了不相涉。马一浮却从学理出
发,却将西方学术也纳入"六艺"统摄之下了。因天下之事不外物、我,天下之理不外人
道、天道,天下之学也不外自然科学和社会科学。就先秦诸子言,庄子以道言,故偏重自
然;孔子以人言,故偏重社会。马先生从此入手,天下之学的归属问题都因之而迎刃而
解了。

马先生又从西方哲学的原理上阐释说:"西方哲人说的'真美善',皆包含于六艺之
中。《诗》《书》是至善,《礼》《乐》是至美,《易》《春秋》是至真。"因为《诗》教主仁,
《书》教主智,合仁与智,岂不是至善么?《礼》是大序,《乐》是大和,合序与和,岂不是
至美么?《易》穷神知化,显天道之常;《春秋》正名拨乱,示人道之正,合正与常,岂不是
至真么?"④如此一来,岂不有以简驭繁、举一反三、万法归一之效?

以上便是马一浮先生"六艺统诸子""六艺统四部""六艺即国学""六艺统西学"的
大致框架。

二、孝道冠"六德""六行"

马先生"六艺"统诸学,是就"六艺"之教的分殊而言的;如果就"六艺"之教的聚合
而言,他又说:"'六艺'之旨散在《论语》而总在《孝经》。"以上皆马先生讲学浙江大学
时的观点。为了说明"六艺"与《论语》《孝经》的"散在""总在"关系,马先生后来主讲

---

① 马一浮:《泰和宜山会语·论六艺该摄一切学术》乙"六艺统四部",见《马一浮全集》第一册上,第
13—14 页。

② 马一浮:《泰和宜山会语·论西来学术亦统于六艺》,见《马一浮全集》第一册上,第 18 页。

③ 马一浮:《泰和宜山会语·论西来学术亦统于六艺》,见《马一浮全集》第一册上,第 18 页。

④ 马一浮:《泰和宜山会语·论西来学术亦统于六艺》,见《马一浮全集》第一册上,第 19—20 页。

乐山复性书院时,又有《论语大义》和《孝经大义》专文申说。此处专就其"《孝经》统六艺"说进行分析。

其《孝经大义》说:"大哉,《孝经》之义,三代之英,大道之行,'六艺'之宗,无有过于此者!"说《孝经》的要义,是夏、商、周三代精英政治的体现,是天地大道的具体实行,是"六艺"精神的集中概括。为了说明这一重大命题,马先生分别从"学理"和"文献"两个角度入手,论证了孝道包罗"六艺"之教,《孝经》总汇"六艺"之道等原理。

首先是学理,他从孝道的原理、内涵和适应范围,论证了"孝道"乃"六艺"之精髓,具有广泛的适应性。他说:

> "故曰'孝,德之本也。'举本而言,则摄一切德;'人之行,莫大于孝',则摄一切行;'教之所由生',则摄一切教;'其教不肃而成,其政不严而治',则摄一切政;五等之孝,无患不及,则摄一切人;'通于神明,光于四海,无所不通',则摄一切处。"

在这里,马先生强调了孝道统摄了天下四方、君臣士民、"德、行、政、教"等根本。马先生此处引文都是《孝经》原话:"孝,德之本也",见《开宗明义章》,是说孝道是一切品德的根基。《论语·学而》又载"有子曰:'其为人也孝弟,而好犯上者,鲜矣;不好犯上,而好作乱者,未之有也。君子务本,本立而道生。孝弟也者,其为仁之本欤!'"德本,仁本,孰是孰非?德本是就修德言,仁本是就行仁言,角度不同,其实则一。"本"有始的意思。《说文解字》:"本,木下曰本,一在其下。"徐锴曰:"一记其处也。本末朱,皆同义。"又:"柢,木根也。"树木在土里的根系叫柢,长出地面后开始的树干叫本。孝悌就是仁德的开端和发轫。德,犹言品质。德治是中华民族的优良传统。西周初年《遂公盨》铭文讲"禹敷土"的故事,其中就有多个"德"的组合,如"监德""贵德""明德""懿德""好德""用德"等,还提到"孝友",将孝与德行关联起来,说明从禹以来"孝德"就成了明君善政的标尺。箕子所陈禹之《洪范》九畴,八政之"次六曰乂用三德",说是从禹夏以来已重德教。《论语》的"孝悌也者,其为仁之本欤!"是讲孝悌是推行仁道的发轫。"德之本"和"为仁之本"含义相近,"德之本"是修德的开始,"为仁之本"是行仁的开张,称名不同而指事则一。

孔子说:"志于道,据于德,依于仁,游于艺。"《老子》:"失道而后德,失德而后仁,失仁而后义,失义而后礼。"《礼记》曰:"道德仁义,非礼不成。"严遵《老子指归》曰:"道为之元,德为之始","故有道人,有德人,有仁人,有义人,有礼人。"道、德、仁、义、礼,是中华道德论的主体结构,道是本原,是品德之树的根;德者得也,是分于道而形成的品性,是品德之树的发始;仁、义、礼是修己待人,实现个性圆满的具体路径。在诸多的德性修养中,仁爱是最善的;而仁爱的发轫,又以躬行孝道为首务。所以说"夫孝德之本也"

"孝悌也者其为仁之本欤"！

《周礼》春官乡大夫职，"以乡三物教万民而宾兴之，一曰六德，知仁圣义忠和；二曰六行，孝友睦姻任恤；三曰六艺，礼乐射御书数"。德、行、艺三事并行，而互为关联。德为内在修为，行乃为人处世，艺为开物成务。三事之中，孝居"六行"（孝友睦姻任恤）之首，故语云"百善孝为先"。"六德"（知仁圣义忠和）之中为何不见"孝"字？《孟子》曰："仁之实，事亲是也；义之实，从兄是也；智之实，知斯二者弗去是也；礼之实，节文斯二者是也；乐之实，乐斯二者，乐则生焉。"（《离娄上》）可见儒家的"智慧"是知道事亲（仁孝）、从兄（逊悌）；所谓仁、义、智、礼、乐者，其核心精神都以孝悌为本质。《周礼》以"知"（智）居"六德"之首，孝岂非德之根核乎？《孟子》又谓"尧舜之道孝悌而已矣"（《告子上》），孔子曰"禹吾无间然……菲饮食而致孝乎鬼神"（《论语·泰伯》），是圣人之政原以孝为本色。《孝经》有谓"事父孝，故忠可移于君"，可见孝在"忠"先，忠乃孝德的发挥。又曰"至德要道，以顺天下，民用和睦，上下无怨"，可见"和"为孝的效果和极致。看来"六德"也以孝为首务，而"孝"又贯穿于"六德"之中，所谓"孝为德本"不其然乎？

"教之所由生"亦见《开宗明义章》，说孝道是一切教化发生的缘由。"教"之一字的形构即昭示了这一原理。《说文解字》："教，上所施，下所效也。从攴从孝。""教"字既可声训"效"，也可形训"施"。中国教育是典范教育，在上者（师长）做出示范和表率，供在下者学习和仿效。天地之间、宇宙万物，最大的表率无非天道，修明天道，就是最大的教化。故《中庸》曰："率性之谓道，修道之谓教。"中国社会是一个家、国、天下的结构，要求修身者先内后外，由近及远，由家而国，遂及天下。《孟子》曰："老吾以及人之老，幼吾幼以及人之幼。""推恩足以保四海。"（《梁惠王上》）《礼记·祭义》孔子曰："立爱自亲始。"所以中国教育首重人伦，孝是一切教化的开端。《尚书·舜典》舜命契："契，百姓不亲，五品不逊。汝作司徒，敬敷五教，在宽。"孔颖达《正义》：五品，"即父、母、兄、弟、子是也"；五教，"教之义、慈、友、恭、孝。"可见，舜时的教化已是以孝慈为首要任务了。《孝经》有"先王见教之可以化民也"一句，司马光说可以将"教"字换成"孝"，从上下文意上讲也是可以通的，原因就是中国教育首先就是人伦教化的教育。

"人之行莫大于孝"，见《圣治章》，此句的前、后句是："天地之性人为贵，人之行莫大于孝，孝莫大于严父，严父莫大于配天。"前有"天地"，后有"配天"，孝道与天地法则相关联，这是中国人特有的宇宙观和伦理观。《孝经》三才章说："夫孝，天之经也，地之义也，民之行也。"《周易·序卦传》具体说："有天地然后有万物，有万物然后有男女，有男女然后有夫妇，有夫妇然后有父子，有父子然后有君臣，有君臣然后有上下，有上下礼仪有所错（措）。"天地与父母、万物、君臣、上下、礼仪都同处一个生成关联的系统之内，而天地乃是万事万物的源头。这反映出中国人的事物同源、万物一体观念。《周易》又说"天地之大德曰生"，天地是生养万物的祖宗。有生便有报，万物理当报效天地，这种报恩情怀就是孝道的原初情愫。父母有养育之恩，儿女对父母也要有报答之情，这就决定了中国人的基本情怀,寻源返本,知恩图报,这一情感奠定了中国人"报恩"的思想基础。《论语》有曰"弟子入则孝,出则悌,谨而信,泛爱众而亲仁,行有余力,则以学文"(《学而》);《孝经》所谓"夫孝,始于事亲,中于事君,终于立身"的修身模式,引导了中华士人的成德之路和修齐之阶。孔子著《孝经》以辅"六经",正是出于此一考虑。《汉书·艺文志》:"《孝经》者,孔子为曾子陈孝道也。夫孝,天之经,地之义也,民之行也。举大者言,故曰《孝经》。"就是最简要的说明。

"其教不肃而成,其政不严而治",见《三才章》及《圣治章》(后者原文作"故圣人之教不肃而成,其政不严而治")。《三才章》此句前有"则天之明,因地之利,以顺天下"三句,郑玄注:"用四时地利,顺治天下,下民皆乐之,是以其教不肃而成";"政不烦苛,故不严而治也。"《圣治章》前有"圣人因严以教敬,因亲以教爱"两句,郑注:"圣人因人情而教民,民皆乐之,故不肃而成也";"其身正,不令而行,故不严而治。"孝心本来是民众之行,合乎人情,顺乎世心,故抓住孝道,于政于教,都极顺利,不必烦苛。《孝经》孝治章认为:"明王以孝治天下"云云;东汉鲍勋上书:"臣闻五帝三王,靡不明本立教,以孝治天下。"(郝经《续后汉书》卷七一引)皆是"其政不严而治"的成功典范。

"五等之孝",指《孝经》中从第二章至第六章,讨论当时社会自天子、诸侯、卿大夫,至士、庶人的行孝原则,五个等级各有行孝的准则和禁忌。"无患不及"乃约取《庶人章》"故自天子至于庶人,孝无终始,而患不及者未之有也"。郑注:"总说五孝,上从天子,下至庶人,皆当行孝无终始,能行孝道,故患难不及其身也。"唐玄宗《孝经御注》:"始自天子,终于庶人,尊卑虽殊,孝道同致。"《中庸》也说:"故自天子至于庶人,壹是皆以修身为本。"贯穿五等的修身基始,即奉行孝悌是也。

"通于神明,光于四海,无所不通"三句,见《感应章》。"通于神明"是说孝道上参乎造化,合乎天地规律、阴阳法则,《周易·系辞传》说伏羲氏仰观天文、俯察地理,"于是始作八卦,以通神明之德,以类万物之情",与此同理。光于四海,光即广,即推之四海而皆准之意。《礼记·祭义》曾子曰:"夫孝,置之而塞乎天地,溥之而横乎四海,施诸后世而无朝夕。推而放诸东海而准,推而放诸西海而准,推而放诸南海而准,推而放诸北海而准。"天覆地载,人生其间;天作地成,人秉其德。人同此心,心同此理,世人皆为父母所养,故不分东西南北,不分民族阶级,人人皆当行孝,说明孝道具有最广泛的普适性和必要性。

马先生通过引述《孝经》原话,论证了孝道是一切德、一切行、一切政、一切人、一切处的基本道德和根本伦理,既有理论依据,也有文献依据,更合乎中国历史之实际。

三、《孝经》总"六经""六艺"

除了学理的论证外,马先生还从《孝经》与"六艺"经典在内涵上的容摄性,论证了《孝经》统"六艺"的可能。他的《孝经大义》又说:"'六艺'为博,《孝经》为约。'至德',《诗》《乐》之实;'要道',《书》《礼》之实;'三才',《大易》之旨也;'五孝',《春秋》之义也。言'其教不肃而成',是《诗》《乐》之会也;言'其政不严而治',是《书》《礼》之会也。"

《史记》《汉书》都说孔子既修"六经",又"作《孝经》"。郑玄《孝经注》亦谓:"弟子曾参有至孝之性,(孔子)故因闲居之中,为说孝之大理,弟子录之,名曰《孝经》。"马先生认为"六艺"内容博大,《孝经》简约概括,如果说"六艺"该括了众理,《孝经》就是"众理"的提纲,因为《孝经》总摄了《六经》的根本精神,具有"六经"统领和会归的作用。这与东汉大儒郑玄《六艺论》所说:"孔子以《六艺》题目不同,指意殊别,恐道离散,后世莫知根源,故作《孝经》以总会之。"是一致的。

此处所谓"至德""要道"都见《孝经》首章《开宗明义章》:"子曰:'先王有至德要道,以顺天下,民用和睦,上下无怨。'"郑玄注:"至德,孝悌也;要道,礼乐也。"《孝经》又有《广要道》《广至德》二章。《广要道章》引子曰:"教民亲爱,莫善于孝;教民礼顺,莫善于悌;移风易俗,莫善于乐;安上治民,莫善于礼。礼者,敬而已矣。故敬其父则子说(悦),敬其兄则弟说;敬其君则臣说,敬一人而千万人说,所敬者寡而说者众,此之谓要道也。"本章的重心在"礼敬",故"移风易俗,莫善于乐;安上治民,莫善于礼"才是本章的要点。可见郑注以"礼乐"训"要道",马先生以《书》《礼》对应"要道"都是对的。"'至德',《诗》《乐》之实;'要道',《书》《礼》之实。"也与《左传》"《诗》《书》义之府也,《礼》《乐》德之则也"(僖公二十七年)相吻合。

"'三才',《大易》之旨也"。《孝经》有"三才章":"夫孝,天之经也,地之义也,民之行也。天地之性而民是则之。则天之明,因地之利"云云。说孝道原理存在于天地之间,合乎天地之道,人秉懿德,法天行事,故奉行孝道。《孝经》在《感应章》也说:"昔者明王事父孝,故事天明;事母孝,故事地察;长幼顺,故上下治。天地明察,神明彰矣。"天地即人的大父母,孝事父母与敬奉天地是一致的。又《庶人章》说"用天之道,分地之利,谨身节用,以养父母",庶人养父母须顺从天地之道;《圣治章》说:"天地之性,人为贵","严父莫大于配天","故周公郊祀后稷以配天,宗祀文王于明堂以配上帝","父子之道天性也",天子、公卿尽孝也是以天为法。人履孝行,就是顺从天地之道的结果。前文引《汉书·艺文志》"《孝经》者"至"故曰《孝经》",显然也是合乎《周易》精神的。《说卦》曰:"是以立天之道,曰阴与阳;立地之道,曰柔与刚;立人之道,曰仁与义;兼三才而两之,故《易》六画而成卦"又《系辞传》说:"《易》之为书也,广大悉备。有天道焉,有人道焉,有地道焉。兼三才而两之,故六。六者非它也,三才之道也。"又说:"《易》与天地准,故能弥纶天地之道","夫《易》,开物成务,冒天下之道"云云,不一而足。故以《乾卦》当天,以《坤卦》当地,以《屯卦》以下六十二卦当万物。孝道几乎是对于《易》道原理的模拟。《礼记·哀公问》"人道谁为大","孔子曰:'天地不合,万物不生。大昏,万世之嗣也,君何谓己重焉?'孔子遂言曰:'内以治宗庙之礼,足以配天地之神明'"云云,宗庙祭祖宗,其效感天地,孝道、天道,声气互通。

"'五孝',《春秋》之义也"。"五孝"即五等之孝,如前引《孝经》的《天子章》《诸侯章》《卿大夫章》《士人章》《庶人章》,五等之孝各有专主,不相夺伦。邢疏曰:"夫子述天子、诸侯、卿大夫、士、庶人行孝毕,于此总结之,则有五等。"所谓"五等",即根据各个等级的不同地位和情况,提出了行孝的不同要求:天子要求其躬行爱敬、表率天下;诸侯要求其不骄不溢、保守社稷;卿大夫要求其言行谨慎、固守宗庙;士人要求移孝事君、取禄尽孝;庶人要求其谨身节用、供养父母。是为"五孝"。《孝经》"五刑章"说:"五刑之属三千,而罪莫大于不孝",《庶人章》说"孝无终始,而患不及者未之有也",强调行孝须自始至终,谨始慎终,否则就会有祸患相及。这些都与"《春秋》以道义""《春秋》以道名分"的精神一致。司马迁《太史公自叙》揭示孔子作《春秋》目的:"孔子知言之不用,道之不行也,是非二百四十二年之中,以为天下仪表,贬天子,退诸侯,讨大夫,以达王事而已矣。""达王事"即是"以孝治天下"的王政。又说:"夫《春秋》,上明三王之道,下辨人事之纪,别嫌疑,明是非,定犹豫,善善恶恶,贤贤贱不肖,存亡国,继绝世,补弊起废,王道之大者也。""王道之大者"当然是"以孝治天下"之事。不懂得此理,人伦就会颠倒,国政就会紊乱,天下就会失去。因此"拨乱世反之正,莫近于《春秋》。《春秋》文成数万,其指数千。万物之散聚皆在《春秋》。《春秋》之中,弑君三十六,亡国五十二,诸侯奔走不得保其社稷者不可胜数。察其所以,皆失其本已。""失其本"就是失去了"孝道"这个德治之本。因此司马迁大声疾呼:"为人君父而不通于《春秋》之义者,必蒙首恶之名。为人臣子而不通于《春秋》之义者,必陷篡弑之诛,死罪之名。……夫不通礼义之旨,至于君不君,臣不臣,父不父,子不子。夫君不君则犯,臣不臣则诛,父不父则无道,子不子则不孝。此四行者,天下之大过也。……故《春秋》者,礼义之大宗也。"在司马迁看来,引起君不君、臣不臣、父不父、子不子这些乱象的根本原因,就是不知君臣父子本分的"孝道"缺失;《春秋》就是以孝悌为内核的"礼义"之大宗。何休《公羊解诂序》和唐玄宗《御制孝经注·序》都引纬书中孔子曰:"吾志在《春秋》,行在《孝经》。"认为《春秋》《孝经》皆为孔子所作,代表孔子的理想意志和行动追求。牟融《理惑论》:"孔子不以《五经》之备,复作《春秋》《孝经》者,欲博道术、恣人意耳。"也将《孝经》与《春秋》定为孔子删定"五经"后的全新制作,是对"五经"的重要概括和补充。三国蜀秦宓《与李权书》:"故孔子发愤作《春秋》,大乎居正;复制《孝经》,广陈德行。"又将《孝经》定在孔子既作《春秋》(提倡"正名")后,在晚年的一项重大举措(强调"德行")。沈约记:"鲁哀公十四年……孔子作《春秋》,制《孝经》。既成,使七十二弟子向北辰星馨折而立。"(《宋书·符瑞上》)如果说《春秋》是孔子淑世济人理想寄托,那么《孝经》则是孔子修己成德的行动指南,一内一外,一实一虚,相须而行。

"言'其教不肃而成',是《诗》《乐》之会也";"言'其政不严而治',是《书》《礼》之会也。"斯二句上节已疏证。《庄子》"《诗》以道志","《乐》以道和",在和谐快乐中实现个人意志的表达与发抒,岂不是"其教不肃而成"?《礼记》说:"温柔敦厚,《诗》教也";"广博易良,《乐》教也。"人们性情温柔,待人敦厚,操行广博,处事易良,一派雍雍

哲学家

和和之气,哪里还需要鞭扑夏楚呢?《庄子》又说"《书》以道事","《礼》以道行",尧舜礼让为国,三代仁政德治榜样在彼,三《礼》制度设施、行为规范、礼意乐意在此,各率其德,各遵其行,其政哪里还需要苛严呢?《礼记》谓"疏通知远,《书》教也","恭敬庄俭,《礼》教也"。历史成败,圣贤典范,了然于胸;居处恭,执事敬,庄以莅之,俭以行之,虽之蛮貊,无所不通矣。

可见,《孝经》统摄了《易经》的三才之道,《春秋》的正名思想,《礼》《乐》的文明秩序,《尚书》的仁政理想,《诗经》的个人意志,是"六经"精神的纲领性概括,宗旨性提挈。读了《孝经》,"六经"的主旨就不难理解了。无怪乎马先生要说《孝经》是"三代之英,大道之行,'六经'之宗"了!

四、余　论

当然,《孝经》之所以能够成为"六经"之宗,还与"六经"内容的彼此匹配有密切关系。关于"六经"之旨,先贤有多种论说,比较权威的是前引《庄子·天下篇》所谓"《诗》以道志,《书》以道事,《礼》以道行,《乐》以道和,《易》以道阴阳,《春秋》以道名分"。不过,这还是就其名相说的,如果就其实质而言,"六经"无非"德行道艺"。前引《左传》赵衰之言("《诗》《书》,义之府也;《礼》《乐》,德之则也。德、义,利之本也。")可见,《诗》和《书》是仁义的宝库,《礼》《乐》是德教的准则,一个人要想成就自己,就必须"说《礼》《乐》而敦《诗》《书》"。

前引《王制》语"乐正崇四术,立四教,顺先王《诗》《书》《礼》《乐》以造士";又说"三年则大比,以考其德行道艺。"乐正之所以要用《诗》《书》《礼》《乐》造士,就是因为四经具有造就"德行道义"人才的功能。《史记》说孔子"论次《诗》《书》,修起《礼》《乐》"。"孔子以《诗》《书》《礼》《乐》教,弟子盖三千焉",也孔子同样是出于同一目的,也是"从周""改制"的表现。

及孔子晚年,"序《易》传""作《春秋》",形成"六经"。《诗》《书》《礼》《乐》既是"德义"的宝藏,孔子新修的《易》与《春秋》呢?《说卦传》称"立天之道曰阴与阳,立地之道曰柔与刚,立人之道曰仁与义",《易经》中也蕴含作为"人道"的"仁与义"。《春秋》原本鲁史,经孔子修订而"加乎王心",王心即王道,亦即"仁义"之道,于是《春秋经》也成了讲仁政德治的政治宝典。然则,"六经"之核心都是"仁义"。无怪乎《庄子》载孔子向老聃言"治'六经'",老子中其说曰:"愿闻其要。"孔子回答说:"其要在仁义。"后来的班固也说"儒家者流","游文于'六经'之中,留意于仁义之际",点明"六经"的内涵是"仁义"。马先生说:"'至德',《诗》《乐》之实"云云者,正是就此而言的。

"六经"的要害在"仁义","仁义"的内核在"事亲、从兄"的孝悌,那么"六经"内容也就是以"孝悌"为主了。孝悌是"行仁之本""立德之本",那么《孝经》就自然而然地就成了"六经"的总归了。宋邢昺《孝经注疏·序》说:"《孝经》者,百行之宗,五教之要。自昔孔子述作,垂范将来"云云。明曹端《孝经述解序》说:"'孝'云者,至德要道之总名也;'经'云者,持世立教之大典也。然则《孝经》者,其'六经'之精义奥旨欤?"已先悟《孝经》涵盖"六经"之"精义奥旨"的秘密。

马先生"六艺为博,《孝经》为约"之语,正可与上述各家说法前后呼应。虽然诸儒在马先生之前已先揭斯义,但是马先生立于疑经疑古、非孝非忠的潮流下,出于执本握要的考虑,于群家经典之中,特别拈出《孝经》以发挥其大义微言,突出其"六经"纲领的价值,指引出以简驭繁的读经之道,其勇气和胆识,与乎真知灼见、实利实效,皆具重大的意义。特别是他以"孝道"振起民风士习,以《孝经》提挈"六经"总纲,更无疑在诸儒之上矣!

致太平与总汇六经：郑玄《孝经》学发微

刘增光[*]

内容提要：郑玄《孝经》学是在西汉以来的思想大背景中浸润而生，受到了董仲舒、刘向、《白虎通》等的影响。郑玄对《孝经》"先王"的理解内含着对五帝公天下与三王家天下的分别，结合其《礼运注》可知，这一分别正是要强调在家天下时代唯有通过孝礼之治方能实现天下太平或大同；郑玄秉西汉以来的《春秋》与《孝经》相表里观念解释《中庸》"祖述尧舜，宪章文武"，亦指向了对太平世的追求；郑玄以《孝经》为六经之总会，希冀发明大道，拨乱反正，以致太平为政治理想，这是其阐发《孝经》乃至群经的核心之旨。观此，知近代以来批评《孝经》为专制政治张本的非孝论并不可据。

关键词：孝经；太平；春秋；郑玄；六经

郑玄注《孝经》在早年修治今文经学之时，日后遍注《尚书》、三《礼》，皆兼采今古文，而注《论语》则更晚于此，但其前后思想仍存一贯之处，不可截断观之。学界对于郑玄《孝经》学之研究主要集中于其《孝经注》，但《孝经注》既为其早年之作，[①]郑玄后期是否就不再关注《孝经》抑或完全遗弃了其《孝经注》的今文义理，便仍是有待探究的问题。尤其是考虑到郑玄注解《礼记》《诗经》《论语》等亦屡屡援据《孝经》，如此便有必要采取另外一种文本分析的方式：以《孝经注》为主，但又不限于其《孝经注》，结合郑玄《礼记注》《毛诗笺》等相关文本，尝试对其《孝经》学义理做一整体考察。下文的论述，正是欲揭示郑玄《孝经注》包含了今文经学的微言大义，尤其是对太平大同之世的追求，是郑玄前后思想一贯之旨；郑玄之《孝经》学受到其前儒者如董仲舒、刘向、刘歆等思想之影响，又与其同时代的经学家何休在思想上有着联系，如郑玄所持孔子作《孝经》以制法说、《中庸注》中所载《春秋》与《孝经》相表里说，都前有所承，但是郑玄对前代或同时代之思想进行驳正，综罗百家而成一家之言，形成了独特的以《孝经》总汇六经和求致太平的思想。

---

* 刘增光，中国人民大学哲学院副教授、博士生导师。

① 陈壁生：《孝经学史》，上海：华东师范大学出版社，2015年，第121页。

一、五帝三王与大同小康："禹，三王最先者"之义

《孝经》首章言："昔者先王有至德要道，以顺天下。"郑注："禹，三王最先者。"①陆德明《经典释文》解释郑注说："五帝官天下，三王禹始传于子，于殷配天，故为孝教之始。"皮锡瑞认为陆德明传子者重孝之说是正确的。② 五帝为公天下之世，三王为家天下之世，郑注在开始就确立了五帝与三王这一分疏，有着深刻意义，陆德明、皮锡瑞等历代解释者都重在解释"三王"的一面，却忽视了"五帝"的一面，这使得他们未能注意到郑玄对于大同或太平理想政治的追寻。③

首先，此处之"先王"，郑注与其他注家差异甚大。《古文孝经孔传》谓："先王，先圣王也。"④此后刘炫《孝经述议》本其意谓："古先圣王"，并特别指出先王"非有所主，不斥一人也"。⑤ 这意味着"先王"涵括伏羲以至文王、武王等帝王在内。反观郑玄，"禹，三王最先者"是以"先王"为特称，特指夏商周三代之王，禹为其中最先。依《孔传》与刘炫，王则是泛指，皇、帝、王皆可以王名之。唯有分别皇、帝、王，"王"方为特称，如《白虎通》之说："德合天地者称帝，仁义合者称王，别优劣也。帝者天号，王者五行之称也。"⑥《春秋纬》亦有类似之说。⑦ 若结合《礼运》对大同、小康的论述，即显示出分别帝、王在《礼记》中是常见的叙述。而"德合天地者称帝"很可能是孔子之语，西魏、北周时樊文深所著《七经义纲》中引此句前有"孔子曰"。⑧ 但樊氏认为以此为孔子语的根据当即是《纬书·稽耀嘉》"德象天地为帝"，抑或是根据《春秋公羊传》成公七年何休注文："孔子曰：德合天者称帝，河洛受瑞可放；仁义合者称王，符瑞应，天下归往。"⑨据此基本可断定：强调帝、王之别，为今文经学所主。

由此以观，郑玄以夏商周为三王，亦当为西汉以来儒者相传之旧义。董仲舒与汉武帝的对策中即持此观点，汉武帝问"夫三王之教所祖不同，而皆有失，或谓久而不易者道也，意岂异哉？"董仲舒对策言：

> 先王之道必有偏而不起之处，故政有眊而不行，举其偏者以补其弊而已矣。三

---

① 皮锡瑞：《孝经郑注疏》，北京：中华书局，2016 年，第 9 页。
② 皮锡瑞：《孝经郑注疏》，第 11 页。
③ 《礼运》"大同"，郑玄注："同，犹和也，平也。"据此，"大同"也即是"太平"。见孔颖达：《礼记正义》，北京：北京大学出版社，1999 年，第 659 页。
④ 《古文孝经孔传》，鲍廷博刊刻，知不足斋丛书本。
⑤ 林秀一：《孝经述義復原に関する研究》，文求堂书店，1954 年，第 209、215 页。
⑥ 陈立：《白虎通疏证》，北京：中华书局，1994 年，第 44 页。
⑦ 赵在翰：《七纬》，北京：中华书局，2012 年，第 648 页。
⑧ 陈立：《白虎通疏证》，第 43 页。
⑨ 徐彦：《春秋公羊传注疏》，上海：上海古籍出版社，2014 年，第 727 页。

王之道所祖不同,非其相反,将以救溢扶衰,所遭之变然也。故孔子曰:"亡为而治者,其舜乎!"改正朔,易服色,以顺天命而已;其余尽循尧道,何更为哉!故王者有改制之名,亡变道之实。然夏上忠,殷上敬,周上文者,所继之救,当用此也。(《汉书·董仲舒传》)

董仲舒认为尧舜是无为而治,舜之承尧,并无变道之实;而夏尚忠,殷尚敬,周尚文,三者所尚不同,是出于扶衰救弊的缘故,董仲舒以此为"先王"。他还指出这一三代相继以救衰的说法正是源出孔子"殷因于夏礼,所损益可知也;周因于殷礼,所损益可知也;其或继周者,虽百世可知也。"(《论语·为政》)并总结说:"此言百王之用,以此三者矣。"(《汉书·董仲舒传》)

东汉《白虎通》亦有类似之说,谓:"三王者,何谓也?夏、殷、周也。"①三王之治与五帝之治不同,其不同即在于尧舜五帝之治尚无为,而三王之治则行礼教以起弊。观《白虎通·三教》之文即可知:

王者设三教何?承衰救弊,欲民反正道也。三王之有失,故立三教,以相指受。夏人之王教以忠,其失野,救野之失莫如敬。殷人之王教以敬,其失鬼,救鬼之失莫如文。周人之王教以文,其失薄,救薄之失莫如忠。继周尚黑,制与夏同。三者如顺连环,周而复始,穷则反本。《乐·稽耀嘉》曰:"颜回尚三教变,虞夏何如?"曰:"教者,所以追补败政,靡弊涝浊,谓之治也。舜之承尧,无为易也。"或曰:三教改易,夏后氏始。……以周之教承以文也。三教所以先忠者,行之本也。三教一体而分,不可单行,故王者行之有先后。何以言三教并施,不可单行也?以忠、敬、文无可去者也。②

《白虎通》不论是言帝王之别,还是言三教之分,都提到《纬书》之《稽耀嘉》,而郑玄本人不仅信谶纬,且对之加以注解,故其采"三教改易,夏后氏始"之说,以禹为三王最先者,将《孝经》"先王"定格在夏、商、周三代的范围中。三教如顺连环、一体而分、不可单行,正是以三王之治为一整体,此正是董仲舒"百王之用,以此三者"的含义;而三教一体之说,亦正对应于《论语·为政》之文,郑玄《论语》注云:"自周之后,虽百世,制度犹可知,以为变易损益之极,极于三王,亦不是过。"③当即是本董仲舒之说。梁代皇侃《论语义疏》云:"礼家从夏为始者,夏是三王始,故举之也。"④显系采纳了郑玄以禹为三王最先者的观点。《礼记·中庸》载"子曰"之文:"王天下有三重焉……考诸

① 陈立:《白虎通疏证》,北京:中华书局,1994 年,第 55 页。
② 陈立:《白虎通疏证》,第 370 页。
③ 王素:《唐写本论语郑氏注及其研究》,北京:文物出版社,1991 年,第 14 页。
④ 皇侃:《论语义疏》,北京:中华书局,2013 年,第 44 页。

三王而不谬"，郑注以"三重"为"三王之礼"。① 亦可与其《孝经注》相参证。另外，《乐记》"礼乐之情同，故明王以相沿也"，也正是揭示了三教之所以为一体在于其本质相同，故郑注亦以《论语》三代损益之说作解。② 据此，郑玄《礼记注》亦以明王为"三王"，故《孝经》"明王之以孝治天下"的"明王"即是《乐记》中以礼乐治天下的明王。

进言之，郑玄《孝经注》对五帝和三王的区分，正和《礼运》有密切关联。郑玄《礼记目录》言："名曰礼运者，以其记五帝三王相变易、阴阳转旋之道。"③之所以说是阴阳转旋，是因为从五帝到三王的时变，即是乐由备而衰，道德衰而礼法兴的变化过程。《礼运》区分"大道之行也，天下为公"与"今大道既隐，天下为家"，郑玄以前者为"五帝时也"，其时尧舜"禅位授圣，不家之"。后者为"用礼义以成治"，是"禹、汤、文、武、成王、周公"之时，其时之特点是"谨于礼"，以礼义为根据确立五伦、设置制度刑法。④ 阴阳转旋者，"乐法阳而生，礼法阴而成"，⑤由阳至阴，即是由乐治的大同而降至礼治的小康，孔颖达体会郑意，指出："（礼乐）其法虽殊，若大判而论，则五帝以上尚乐，三王之世贵礼，故乐兴五帝，礼盛三王，所以尔者，五帝之时尚德，故义取于同和；三王之代尚礼，故义取于仪别。是以乐随王者之功，礼随治世之教也。"⑥这不能不让我们联想到《老子》所言"失道而后德，失德而后仁，失仁而后义，失义而后礼。"这一联想绝非无据，因为郑玄注解《礼运》时就很明确地表示"大道既隐"的"礼义以为纪"之时即是："以其违大道敦朴之本也。教令之稠，其弊则然。"并不忘加上一句"《老子》曰：法令滋章，盗贼多有"。⑦

《礼运》之"大道之行"和"大道既隐"的区分也影响了郑玄对《论语》的理解，故他在《论语》"周监乎二代，郁郁乎文哉"的注文中明确指出周制是"礼法兼备。"⑧而《论语·雍也》"齐一变至于鲁，鲁一变至于道"，郑注则谓："言齐、鲁俱有周公、太公之余化，太公大贤，周公圣人，今其政教虽衰，若有明君兴之，齐可使如鲁，鲁可使如大道行之时也。"⑨这表明在他看来，孔子的政治思想中是包含较周公之治更美好的"大道之行"的阶段。

由此即可理解：郑玄注解《孝经》首章"先王有至德要道"，缘何以"至德"为"孝悌"，"要道"为"礼乐"。⑩ 首先，"要道"即非"大道"，这一差别显然是郑玄明确意识到的，不可以"要道"为"大道"，正如不能以三王之世为大同之世一样。但是就"孝"作为

---

① 孔颖达：《礼记正义》，北京：北京大学出版社，1999 年，第 1457 页。
② 孔颖达：《礼记正义》，第 1087 页。
③ 孔颖达：《礼记正义》，第 656 页。
④ 孔颖达：《礼记正义》，第 660 页。
⑤ 孔颖达：《礼记正义》，第 1093 页。郑玄以阴阳对应礼乐的观念并非独出，《白虎通》说："乐者，阳也，……礼者，阴也，系制于阳，故云制也。"孔疏引之，见孔颖达：《礼记正义》，第 1092 页。
⑥ 孔颖达：《礼记正义》，北京：北京大学出版社，1999 年，第 1092 页。
⑦ 孔颖达：《礼记正义》，第 660 页。
⑧ 王素：《唐写本论语郑氏注及其研究》，北京：文物出版社，1991 年，第 20 页。
⑨ 王素：《唐写本论语郑氏注及其研究》，第 62 页。
⑩ 皮锡瑞：《孝经郑注疏》，北京：中华书局，2016 年，第 10 页。

至德或"德之本"而言，却是贯通大同与小康之世的，郑玄明确以大道之行的特点为"孝慈之道广"，①亦即"人不独亲其亲，不独子其子"。然而，《礼运》全篇主要叙述的却是"天下为家"的时代，其中言"圣人耐以天下为一家，以中国为一人者……必知其情，辟于其义，明于其利，达于其患。"而做到这一点，"舍礼何以治之"，郑注云："唯礼可耳。"②而礼之所以能达致天下一家之治效，其形上根据在于"礼必本于太一""礼必本于天"。治国以礼，依《礼运》的描述，"天子以德为车，以乐为御，诸侯以礼相与，大夫以法相序，士以信相考，百姓以睦相守，天下之肥也。是谓大顺。"郑玄注谓："人皆明于礼，无有蓄乱滞合者，各得其分，理顺其职也。"③君臣上下各得其分的理想之治也就是大顺之治，也即是圣人本天以立礼所能达到的最佳效应。孔颖达敏锐地意识到了郑玄此处注文与他对《孝经》的理解有关，因为《孝经·开宗明义章》即云："先王有至德要道，以顺天下，民用和睦，上下无怨。"《礼运》所述与此完全一致。故孔颖达言："'天子以德为车'，谓用孝悌以自载也。德，孝悌也。'以乐为御'，谓用要道以行之。乐，要道也。行孝悌之事须礼乐，如车行之须人御也。"④而我们知道以"德"为孝悌，"要道"为礼乐，正是郑玄《孝经注》的观点。进言之，此大顺之治也就是太平之治，故《礼运》言顺治之应谓"天降膏露……河出马图，凤皇麒麟皆在郊椷"云云。⑤《孝经纬》对太平之治的描述亦正是如此。⑥ 简言之，以德礼而成太平之治，与大道之行时的大同世是相同的，郑玄注解"大同"云："同，犹和也，平也。"⑦大同即太平。故其以"大道之行"时代为"孝慈之道广"也正是通过家天下时代的孝来说明太平之治。⑧ 郑玄《孝经注》以禹为

---

① 孔颖达：《礼记正义》，北京：北京大学出版社，1999 年，第 658 页。

② 孔颖达：《礼记正义》，第 689 页。

③ 孔颖达：《礼记正义》，第 711 页。

④ 孔颖达：《礼记正义》，第 712 页。

⑤ 孔颖达直言此为"说行顺以致太平之事"。见《礼记正义》，第 714 页。

⑥ 据此可知，《礼运》实为汉代纬书立论的重要经典，因为其中蕴含的太平之治也正是纬书思想的根本追求。

⑦ 孔颖达：《礼记正义》，北京：北京大学出版社，1999 年，第 659 页。

⑧ 在郑玄的经典注释系统中，可以看到很多以周公之治定太平与尧舜之治相同的论述。如《尧典》："曰若稽古，帝尧，……允恭克让，光被四表，格于上下。"郑注："训'稽'为同，训'古'为天，言'能顺天而行之，与之同功。'"（《尚书正义》，上海：上海古籍出版社，第 35 页）孔颖达《正义》指出郑玄的解释与《论语》孔子所言"惟天为大，唯尧则之"有关，但他认为郑玄信纬，故有此训。此纬书即指《中候·摘雒戒》："曰若稽古，周公旦，钦惟皇天，顺践祚即摄七年，鸾凤见，蓂荚生，青龙御甲，玄龟背书。"郑玄解释《维天之命》"文王之德之纯"亦言："文王之施德教之无倦已，美其与天同功也。"（《毛诗注疏》，上海：上海古籍出版社，2013 年，第 1888 页）如此，尧、文王皆是与天同功。而其《周颂谱》中亦以"允恭克让，光被四表，格于上下"一语来说"颂"之意："颂之言容。天子之德，光被四表，格于上下，无不覆焘，无不持载，此之谓容。于是和乐兴焉，颂声乃作。"（《毛诗注疏》，第 1872 页）孔颖达指出，"光被四表，格于上下"，为《尧典》文，说尧之德。而《左传》："季札见舞《韶箾》，曰：'德至矣哉，大矣！如天之无不焘，如地之无不载。'"则是说舜之德。而这段话中的"无不覆焘，无不持载"，亦为《中庸》所道。孔颖达解释谓："引尧、舜之事以言周者，圣人示迹不同，所遇异时，故号有帝王，为优劣之称。若乃至诚尽物，前圣后圣，其归一也。故《中庸》说孔子之德，亦云'无不覆焘，无不持载'，明圣人之道同也。"（《毛诗注疏》，第 1872 页）尧舜皆为圣王，当太平之世，以此言周，显系在指说成王周公时即是太平之世。正因此，《周颂谱》大量地援引《礼运》以称说周德。

"三王最先者",而在《礼运》中,禹也正是"六君子"之首。然而正如《礼运》《论语》所记载,夏殷之礼不足徵,故与其徒慕六君子中的夏禹和商汤,不如以周制为准。在郑玄看来,《孝经》所涉即是三王之礼法,而周制又损益夏商二代,最为完备。因此,郑注《礼运》的重点并非是区分"大道之行"与"大道既隐",而是在于说明:在禅让制不能施行的情况下,如何通过德礼之制来实现大同或太平。"大道"与"要道"的区分也就并非绝对的。

如所周知,郑玄后期接受了刘歆以《周官》为"周公致太平之迹"的说法,极重《周官》。这一点在其《诗笺》中即体现得极为明显,如《周颂·维天之命》之诗,《诗序》言:"《维天之命》,大平告文王也。"郑笺:"告大平者,居摄五年之末也。文王受命,不卒而崩。今天下大平,故承其意而告之,明六年制礼作乐。"①"於乎不显,文王之德之纯"郑笺云:"文王之施德教之无倦已,美其与天同功也。以嘉美之道,饶衍与我,我其聚敛之,以制法度,以大顺我文王之意,谓为《周礼》六官之职也。"②纵观郑玄之说,他认为文王受命,但未及太平而崩,武王伐纣功成,而亦未及制作法度,周公承顺文王之意,子承父志,于天下太平之时制作《周礼》,而成王行之。此即明以《周礼》为周公致太平之迹。《论语·八佾第三》"子谓韶,尽美矣,又尽善也。谓武,尽美矣,未尽善也。"郑注:"尽善者,谓致太平也。未尽善者,谓未致太平也。"③故《大雅·假乐》"不愆不忘,率由旧章",郑玄认为是"成王之令德,不过误,不遗失,循用旧典之文章,谓周公之礼法"。孔颖达指出,周公之礼法即是指《周官》六典。因为"用旧章,事在制礼之后,故知是'周公之礼法'也。以其一代大典,虽则新制,永为旧章也。"④永为旧章一方面意味着实现太平之治的《周礼》具有永久的典范性,另一方面也意味着后世应当继承旧章,制度之稳定性的维持正赖于后世君主之德,尤其是"善继其志,善述其事"的孝德。在此意义上,孝就不是家庭内部的伦理德性,而是一种政治德性,而且是根本的政治德性。而《礼运》正是以孔子于与于腊宾而叹鲁之失礼为开篇之辞,郑注谓:"孔子见鲁君于祭礼有不备,于此又睹象魏旧章之处,感而叹之。"⑤《论语·八佾》篇以季氏失礼而"八佾舞于庭"开始,篇末则是"居上不宽,为礼不敬,临丧不哀,吾何以观之哉?"以问句结束全篇,有深责失礼者之意。值得注意的是,临丧不哀即是不孝之大者。此篇倒数第二章正是"尽美尽善"。并观《论语》《礼运》郑注之文,郑玄推崇与复兴周礼之志不言而喻。总之,郑玄注解群经,以太平之治为理想,这一点在其思想中有着非常明确的体现。而这一点与其《孝经注》对"先王"的理解并不冲突,反而是能够看到其思想的前后一贯之处。不可因郑玄早年治今文经学而注《孝经》,与后期之兼采今古文不同,便忽视

① 孔颖达:《毛诗注疏》,第 1886 页。
② 孔颖达:《毛诗注疏》,第 1888 页。
③ 王素:《唐写本论语郑氏注及其研究》,第 23 页。
④ 孔颖达:《毛诗注疏》,第 1604 页。
⑤ 孔颖达:《礼记正义》,第 656 页。

了其前后连续性,否则便难以理解其后期著作《中庸注》中的《春秋》与《孝经》相表里说。

二、《春秋》与《孝经》相表里

郑玄明确以《孝经》为六经之总汇,《六艺论》谓:"孔子以六艺题目不同,指意殊别,恐道离散,后世莫知根源,故作《孝经》以总会之。"①这一观念的产生并非空穴来风,而是有着深厚的思想土壤,此即西汉以来今文学所持的《春秋》与《孝经》相表里说以及以五行学说为基础的五经一体观念。简言之,以《孝经》总会六经的前提是如何理解孔子作《春秋》,以及孔子所定五经的内在关系。

关于《春秋》与《孝经》相为表里,学界都会提到纬书《孝经钩命决》所载"子曰:吾志在《春秋》,行在《孝经》"②一语,但这一以志、行分属二经的提法,亦有其演变过程,究其源,应与董仲舒有关,《春秋繁露·俞序》中叙述孔子作《春秋》之"志",谓:"仲尼之作《春秋》也,上探正天端王公之位,万民之所欲,下明得失,起贤才,以待后圣,故引史记,理往事,正是非,见王公,史记十二公之间,皆衰世之事,故门人惑,孔子曰:吾因其行事,而加乎王心焉,以为见之空言,不如行事博深切明。"③不难看出,董仲舒正受启于孟子所言"其事则齐桓晋文,其文则史,其义则丘窃取之也"(《孟子·离娄下》)。事、义即对应于行事、王心。此后司马迁《太史公自序》言:"我欲载之空言,不若见之行事之深切著明也。"④《淮南子·主术训》描述孔子形象谓:"孔子之通,智过于苌宏,勇服于孟贲,足蹑狡兔,力拓城关,能亦多矣。然而勇力不闻,伎巧不知,专行孝道,以成素王,事亦鲜矣。《春秋》二百四十二年,亡国五十二,弑君三十六,采善锄丑,以成王道,论亦博矣。"便显示出在时人看来,孔子专行孝道以成素王与作《春秋》赏善罚恶而成王道,两者构成了孔子生平功业中的双峰。《淮南子》以行孝为事,以《春秋》为论,隐然含有"志在《春秋》,行在《孝经》"之意。另外,刘向所编《新序·建本》篇首即载:

> 孔子曰:"君子务本,本立而道生。"夫本不正者末必倚,始不盛者终必衰。《诗》云:"原隰既平,泉流既清"。本立而道生,《春秋》之义;有正春者无乱秋,有正君者无危国,《易》曰:"建其本而万物理,失之毫厘,差以千里"。是故君子贵建本而重立始。⑤

---

① 皮锡瑞:《六艺论疏证》,见《皮锡瑞全集》第三册,吴仰湘整理,北京:中华书局,2015 年,第 575 页。
② 赵在翰:《七纬》,北京:中华书局,2012 年,第 723 页。
③ 苏舆:《春秋繁露义证》,北京:中华书局,1992 年,第 158 页。
④ 赵在翰:《七纬》,第 648 页。
⑤ 向宗鲁:《说苑校证》,北京:中华书局,1987 年,第 56 页。

汉儒多将标以有子的"孝悌也者,其为仁之本欤,君子务本,本立而道生"一语视为孔子所道,恰表明他们对这段话的重视。以"本立而道生"涵摄《春秋》与《诗经》《周易》归本重始之义,无疑是出自公羊学。而结合《论语》观之,此处的"本"只能是孝。以上所举董仲舒等三例,正是《春秋》与《孝经》相表里观念产生的思想土壤,这一观念很可能在西汉即已流行开来。

东汉何休继承纬书之说,其《春秋公羊传解诂序》开首即言:"昔者孔子有云:'吾志在《春秋》,行在《孝经》。'此二学者,圣人之极致,治世之要务也。"徐彦疏释之曰:

> 案《孝经钩命决》云:"孔子在庶,德无所施,功无所就,志在《春秋》,行在《孝经》"是也。所以《春秋》言志在,《孝经》言行在。《春秋》者,赏善罚恶之书,见善能赏,见恶能罚,乃是王侯之事,非孔子所能行,故但言志在而已;《孝经》者,尊祖爱亲,劝子事父,劝臣事君,理关贵贱,臣子所宜行,故曰行在《孝经》也。①

徐彦对"志"与"行"的解释亦可在《孝经钩命决》中寻得根据:"吾作《孝经》,以素王无爵禄之赏,斧钺之诛,故称明王之道。"②这正是说,素王并不能真正地将赏善罚恶之志付诸实践,故而需要作《孝经》。在此意义上,《孝经》便是《春秋》的补充,且是必要的补充。这也表明,汉儒将《春秋》和《孝经》皆视为孔子晚年西狩获麟、哀道不行所作。如东汉《白虎通》即言:"已作《春秋》,后作《孝经》,欲专制正。"③制正是拨乱反正之义。《春秋》正始之义亦为何休所重,何休以"王正月"为"政教之始",以"公即位"为"一国之始",并言"政莫大于正始"。④ 郑玄曾作《发公羊墨守》,批驳何休之学,但对西汉以来公羊学的正始之说,郑玄无疑是赞成的。⑤ 故其注《孝经》首章末"《大雅》云:无念尔祖,聿修厥德"云:"雅者,正也,方始发章,以正为始。"正如皮锡瑞所指出的:"《孝经》引《诗》,但称《诗》云,不举篇名,此经独云《大雅》,故郑解之,以为此是开宗明义,方始发章,意在以正为始。"⑥而徐彦解释何休序"此二学者,圣人之极致"言:"学者,《春秋》、《孝经》也。极者,尽也。致之言至也,言圣人作此二经之时,尽己至诚而作之,故曰圣人之极致也。"⑦表明徐彦充分意识到了《中庸》与《春秋公羊传》的内在联系,《中庸》之"至诚"即何休所言之"极

---

① 徐彦:《春秋公羊传注疏》,上海:上海古籍出版社,2014 年,第 2 页。
② 赵在翰:《七纬》,北京:中华书局,2012 年,第 723 页。
③ 陈立:《白虎通疏证》,第 446 页。
④ 徐彦:《春秋公羊传注疏》,第 12—13 页。
⑤ 《六艺论》亦云:"孔子既西狩获麟,自号素王,为后世受命之君,制明王之法。"
⑥ 皮锡瑞:《孝经郑注疏》,第 16 页。
⑦ 皮锡瑞:《孝经郑注疏》,第 2 页。

致"。郑玄注解《中庸》"唯天下至诚,为能经纶天下之大经,立天下之大本,知天地之化育"谓:"至诚",性至诚,谓孔子也。"大经",谓六艺,而指《春秋》也。"大本",《孝经》也。①

以"至诚"对应于"大经""大本","大"即含"极致"之意。如此,则徐彦的解释正是依循了郑玄。同时,这也就揭示出:郑玄对《中庸》的理解很可能受到何休的启发。《中庸》言:"仲尼祖述尧舜,宪章文武,上律天时,下袭水土。"《汉书·艺文志》继承了这一说法,以此表述儒家学派的特质,此足可见《中庸》在汉代儒者心目中的重要性,而郑玄以《中庸》为子思所作也再表明:在两汉儒者看来,《中庸》就是儒家学派中表达和接续孔子思想的不二之作,因为《中庸》是"子思作之,以昭明圣祖之德也"。② 以《孝经》为"大本",也就意味着在郑玄看来,子思也正是以《孝经》为孔子所作,是理解孔子思想的重要文本,甚至是最根本的文本。后世皆知孔子作《春秋》说源出孟子,但依郑玄之意,实可上溯于子思之《中庸》。

对于《中庸》"仲尼祖述尧舜,宪章文武,上律天时,下袭水土。辟如天地之无不持载,无不覆帱。辟如四时之错行,如日月之代明"一语,郑玄即以孔子作《春秋》与《孝经》解之:

> 此以《春秋》之义说孔子之德。孔子曰:"吾志在《春秋》,行在《孝经》。"二经固足以明之,孔子所述尧、舜之道而制《春秋》,而断以文王、武王之法度。《春秋传》曰:"君子曷为为《春秋》? 拨乱世,反诸正,莫近诸《春秋》。其诸君子乐道尧舜之道与? 末不亦乐乎尧舜之知君子也。"……又曰:"王者孰谓,谓文王也。"此孔子兼包尧、舜、文、武之盛德而著之《春秋》,以俟后圣者也。律,述也。述天时,谓编年,四时具也。袭,因也。因水土,谓记诸夏之事,山川之异。圣人制作,其德配天地,如此唯五始可以当焉。③

以《春秋》之义说孔子之德,意味着子思继承了孔子之《春秋》学。郑玄的这段注文,无一处不显露出他对公羊学思想的吸收,也与何休之说基本相合。何休注以为,孔子与尧舜"道同者相称,德合者相友",徐彦疏谓:"孔子爱乐尧舜之道,是以述而道之。"④则"君子"即是孔子,也即《中庸》中至诚的圣人、祖述尧舜的孔子。而郑注《论语·述而》"发愤忘食,乐以忘忧,不知老之将至",即云:"我乐尧舜之道,思六艺之文章,忽然不知老之将至云尔。"⑤正与《公羊传》末所言"君子曷为《春秋》""君子乐道尧

---

① 孔颖达:《礼记正义》,第1460页。
② 孔颖达:《礼记正义》,第1422页。
③ 孔颖达:《礼记正义》,第1460页。
④ 孔颖达:《礼记正义》,第1200页。
⑤ 王素:《唐写本论语郑氏注及其研究》,第78页。

舜之道"一致。因为孔子在获麟之后作《春秋》，外加获麟之前所料理的五经，方成六艺。何休指出，作《春秋》正是"乐其贯于百王而不灭，名与日月并行而不息"①，也正与《中庸》"如日月之代明"一致，而贯百王即郑玄《中庸》注所谓"兼包尧舜文武之盛德"。"断以文王、武王之法度"，似亦有所本，唐杨士勋《春秋谷梁传注疏》中即指出："先儒郑众、贾逵之徒，以为仲尼修《春秋》，约之以周礼。"②当然，从郑玄的角度来看，断以文王、武王之法度，正是以作为"旧章"的《周礼》为法度。何休之所以说《春秋》与《孝经》是"治世之要务"，在徐彦看来，正是在说礼法可应世之急用，其疏言："《祭统》云：'凡治人之道，莫急于礼。'礼者，谓三王以来也。若大道之时，礼于忠信为薄。"③三王以来之礼法以周文为备，故当以周礼为断。但最终则是要达致太平世，此即"祖述尧舜"之义。《春秋》是拨乱反正之书，是因为作《春秋》正是要改造礼崩乐坏的现实，复兴德礼之治，实现天下太平。徐彦以"要务"为三王之礼，亦正如郑玄以《孝经》之"要道"为礼乐，故"要务"与"大道"的区分也正是郑玄对"要道"与"大道"的区分。

三、五行之纲纪与六经之总会

郑玄《六艺论》谓："孔子以六艺题目不同，指意殊别，恐道离散，后世莫知根源，故作《孝经》以总会之。"④清末曹元弼对此有一疏解：

> 古者以礼、乐、射、御、书、数为六艺，而乐正以《诗》、《书》、礼、乐造士，谓之四术。《易》为筮占之用，掌于太卜。《春秋》记邦国成败，掌于史官，亦用以教，通名为经。《礼记·经解》详列其目，至孔子删定《诗》《书》《礼》《乐》，赞《周易》，修《春秋》，而其道大明，学者亦谓之六艺……六艺标题名目不同，如《易》取易简、变易、不易之义，《诗》之言志，《礼》之言体、言履之等。指归意义殊别，如《易》明天道，《书》录王事，《诗》长人情志等。六艺皆以明道，而言非一端，时历千载，既名殊意别，恐学者见其枝条之分，而不知其根之一，见其流派之岐，而不知其源之同，如此则大道离散，而异端之徒且得乘间以惑世诬民，充塞仁义，为天下后世大患。故孔子既经论六经，特作《孝经》立大本以总会之。盖六经皆爱人敬人、使

① 徐彦：《春秋公羊传注疏》，第1201页。
② 杨士勋：《春秋谷梁传注疏》，北京：北京大学出版社，1999年，第8页。孔颖达《春秋左传正义》哀公十四年疏文亦有类似论述。
③ 徐彦：《春秋公羊传注疏》，第2—3页。
④ 皮锡瑞：《六艺论疏证》，第575页。

人相生相养相保之道，而爱敬之本出于爱亲敬亲，故孝为德之本，六经之教由此生。①

　　曹氏体贴郑意，认为郑玄是以《孝经》爱敬之义总括六经。此为理解郑玄以《孝经》总会六经说的一个角度，即以《孝经》为大本，有着儒家德性论的根据。正因为孝是"德之本"所以郑玄《中庸》注言《孝经》是"天下之大本"。② 但正如《孝经》首章所言"夫孝，德之本，教之所由生也。"孝也正是政教所由出。而就政教法度来说，则不能出于六艺政教之外，也即《礼记·经解》所载孔子之语"温柔敦厚，《诗》教也；疏通知远，《书》教也；广博易良，《乐》教也；洁净精微，《易》教也；恭俭庄敬，《礼》教也；属词比事，《春秋》教也。"更重要的是，《经解》还指出了六艺之教各有其"失"，正如郑玄所言："名曰《经解》者，以其记六艺政教之得失也。"③后世之思考政教问题者无不折中于孔子此语，西汉之世，董仲舒《春秋繁露·玉杯》、司马迁《太史公自序》、《淮南子·泰族训》、《汉书·艺文志》皆有类似论述。但仅仅言及六艺之教的优长与缺失还不够，尚不足以说明圣人之道是一以贯之，又何以言孔子立一王之大法，故问题还在于如何处理六艺之教的差异和内在关系而提出一种解决方式。比如皇侃即言："此篇分析六经体教不同，故名曰《经解》也。六经其教虽异，总以礼为本。"④这一论断的一个根据即在于，从《经解》全文内容来看，除却开首言及礼教之外的其他五经之教，余下内容皆是在论述礼教的重要性。《经解》末章所道甚明："礼之教化也微，其止邪也于未形，使人日徙善远罪而不自知也，是以先王隆之也。《易》曰：'君子慎始。差若毫厘，谬以千里。'此之谓也。"仍然以慎始说明礼教的基础性，此即以礼为本。东汉时张奋曾上疏汉和帝说："圣人所美，政道至要，本在礼乐。五经同归，而礼乐之用尤急。孔子曰：'安上治民，莫善于礼；移风易俗，莫善于乐。'"⑤其中所引即是《孝经·广要道章》文，故其以礼乐为"政道至要"。据此可推测，郑玄《孝经注》以首章之"要道"为"礼乐"，也正是出于同样的考虑。

　　但要真正说明六艺之教的内在一体，还须依据人性论进行说明，因为政教是为人而设。通过五行思想将作为政教载体的五经与作为人之德性的五常匹配起来，一内一外，正是完美的解决方案。如《淮南子·泰族训》言："五行异气而皆适调，六艺异科而皆同道。……六者，圣人兼用而财制之。失本则乱，得本则治。其美在调，其失在权。"认为六艺之教必须兼制，已经包含了以五行关系理解六艺政教关系的思想。而《白虎通》之

---

① 曹元弼：《孝经郑氏注笺释》，国家图书馆藏民国活字本，第1—2页。
② 参看陈壁生：《孝经学史》，第117页。
③ 孔颖达：《礼记正义》，第1368页。
④ 孔颖达：《礼记正义》，第1368页。
⑤ 范晔：《后汉书》列传第二十五，北京：中华书局，2009年，第1199页。

說最為完備,其《性情篇》言:

> 性情者,何謂也?"性者,陽之施;情者,陰之化也。"人禀陰陽氣而生,故內懷五性六情。情者,靜也,性者,生也,此人所禀六氣以生者也。故《鈎命決》曰:"情生于陰,欲以時念也;性生于陽,以就理也。陽氣者仁,陰氣者貪,故情有利欲,性有仁也。"五性者何?謂仁、義、禮、智、信也。……"故人生而應八卦之體,得五氣以為常,仁、義、禮、智、信是也"。①

这段话据纬书以立论,除却《孝经钩命决》以阴阳言性情外,"性者,阳之施;情者,阴之化"也是本于纬书《孝经援神契》。② 而五性、八卦、五气之说也正是出自《易纬乾凿度》所载孔子曰"八卦之序成立,则五气变形,故人生而应八卦之体"云云,且《乾凿度》此处以五行之气配五方,东方为仁,南方为礼,西方为义,北方为信,中央为智。但是在《乾凿度》的宇宙论系统中,根据郑玄的注解,五气变形属于宇宙生化的"太始"阶段,在此之前还有未见气的太易以及元气所本始的太初阶段。③ 郑玄的这一理解乃是本于《孝经钩命决》:"元气始萌,谓之太初;气形之端,谓之太始……五气顺布,谓之五运。"④《孝经援神契》则谓:"元气混沌,孝在其中。"⑤两相对照,孝即属于太初阶段,先在于五德的产生。要言之,纬书从本体论上说明了孝何以是五德之本。《援神契》言:"王德……设术修经,躬仁尚义,祖礼行信,握权任智,顺道形人,俱在至德。"⑥"至德"即是孝,王者设教修经,以五常顺导天下,皆以孝为本。这无疑正是对《孝经》首章"夫孝,德之本,教之所由生""先王有至德要道以顺天下"的解释。

《白虎通·五经篇》又以五经配五常,谓:"经所以有五何?经,常也。有五常之道,故曰《五经》:《乐》仁、《书》义、《礼》礼、《易》智、《诗》信也。人情有五性,怀五常,不能自成,是以圣人象天五常之道而明之,以教人成其德也。"⑦人有五性,但又不能自成,就需要五经教化以成其德,故其后引《经解》以作说明。

但以五常配五经的做法,很可能始于倡导五行学说的刘向、刘歆父子,《六艺略》即云:

> 六艺之文:《乐》以和神,仁之表也;《诗》以正言,义之用也;《礼》以明体,明者

① 陈立:《白虎通疏证》,第381—382页。
② 赵在翰:《七纬》,第693页。
③ 赵在翰:《七纬》,第33—34页。
④ 赵在翰:《七纬》,第726页。
⑤ 赵在翰:《七纬》,第678页。
⑥ 赵在翰:《七纬》,第684页。
⑦ 赵在翰:《白虎通疏证》,第447页。

著见,故无训也;《书》以广听,知之术也;《春秋》以断事,信之符也。五者,盖五常之道,相须而备,而《易》为之原。故曰:"《易》不可见,则乾坤或几乎息矣",言与天地为终始也。至于五学世有变改,犹五行之更用事焉。①

"五行之更用事"②"五学世有变改"显然与汉代的五德终始说密切相关,恰似《白虎通》所言夏商周三家相变,只不过刘歆是以五德说取代了三统说。五经对应世变之学与治,而以《周易》为五经之源,③突出了天道对于人事的根本性。这样一来,《六艺略》所言五经即不含《周易》,但《白虎通·五经篇》所言五经则是不含《春秋》④,而是单独对"《春秋》何常也"做了专门的解释,认为孔子作《春秋》是效法与集合了黄帝以来的历圣之道。⑤ 这就突出了《春秋》的特殊性。当然,不论是源于《经解》的五经之教各有优缺,抑或刘歆的五学应世而变,都说明了弥合五经之教而追寻统一之大道的必要性。从公羊学的角度来看,而这正是孔子作《春秋》的意义和特殊性所在,孔子立一王之大法的意义也在此。故《公羊传》言拨乱反正"莫近诸《春秋》",⑥董仲舒与何休俱以为,《春秋》成而"人道浃,王道备"。⑦ 而郑玄注解《论语·述而》"久矣! 吾不复梦见周公也"亦云:"末年以来,圣道既备,不复梦见之。"⑧所谓末年以来,即指孔子晚年作《春秋》。⑨ 但是,在《孝经纬》的作者看来,孔子因鲁史而作《春秋》还不够,故有"志在《春秋》,行在《孝经》"这一说法。《孝经钩命决》言:"丘以匹夫徒步,以制正法。"⑩《白虎通》继之:"已作《春秋》,复作《孝经》何? 欲专制正。于《孝经》何? 夫孝者,自天子下至庶人,上下通《孝经》者。夫制作礼乐,仁之本,圣人道德已备。"⑪正如上节所论,《孝经》相较于《春秋》的特殊性在于,《春秋》是王侯之事,而《孝经》方是遍及上下之事。"制作礼乐,仁之本"正是说孝是仁之本,同时也是礼乐教化之所生,故作《孝经》是"立天下之大本"。孔子在晚年作《春秋》,复作《孝经》,二学完成,方是最终确立了新王之法,也即"道德已备"。郑玄《六艺论》言"孔子以六艺题目不同,旨意殊别,恐道离散,后世莫知根源,故作《孝经》以总会之。"若大道破裂,当然就不是"道德已备",故郑玄之说正是继承了纬书与《白虎通》。

---

① 刘向、刘歆:《七略佚文》,姚振宗辑录,邓骏捷校补,澳门:澳门大学出版中心,2007 年,第 83 页。
② 东汉宋均注解《孝经援神契》认为"三老五更"的"五更"即是"老人知五行更代之事者"。见《七纬》,第 683 页。
③ 郑万耕:《刘向刘歆父子的学术史观》,《史学史研究》2003 年第 1 期。
④ 参看程苏东:《〈白虎通〉所见"五经"说考论》,《史学月刊》2012 年第 12 期。
⑤ 陈立:《白虎通疏证》,第 449 页。
⑥ 徐彦:《春秋公羊传注疏》,第 1199 页。
⑦ 董仲舒之说,见《春秋繁露·玉杯》。何休之说,见《春秋公羊传注疏》,第 1198 页。
⑧ 王素:《唐写本论语郑氏注及其研究》,第 75 页。
⑨ 参看华喆:《礼是郑学》,北京:三联书店,2018 年,第 172 页。
⑩ 赵在翰:《七纬》,第 725 页。
⑪ 陈立:《白虎通疏证》,第 446 页。陈立指出,此处文多讹脱。

此外，东汉《史晨奉祀孔子庙碑》云："乃作《春秋》，复演《孝经》"，《百石卒史碑》亦云："孔子作《春秋》，制《孝经》。"故皮锡瑞言："盖以《诗》《书》《易》《礼》为孔子所修，而《春秋》《孝经》乃孔子所作也。"①因此，"作《孝经》"就是《孝经援神契》所言"制作《孝经》"，"作"是"制作"，而非"写作"之意，不宜把"已作《春秋》，复作《孝经》"二者分开，将前者视为制作法度，而后者仅仅是写作。郑玄既然采纳了《春秋》与《孝经》相表里之说，其《六艺论》言"故作《孝经》"以总会六经，此"作"也即是"制作"。《孝经·广扬名章》"子曰：君子之事亲孝故忠，可移于君……居家理治，可移于官。是以行成于内，而名立于后世矣。"郑注云："三德并备于内，而名立于后世矣。若圣人制法于古，后人奉而行之也。"②则《孝经》首章"立身行道"即是制法之义，也即是"行在《孝经》"之义。故清末曹元弼深体郑意，谓："子曰：'《春秋》属商，《孝经》属参。'但《春秋》经既成，而以义属之。《孝经》则授以大义，即笔之为经，此记事、论道之别也。……此经为夫子所自作，即录由曾子，所录固一如夫子本语，且必由夫子审正定名，故与《春秋》并为圣作之书。"③《春秋》是因鲁史而加之以己义，并非纯为孔子自作，而《孝经》则纯为论道、讲大义之书。如刘歆所言，五学世有变改，则五经便不是恒常之道，故当郑玄说"六艺题目不同，指意殊别"之时，意涵六艺不能称为经，因为经是普遍的、万世不易的常道，故《孝经》名"经"，而六艺却不名"经"，曹元弼说"圣人之书皆本天经地义，此经论孝，直揭其根源，故特名曰《孝经》，此孔子所自名，明孝为万世不易之常道也。"④这意味着，经名始于孔子，六经之得以称经，也正是赖于孔子。郑玄《孝经注序》言"《孝经》者，三才之经纬，五行之纲纪。孝为百行之首。经者，不易之称。"⑤正应曹氏之意。公羊学突出了《春秋》的地位，认为《春秋》超越五经而集历圣之大成，而郑玄突出了《孝经》的地位，认为《孝经》总会了六经；古文经学的刘歆以《周易》为五经之根源，重在天道，而郑玄则以《孝经》为六艺之根源，落实于人道；纬书与何休多以孔子作《春秋》《孝经》是为汉制法，而郑玄则强调孔子是欲求道而非为一家一姓立法，其对孔子制法的理解包含着更深远的希冀，去除公羊学附加于《春秋》上的汉家帷幕，方能揭明孔子之真志——拨乱反正，实现大道之行的太平世。郑玄对此前汉世思想之发展与修正，于此可见一斑。

四、余 论

郑玄以《孝经》为六经之总会，为大道之根源，并非纯粹是出于对经典义理的兴

---

① 皮锡瑞：《经学历史》，北京：中华书局，1981年，第41页。
② 陈铁凡：《孝经郑注校证》，第190页。
③ 曹元弼：《孝经校释》，国家图书馆藏民国活字本，第5页。
④ 曹元弼：《孝经郑氏注笺释》卷一，第4页。
⑤ 皮锡瑞：《孝经郑注疏》，第1页。

趣,身处汉末的危乱之世,他还有着对所处时代的现实关怀。《后汉书》本传记载,郑玄以梦孔子而"知命当终",这表明他想要继承孔子删定六经、修明大道之业,范晔谓:

> 自秦焚《六经》,圣文埃灭。汉兴,诸儒颇修艺文;及东京,学者亦各名家。而守文之徒,滞固所禀,异端纷纭,互相诡激,遂令经有数家,家有数说,章句多者或乃百余万言,学徒劳而少功,后生疑而莫正。郑玄括囊大典,网罗众家,删裁繁诬,刊改漏失,自是学者略知所归。①

简言之,汉代经学极为兴盛,但是从另一个角度来看,却也危机重重,充满着分裂的态势。一是呈现出今文经学与古文经学的分裂,二是在今文经学和古文经学内部本身就存在着分裂,比如传《春秋》者有数家,而传《诗经》者亦有多家,皆各秉师法,一经之修治者有数家,一家又有数说。东汉王充对汉代经学的批评又指出了其中存在另一问题:"儒者说五经,多失其实。前儒不见本末,空生虚说;后儒信前师之言,随旧述故,滑习辞语,苟名一师之学,趋为师教授,及时蚤仕,汲汲竞进,不暇留精用心,考实根核。故虚说传而不绝,实事没而不见,五经并失其实。"(《论衡·正说》)这是说,汉儒治经守师法,一以师说为是,而不探师说之当否,不究经典本身之原意,此即所谓"不见本末";而以师说为是的一个原因是可以由此进入仕途,位列五经博士,获取利禄,如此则更是无心留意经典本真。故而看似经学兴盛,究其实却是虚说沸腾,经典之意义反而被遮蔽了,如此则治经以明道进而治国平天下的理想便无法实现。这正是郑玄为何要回归原典、综罗百家而构建一种新的经学之原因。郑玄自言"念述先圣之元意,思整百家之不齐"②,其避党锢之难而注《孝经》,提出以《孝经》总汇六经之说,正内含这样的抱负。孔子修订五经而作《春秋》以拨乱反正,郑玄遍注群经,亦同样有着救乱世而致太平的意图,这也是他前后思想中的一贯之旨。遗憾的是,《孝经郑注》在汉末乱世流传不广,直到唐代仍然多有人怀疑《孝经郑注》之真伪,唐玄宗借帝王之威权,撰作《孝经御注》颁行天下,由此《孝经郑注》在中土近乎绝迹。此诚为《孝经》与儒家孝观念之一大厄运,因为唐玄宗在其注解中灌注的是忠君观念,突出君主的至高无上地位,而将《孝经》所含以道修身、立身行道于天下的公天下精神刊落殆尽,③《孝经》成了劝臣民忠孝的典籍,郑玄注解中所蕴含的太平或大同的政治理想消失不见。宋世理学家无由得见郑注,亦未深究《孝经》与六经之思想关联,由厌恶玄宗之提倡忠君思想进而怀疑《孝经》本身乃至儒家孝观念,如朱熹之《孝经刊误》。近代以来,新文化运动蔚起,疑古疑经者多引

---

① 范晔:《后汉书》卷三十五,北京:中华书局,2000 年,第 1212 页。
② 范晔:《后汉书》卷三十五,第 1209 页。
③ 笔者有未刊稿《公天下精神的隐没与忠君的凸显——〈孝经注疏〉的批判性考察》一文。

朱熹为同道之先导者,变本加厉,直将孝亲与忠君等同,将孝视为专制政治的德性,如此一来,自然要破除几千年的道德伦常。对于今人而言,摆脱疑古非儒的偏执,重思儒家思想所奠基的中华文明,阐明孝观念与公天下观念的内在联系,这一"正名"的工作并非无益。

【外国哲学】

古代哲学的研究

[德]迈克尔·弗雷德/文　葛天勤/译[*]

内容提要：弗雷德在这篇文章中考察了研究古代哲学的多种方式。弗雷德强调找到"好的理由"对于研究一位哲学家持有的某个观点的重要性；在我们无法找到"好的理由"的时候，我们需要重构一种推论来实现这一点；而在我们难以重构这种推论时，我们就需要诉诸某种历史背景来理解某个哲学观点。由此，弗雷德强调和重视古代哲学的历史维度，并认为这对于理解哲学来说十分关键。我们不仅要从哲学的层面来理解一个哲学家的思想，而且要能够最终分析出它与它的社会历史之间的错综复杂的关联，从而说明它是怎样产生的，如何以哲学的方式对此做了特殊的表达和辩护。弗雷德认为，做到了这一点的哲学史研究才是一种理想的哲学史研究。

关键词：古代哲学；研究方式；好的理由；历史背景

【ix】古代哲学能以多种方式被研究。[①] 古代哲学家的思想并不只是作为哲学思想而让人感兴趣。它们当中也有许多以这样或那样的方式有很重要的历史意义。这些思想有助于解释很多历史事实，不仅是哲学史当中的，也是其他许多历史当中的，比如说神学史、政治理论史，甚至是文学史。或者说它们是某些我们所感兴趣的历史发展的反思；同样，这可能是一种哲学史的发展，或是其他某些历史的发展，甚至是一些乍看之下和哲学没什么关系的历史发展，比如说识字率的上升。在对于古代生活的历史记载中，那样的生活很少会有不涉及某个哲学家持有某个观点的方面，并且哲学相当深入地进入了古代生活的许多方面，例如罗马法。同样，也几乎不会有古代生活的某个层面没有被反应在古代哲学中，古代生活的很多层面都对哲学家的思想产生了重大影响。因此，存在着很多对待古代哲学家思想的进路，而这些进路全都有助于增进对它的理解。我们可以追寻这许多历史中的每一个，在这些历史中，古代哲学都起到了一定作用——或是作为一个整体，或是作为一个部分；我们也可以试着以一种适合于所探究的历史的方

---

[*]　迈克尔·弗雷德（Michael Frede，1940-2007），生前曾为牛津大学哲学史讲席教授。葛天勤，东南大学哲学与科学系副教授，硕士生导师。本文译自 Michael Frede，"Introduction：The Study of Ancient Philosophy"，in Michael Frede，*Essays in Ancient Philosophy*，University of Minnesota Press，1987，pp.ix-xxvii。

[①]　我要感谢约翰·库珀（JohnCooper）和雷蒙德·戈伊斯（Raymond Geuss）在我撰写这篇导言时给予的慷慨帮助。

式来确定这种作用是什么。为什么对于古代哲学的研究这么吸引人、这么活跃的一个理由是,它容许如此多样的兴趣和进路。很明显,认为只存在一种研究古代哲学的方式的观点是错误的。

同样错误的是,认为我们可以通过任何一种自己喜欢的方式来研究这门学科。不同的进路必须要被仔细地区别,并保持着区分度。不同的进路适合于不同的兴趣,并且我们获得的结果都相应于这一兴趣和所选择的进路。故而,一个人可以想象,一个人能够通过【x】一位哲学家所在社会的历史和所处的社会地位来解释那位政治哲学家对于财产分配的观点,如果这是那个人所感兴趣的历史,并且如果他选择了这种进路来研究这位哲学家的思想。但是,认为这个人所找到的这个解释是唯一可能的解释,这一点是错误的。因为这位哲学家可能会有很好的理由来解释他对于财产分配的观点,我们会发现这些理由是如此令人信服,以至于我们会觉得有必要来解释为什么不是他所在社会的每一个人都会采纳这些理由。再者,我们可能没有理由怀疑,正是出于这些理由,他采纳了这个观点。这样,根据我们接近他的思想的方式,我们通过两种较为不同的方式解释了他的思想。这不意味着这些解释中的某一种是错误的,也不意味着我们必须宣称其中一种是不合适的。这只是说明了某人持有一个哲学观点是一个非常复杂的事实,并且如果我们想把握这一观点的某些复杂性,我们必须容许较为多样的进路,抵抗住宣称只有其中一种进路是合适的这一诱惑。

大体上,一个人可以通过两种不同的方式审视某人已经持有的一个哲学观点。一个人可以把它首要地当作一个某人可能会持有的哲学观点来审视它;一个人可能会想知道:这个观点是不是正确的,某人可能会因为什么样的理由而想要接受这个观点,这个观点的可能后果是什么。而那个人完全不会考虑下面这个事实,亦即这个观点实际上在某个情境下已经被某人所接受——因为这一点无关于他的目的。以这样一种方式来考虑一个观点,就是在哲学地考虑它。但是,一个人也可以把这个观点首要地当作一个事实上被接受的观点,并且对"这是一个某人在某个情境下的观点"这个事实感兴趣,试图就其自身来理解它。现在,这人可能对下面这一点不感兴趣,亦即在不了解"谁持有这个观点""这个观点是什么"的情况下去理解"某人持有某个哲学观点"这个事实。我们有兴趣去理解"某人持有某个哲学观点"这个事实,只有当我们认为这个事实具有一些重要意义,并以某种方式发人深省的时候。"某人持有某个哲学观点"这个事实具有一些重要意义,并以某种方式发人深省,如果这个观点本质上是在哲学上令人感兴趣的话;或者说,如果这个观点本质上有很大的历史影响力的话——这或是在哲学史当中,或是在其他一些历史当中。或者,这个观点以其他很多方式而发人深省。例如,因为这个观点表明,构成了其他一些历史的一部分的考量(considerations)或事件(events)如何影响了哲学家的思想;或者说,这个观点表明,某些事件和变革的影响力是那么普遍,以至于它甚至也反映在哲学家的思想中。我会把关于过去的事实(它们具有这样的重要性,并发人深省)称作历史事实(historical facts)。当然,有人可能会把所有关于过去的事实称作历史事实。但是,强调下面这一点似乎很重要,亦即历史学家关注的历史不是整个过去(the whole of the past),而是对整个过去的一些抽象(abstractions),只有某些关于过去的事实进入其中,也就是那些我们觉得有趣的或重要的事实,或是那些我们为了解释我们认为是有趣的或重要的事实而必须提及的事实。【xi】为了正确地对待这一点,似乎把历史事实的概念限定为"那些进入一种历史的关于过去的事实"会更加可取。理解"某个人持有某个哲学观点"这个历史事实,就是要能够以一种解释历史事实的方式来解释它。

现在,如果历史事实是"某个行动者(agent)做出某个行动(action)"这个事实,那么我们就要以一种我们通常试着解释一个人为什么做某件事的方式来解释它。我们首先问自己,行动者是否有好的理由(good reason)来做他所做的事;如果我们觉得他有好的理由,那么我们认为我们已经理解了他的行动。我在这里和其他各处所说的"好的理由",意思是我们自己会将其当作好的理由的事物。当然,下面这一点也是对的,那个行动者可能对"什么构成一个好的理由"有不同看法,并且根据他所以为的好的理由来行动。但是在这种情况下,他的行为不能被我们毫无困难地马上理解。这恰恰是因为我们不得不首先意识到,他根据一种不同的"什么构成了好的理由"的观念来行动。然后,我们又必须要理解为什么他会有这一不同的观念。最终,我们没有别的选择,而只能根据我们自己的关于"什么构成了好的理由"的观念来理解别人的所作所为或思想。尽管在试图理解别人的过程中,我们可能会意识到,是我们的关于"什么构成了好的理由"的观念需要被改变,并且妨碍了我们去理解好的理由。但是,我们可能也会得出以下结论,那个人即使根据他自己的观念,也没有一个好的理由来做他所做的事。在这种情况下,我们必须试着寻找一种更加复杂的解释,这一解释将会解释为什么这个行动者做了他所做的事,尽管他没有好的理由去做它。现在,对于一个行动来说是正确的东西,对于持有一个哲学观点而言也是正确的。如果我们认为一位哲学家拥有一个好的理由采纳某个观点,我们就认为我们理解了为什么他持有这个观点。我们可能要花一些时间来发现他有一个好的理由。我们不能容易地理解一位哲学家的思想的理由可能在于,我们一开始没能看出,他实际上的确拥有一个好的理由来持有他的观点。在我们能够意识到他有一个好的理由来主张他的观点之前,我们可能要花一些时间来改变我们自己的观点,甚至可能要改变我们的关于"什么构成了好的理由"的观念。我们这样用心研究伟大哲学家的思想的一个理由或许恰恰是这个,亦即我们确信,在很多情况下,他们有好的理由来说他们所说的,虽然由于我们理解能力的局限,我们不能毫无困难地理解它。我们希望通过研究历史上的伟大哲学家,能够突破这些局限。当然,在一些情况下,我们可能会得出结论认为,这个哲学家终究没有好的理由来坚持所讨论的这个观点。

可能有必要指出的是,这个结论常常并不容易得到。因为要声称某人没有一个好的理由来主张他所主张的观点,就是在声称这不是由于我们理解上的局限而发觉很难理解为什么那人持有这样的观点——这样的声称很难做出,【xii】在哲学家的理智能力和洞见的深刻一般来说远远超过我们自己的情况下。然而,我们可能还是会有充分信心认为,某位哲学家没有好的理由来主张他所主张的观点。在这种情况下,我们认为我们必须寻找一种更复杂的对于"为什么他持有这个观点,尽管他没有好的理由这样做"的解释。如果这是正确的,那么很明显,对于某个人持有某个观点这个事实的一个充分的历史理解,总是会涉及一种对于该观点本身的哲学的理解(philosophical understanding)。因为,除非我们对一个观点有了一种哲学的理解(根据这一理解,可以让我们知道拥有一个好的理由来坚持这个观点究竟意味着什么),否则我们如何判断某人是不是有一个好的理由坚持这个观点? 即使那位哲学家没有一个好的理由坚持这个观点,对于为什么他持有这个观点的解释也必然要涉及"这不是出于一个好的理由而让他持有这个观点"这一事实。这是一个对于"为什么那位哲学家持有这个观点,尽管他没有好的理由这样做"的解释。例如,仅仅提及他所拥有的差劲的理由(bad reason),不能让人满意地解释他持有这个信念的事实;尽管在事实上,他的确是出于这个理由而持有这个信念。我们仍然没能理解,为什么他出于这个理由而持有这个信念,除非某些东西被加上,使得我们理解为什么他持有这个信念,尽管他这样做的理由是差劲的。

但即使是在我们得出结论认为那位哲学家没有好的理由持有他的观点的情形下,也存在两种不同的解释来说明他持有这个观点。在一种情况下,我们可以这样解释为什么这位哲学家持有这个观点,亦即给他提供一组假设(assumptions)和一个推论,借此我们可以理解,做出这些假设,并以这种方式论证的人,如何能够认为他所给出的让他接受他的观点的不充分的理由的确构成了一个这样做的好的理由。我们不会和他共享这些假设,或者我们会批评那个论证,抑或二者皆是;但我们可能会理解,即使是我们之中的某个人如何也可能会做出这些假设,或使用这样的一种论证。例如,我们可能会断定,这位作者是一个简单谬误的受害者,这种谬误我们自己也会犯,而这或许解释了为什么他会认为这事实上是差劲的理由构成了一个坚持那个观点的好的理由。由此,我们就拥有了一个对于"为什么他持有这个观点,尽管他没有好的理由这样做"的解释。

但是在另一种情况下,我们得不到这样的一种解释。无论我们如何努力地尝试,都不存在我们很容易看到自己也会接受的一组假设或哲学论证,而它可以让我们解释为什么这位哲学家把他的差劲理由当作是好的理由。正是在这些情况下,我们认为我们必须要诉诸某种历史背景(historical context),借此我们可以解释为什么这位哲学家持有这个观点。由此,我们可能会发现,这位哲学家的所有同时代人都做出了某些假设,尽管我们之中没人会做出这样的假设,但是它们很容易解释为什么所讨论的哲学家把他的理由看作是让他采纳这个观点的好的理由。

【xiii】到目前为止,我们已经考虑过的所有解释都是对于一个历史事实的解释,并且从这个意义上说,有人可能会把所有这些解释称作"历史的解释"(historical explanations)。但是这些解释分为两种截然不同的类型,而只有最后一种解释试图从历史背景的角度来解释历史事实。那么,可能有必要在这两种类型的解释中做出区分,并把"历史的解释"这个术语保留给下面这种解释:它必须通过诉诸某个历史背景来解释"某人持有某个哲学观点"这一事实。

那么,我们如何解释某人持有某个哲学观点这一事实呢,如果他没有好的理由来这样做,并且如果我们不能找到我们觉得自己也很容易使用的某种推论和某些假设的话?我们要考察这个思想的历史背景,来看看是不是有某种历史可以帮助解释为什么某个人——考虑到他的历史情境(historical situation)——会持有这个观点。

但在这个时候,可能值得指出的是,从"某人持有一个必须要被历史地解释的哲学观点"这一事实,不能推论出"它必须要从哲学史的角度被哲学史家来解释"这一点。或许,如果我们把古代哲学或历史上的哲学(the philosophy of the past),和对于这种哲学的研究区分开来的话,我们可以避免某些混淆。存在一个对象,亦即古代哲学,这个对象容许某种研究。有人通常会用"古代哲学史"(the history of ancient philosophy)这样的表述来指称整个对象。但是为了避免混淆,我们或许更应该把"哲学史"(history of philosophy)这个术语保留给对于这一对象的某一特定的研究,保留给以下面这种方式来研究这个对象的某一方面,亦即尝试在哲学上公正对待(do philosophical justice)古代哲学的这样一种研究。

我认为有必要做出这一区分的理由如下:哲学史家的任务不是解释某人会持有的随便什么哲学观点,即使这是一个历史事实,这就是说,这人持有这个观点是一个有一些重要性的事实。哲学史家的任务也不是为这样的一个历史事实寻找这种或那种解释。相反,哲学史家的任务在于为所讨论的这个观点寻找一种解释,也就是一种适合于哲学史的解释,而不是(比如说)适合于道德史(the history of morals)的解释。因此,某个政治家持有某个哲学观点可能是一个至关重要的历史事实,并且这个事实可能只容许一种历史的解释。但是这个事实可能对哲学史而言毫无重要性。这一思想可能不会像一种哲学思想一样引人注目,它可能不会有助于阐明早先哲学家的思想,也不会帮助理解后来哲学家的思想。甚至还可能的情况是,一位哲学家持有一些哲学观点是个重要的历史事实,但这一点并不能保证这位哲学家在哲学史中占有一席之地,因为他的观点是如此重要的理由可能仅仅【xiv】在于,他是一位重要的政治家的朋友,而这位政治家的政治理念深受那位哲学家的哲学观点的影响。

我们很容易看到,一些哲学思想没能进入哲学史,是因为它们缺乏历史重要性。我们也很容易看到,一些哲学思想没能进入哲学史,是因为它们对于这种历史而言毫无重要性。我们很难肯定地说,一种哲学思想被认为是哲学史的一部分。这一点最终取决于我们持有的哲学史观。但是这样说或许更保险,我们想要让那些对后来的哲学思想产生很大哲学影响力(philosophical influence)的哲学思想成为哲学史的一部分。一种思想可能会以多种方式对后来的思想产生哲学影响:它可能会让所争论的哲学问题显得不同,它可能会提出能够被一个人接受的对于这个问题的其他观点,它可能会提供论证某个既有观点的新方式,它可能会揭示出某个在当下已经被承认的推论的缺陷。如果有很多后来的哲学思想可以被认为以这样的方式依赖于某个早先的哲学思想,那么这个早先的哲学思想无疑构成了哲学史的一部分。并且,反过来说,这些被早先的思想所影响的思想越是有哲学影响力,那么这原初的思想就越是明显地应该被认为是哲学史的一部分。

现在,我们说一种哲学思想有哲学影响力,就是说存在一些以某种方式依赖于这一思想,并且必须要通过这一思想来解释的哲学思想。但是一种思想会以几种方式依赖于早先的某种思想。最简单的情况似乎就是,后来的一位哲学家出于一个好的理由而采纳了这个观点。但是,这个观点和理由要足够复杂,从而能让我们假定,这位哲学家出于这个理由而持有这个观点,正是被下面这个事实所推动,甚至说正是由于下面这个事实才变得可能,这就是说,早先的一位哲学家已经出于这个理由而采纳了这个观点。更加复杂的情况是,后来的一位哲学家出于某些理由采纳了一个观点,但是这些理由〔事实上〕不构成好的理由;而之所以采纳了这个观点,是因为那位哲学家已经说服自己,采纳这个观点的某位早先的哲学家是出于好的理由而采纳它。或者,更一般的情况会是这样,后来的一位哲学家出于某些理由采纳了一个观点,但是这些理由〔事实上〕不构成好的理由;而之所以采纳了这个观点,是因为这位哲学家被某位早先的哲学家的思想所说服,亦即他把采纳这个观点的理由看作是好的理由。几乎所有哲学思想都以这种方式依赖于早先的思想。这反映出的事实仅仅是,我们总是在(至少是)我们的直接前辈的哲学观点和哲学推论的背景下做哲学;并且,我们不能(至少在一开始不能)不通过我们前辈的观点和推论来看待问题;再者,无论我们如何让自己不受他们的观点和推论的影响,我们总是会对他们有所依赖。并且一般来说,即使是在最具原创性的哲学家那里,【xv】这种依赖性看上去也是很强烈的。如果早期近代哲学(early modern philosophy)看上去,甚至有时候佯称是独立自主的,那也只有当我们对希腊化哲学和晚期中世纪哲学所知甚少的时候才会是这样。所以,狭义上的哲学史似乎就由通过这种方式而具有影响力的哲学思想构成。

哲学史家的任务也不在于为进入哲学史的哲学思想寻找这样或那样的解释。哲学史家反而会假设哲学观点通常由于哲学的理由(philosophical reasons)而设立。他会认识到,有时候哲学观点会被这样一些哲学家提出,他们自己也意识到他们没有好的理由来提出这些观点。但是哲学史家仍然会认为,并且常常是正确地认为,考察这些观点很有价值。这样做可能比考察出于卓越的理由而提出的但却无聊乏味的观点更有价值。不过典型的例子则是一位哲学家因为他所认为的好的理由而接受一个观点。哲学史家会试图分辨出这位哲学家接受这个观点的理由,并考察这些理由是否构成了持有这个观点的好的理由。如果没能做到这一点,哲学史家会考察他是否能够重构(reconstruct)某种推论,这种推论能够让我们理解,为什么那位哲学家会认为他的理由构成了好的理由,并因此而接受了这个观点——即使是我们当中的某个人可能也会利用这种哲学推论。只有在这一点也没能做到的情况下,哲学史家才会求助于一种哲学史角度的历史解释。但是他依然会坚持认为,这是因为那位哲学家拥有坚持这个观点的某些理由,并且一定存在某些哲学上的考量(philosophical considerations),这些哲学上的考量将会解释为什么那位哲学家把这些理由看作是充分的理由。只不过在当下,这些哲学上的考量已经过时了(dated),而只有处在哲学家的历史情境当中的某个人会采用这样的一些考量。我们会期望,依赖于前辈的思想的某个人会严肃地对待这样的一些考量。我们自己可以想象,假如我们处在那样的情景下,就不会存在什么引人注目的、值得关注的、令人诧异的或是令人震惊的东西了——如果我们审查了这些考量,并下结论认为,我们支持这个观点的理由构成了接受这个观点的好的理由。特别是在这一点上,哲学史家必须要展现出他所有的历史学问(historical learning)和哲学创造力(philosophical ingenuity)。这是因为(1)他必须试着重构某种哲学推论,而这种哲学推论解释了为什么所考察的作者会认为他接受某个信念的理由是充分的;(2)他必须提出一个理由,指出这确实是由于这样一种推论,那位作者认为他的理由是充分的。要做到第一点,通常需要很高要求的哲学上的机敏(philosophical resourcefulness);要做到第二点,则要求切实把握在那个时代可以获得哪种类型的推论和哪些类型的哲学上的考量。

【xvi】然而,无论我们如何成功地重构出一种推论(我们可以想象自己在这个历史背景下接受了这个推论,并且我们有理由认为,那位哲学家会采纳,或至少有可能会采纳这个推论),它依然是一个有缺陷的推论。这个推论必须依赖于一些假设,它们不但是不合理的,而且一个人只有在那一历史背景下才会提出它们。或者,这个推论会依赖于一种推理模式(mode of reasoning),它不让人信服,并且只能在那一历史背景下变得可以让人接受。此外,我们必须要能够分辨出这些缺陷和错误。因为我们的确想说,那位作者是由于他犯了这些错误而坚持这个观点,并且由于这些错误(尽管它们可能是可被理解的),那位作者认为他坚持他的观点的理由是充分的。

然而,我们通常甚至都找不到这种解释。因为无论我们如何努力地尝试,我们也不能够找到下面这样的一组哲学上的考量,亦即我们可能会在这个历史情境下基于纯粹哲学的理由(philosophical grounds)而使用的这些考量。即便考虑到相关前辈的思想,我们也不能做出这些假设,或认为这些论证是可接受的。通过纯粹哲学的语言以及从狭义的哲学史角度来看,对于那些缺陷和错误(它们使那位哲学家把他的理由当作是支持他的观点的好的理由),存在一些引人注目的、值得关注的、令人诧异的或是令人震惊的东西。正是在这个时候,我们必须在哲学史之外寻找一种历史解释,这一解释依照某些其他的历史背景、其他一些历史。这样,我们可能会得出结论说,理解为什么那位哲学家会使用那一特定的推论的唯一方式,在于做出以下假定:那位哲学家很难使用基于哲学的理由而本该更加可取的某种推论,这是因为他的宗教信仰(religious convictions),那个时代的宗教信仰,并且因为那样的信仰鼓励这种思考方式而不鼓励相对立的观点。

哲学家

首先,我们可能会注意到,在实际操作中,可能比较难确定,在某个特定的情况下,为了试着给一位哲学家提供一种推论(这一推论至少从哲学史角度来说是可以被理解的),我们应该走多远。也比较难确定,在什么时候我们就应当放弃这一点,转而从其他一些历史的角度来考察一个解释。很自然地,哲学史家试图把历史上的哲学家当成哲学家来严肃对待,并由此尽可能地通过纯粹哲学上的考量来解释他们的思想。

其次,我们可能会假设,哲学史家在处理历史上的哲学时的选择性,导致了很多需要从哲学史之外的一些历史的角度来给出一个历史解释的哲学思想被排除在考虑范围之外。出于一些甚至对于他们的同时代人来说也没有多少哲学意义的理由而持有哲学观点的哲学家往往只有很小的【xvii】哲学影响力,并由此消失在哲学史当中。一般说来,似乎我们可以不涉及其他一些历史来解释在哲学史上占有关键地位的哲学家的思想。但是,无论我们如何狭义地考虑哲学史,仍然会有一些哲学史处理的思想必须要从其他一些历史的角度来理解。

所以,尽管哲学史家通常依据哲学上的考量来解释进入哲学史的那些历史上的哲学观点,但是基于上述理由,很明显仅仅理解"一位哲学家持有某一观点"这个事实是不够的,因为这不足以解释他犯的错误。并且,除非这些错误是无足轻重的——因为我们任何一个人偶尔都会犯这种错误,否则这些错误需要一个依据其他一些历史的解释。例如,我们可能会认为,一位哲学家使用了某个推论这一事实,只能通过他生活的历史中的某个让他想到这个推论的事物来理解,这诱使他以某种方式来思考一个特定的问题,使得他难以通过别的方式来思考这个问题。我们也可能得出结论认为,一位哲学家使用了某个推论这一事实只能通过他所处社会的社会结构的历史来理解,这使得他难以通过别的方式来思考某些问题。我们会猜测,他倾向于那种哲学推论的理由和宗教史有关,并且这也能解释,为什么他很难接受某些哲学推论,尽管基于纯粹哲学的理由,这些哲学推论甚至要更加可取。既不是最后、但也不是最不重要的一点是,有人也许会想到,对哲学的追寻也是一种社会建制(social institution);从社会建制的历史的角度,我们可以解释学生持有和他们的老师相似的观点,也可以解释有时候很难持有不同于某人的老师或某人所在学派的观点。存在很多方式让很多哲学史之外的历史干涉到一位哲学家的思想,并使这一思想无法仅仅基于哲学的理由而得到理解,甚至也无法基于在哲学史的那个时间点能获得的哲学的理由而得到理解。

现在,尽管我认为我们应该以这种方式看待哲学史,我也承认,以这种方式看待它包含了一种很显著的抽象化和理想化(abstraction and idealization)。一般而言,我们会假设哲学家采纳某些观点,是因为他们有某些哲学的理由来这样做。但事实上,哲学观点似乎是以一种极其复杂的方式而发展起来的,我们的哲学的理由和哲学上的考量只是构成了这种方式的一部分。我们已经看到了,即使是在一位哲学家有一个好的理由采纳他的观点、并且在他无疑肯定是【xviii】出于这个理由而采纳它的情况下,我们也会认为,那位哲学家的观点依赖于一些早先的哲学家,他从他们那里学习到正确地来看待问题;没有他们,他或许根本不可能出于正确的理由而主张正确的观点。而这一点反过来也和下面这个进一步的假设相容,亦即我们的这位哲学家,由于他的非哲学的(比如说道德上的)考量,在这些历史情境下(比如说,在这些社会环境下),很难不使用这个推论、不采取所讨论的这个观点。仅仅考察使得泰勒斯、阿那克西曼德和阿那克西美尼提出他们的哲学观点的哲学上的考量,我们将无法理解希腊哲学的起源——除非我们对于希腊社会的历史有足够的理解,从而能够理解为什么在这个时候,这个社会需要一些像是哲学的东西,并理解这一点如何影响了最初的哲学家们的思想。哲学家出于哲学的理由而持有他们的观点,和下面这个假设是完全相容的,亦即存在许多影响了他们的思想的其他历史。这一点最明显地体现在当他们的思想偏离正常轨道(get derailed)、使得我们不能依据纯粹哲学上的考量来理解它的时候。但即使哲学家是出于纯粹哲学的理由而采纳了一个观点,在这种情况下显示出来的同样的影响也有效。

事实上,哲学家的思想是如何牢固地根植于他们所处社会的生活,甚至是他们自己的生活,这可能会让人产生深刻印象。我长时间以来都对这一点印象深刻:哲学家的思想如何在某种程度上是自传性的(autobiographical)。不需要很多思考,我们就能毫不惊讶地看到以下这点:哲学家们聚焦的话题,他们处理这些话题的一般进路,他们论证的方式,他们阐明自己的观点的方式,甚至常常他们所考虑的问题也都是他们的生活和个性的反应。同样不会让人感到惊讶的是,哲学家的思想应当密切反映了他们所处的生活、历史和社会的特点。一个人无法理解为什么友爱在古代道德哲学中具有那么重要的地位,以至于亚里士多德用了《伦理学》的两卷来处理这个话题,除非那个人理解了友爱在古典希腊时期作为一种社会建制所起的巨大作用。一个人也无法理解为什么柏拉图和亚里士多德让伦理学从属于政治学,除非那个人认识到,个体和政治共同体之间的关系在古典希腊时期和在当下是非常不同的,并且与此相应,伦理学和政治学的关系也以相当不同的方式被考虑。基于纯粹哲学的理由很难让我们理解,为什么几乎整个古代晚期的哲学都是某种形式的柏拉图主义;显然,在柏拉图主义占据了支配地位和征服罗马帝国的新宗教之间存在某种联系。但是,对这种想法的印象如此深刻,以至于像下面这样认为的话,那就是错误的。这就是说,认为哲学家为他们的观点所提供的理由,或哲学史家归给他们的哲学上的考量,仅仅是这些哲学家实际上是出于别的理由而主张的观点的看似合理的解释(rationalizations)。【xix】这样认为的话,那就是低估了某些哲学家的理智能力、创造力、机敏和真诚;他们本已经准备好随时转变、修正,或在必要时候放弃他们的任何观点,以得出一套信念(他们本可以为这套信念提出令人满意的理由),即使他们可能一开始就试图证明他们基于其他理由而倾向持有的观点是合理的。并且,我们正是必须要通过这些理由,才能够试着理解他们的观点,除非我们想要认为在整个哲学事业(enterprise of philosophy)中存在着某种误导性的东西,它容许我们忽视哲学家是出于哲学的理由而持有哲学观点的要求。再者,我们必须要意识到,即使我们相信经常给出的哲学的理由只是一些看似合理的解释,它们也依然是必须要就其自身被考虑的理由；并且这些理由可能最终会变成非常好的理由，尽管它们可能也会出于别的理由而被采纳。此外，它们并不是通过作为看似合理的解释的方式来影响这一哲学史，而是作为理由，好的或差的理由，更可能的或不可能的理由。正是因为这一点，哲学史试图尽可能地基于纯粹哲学的理由来解释哲学家的观点。

但即使我们以这种方式来思考哲学史，基于已经给出的理由，我们也会想要坚持认为，哲学家的思想和各种历史相联系，其中一些历史可以有助于解释为什么某位哲学家持有某个哲学观点，即使他持有这个观点是出于哲学的理由，甚至是好的哲学的理由。而且，这些历史常常有助于塑造哲学思想，也就是说，当这种哲学思想的确切形式和内容无法通过纯粹哲学上的考量而被确定的时候。再有，我们必须要意识到，哲学思想本身也有助于塑造许多其他的历史。

因此，如果我们把古代哲学当作一个对象，这个对象或是作为一个整体、或是作为一个部分而进入了很多历史。正是因为这一点，它可以通过许多不同的方式被探究，所有这些方式都有助于对这个对象的更丰富的理解。仅仅就其自身来考察古代哲学家的哲学思想，将只会产生对于古代哲学的一种非常片面的（partial）理解。哲学史会走得更远。但同样，哲学史也不过给我们提供了一个对于古代哲学的抽象的、大体的（general）理解。要尽可能多地理解古代哲学的具体复杂的细节，我们就必须也要考察所有其他历史，这些历史通过双向的因果联系组成的错综复杂的网络和古代哲学相连。

所以，如果我被问到，我对古代哲学的兴趣是否主要是对于哲学的兴趣，还是对于哲学史的兴趣，我会说，二者皆不是。因为我感兴趣的主要是古代哲学本身（如它出现在它所进入的各种各样的历史中那样），以及古代哲学实际进入这些各种各样的历史的方式。

【xx】正是因为我以这种方式看待我对于古代哲学的兴趣，所以我对古代哲学的整个历史都感兴趣。因为正如我所相信的那样，如果有大量古代哲学思想不能通过我们自己也会采纳的理由来理解的话，如果即使能够以这种方式来理解的思想也可以得到更彻底地理解的话（假设我们从古代哲学史的角度来理解），那么，一种对于古代哲学史的理解就至关重要。但是，我们不能仅仅通过考察一种历史的少数几个部分来达到对于这一历史的全面理解，尤其是如果这些部分的选择不是着眼于从这一历史的角度来说什么是重要的，而是比如说从我们当下的哲学兴趣和趣味的角度来说什么是重要的。我们不能指望通过仅仅考察古代哲学的开端来理解古代哲学史，因为很明显，历史被如何构建，关键取决于它如何持续、如何终结。这只是以另一种方式在说我们只能从哲学史的角度来理解一个哲学观点；这就是说，只有当我们看到这个哲学观点如何融入作为一个整体的这一历史；亦即只有当我们不仅理解了是什么导致了它，也理解了它是如何导致了接下来的事情。如果我们试图理解亚里士多德的《伦理学》，不但在柏拉图道德哲学的背景下审视它对我们而言是大有裨益的，而且考察它在漫步学派中流传的时候变成什么样子，考察斯多亚学派、伊壁鸠鲁学派和怀疑派如何回应它、转变它，也是大有裨益的。

因此,我的作品的很大一部分都是关于希腊化哲学的,尤其是斯多亚学派和怀疑派,因为差不多直到最近,①我们才对古代哲学的这个部分有了些许理解。对此的一个理由是,希腊化哲学家曾被看作是二三流的哲学家,只有很少或没有哲学趣味。而随着我们对他们有更好的了解,我们越来越意识到三个事情:(1)希腊化哲学家在哲学上非常有意思,一旦我们做了历史学家烦琐的工作来恢复和重建他们的真实观点,而不是仅仅相信自从近代开端以来哲学家们告诉我们的关于希腊化哲学家的东西。(2)我们将会更好地理解从笛卡尔到康德的早期近代哲学,一旦我们充分意识到早期近代哲学是多么显著地受惠于希腊化哲学。(3)前希腊化时期的古代哲学开始以一种不同的、更好的视角呈现出来。因此,对希腊化哲学的关注在近十年来有了显著的增长,这一点并不让人惊奇。

然而,我极其希望我们很快也能对古代晚期哲学说同样的话。对此的一个反驳是,古代晚期哲学在哲学上无聊乏味,如果不是让人反感(repellent)的话。同样,这个判断不是基于对证据的细心研究,而是基于有关古代晚期哲学的老生常谈。对我来说,下面这三点很清楚:(1)普罗提诺在哲学上极其有意思。(2)我们将永远无法理解中世纪哲学的不同传统(拜占庭哲学、伊斯兰哲学【xxi】和西方拉丁世界),除非我们理解了古代晚期哲学。(3)并且古代晚期哲学极大地增进了对于希腊化哲学和古典时期哲学的历史的认识。我们可以从普罗提诺那里学习到更多关于亚里士多德的知识,相较于大多数对那位斯塔吉拉人的现代解释而言。因此,我坚信在不久的将来,我们会迎来古代晚期哲学研究的复兴。

因为在我看来,只有当一个人全然理解了某个观点,他才有机会理解“某个人持有这个观点”这一事实,所以我选择研究一个主题(subject-matter)——亦即逻辑学——的古代历史。既然我们现在似乎对这个主题有了特别清晰的了解,那么我们就会相对容易地拥有一个对过去持有的逻辑学观点的非常高水准的理解。的确,在过去100年中,逻辑学取得了极大进展,使得我们现在对古代逻辑学有了更好的解释。但是这一点也显示出,仅有对于这个主题的理解是不够的。为了解释过去曾经被持有的观点的理由,我们也必须要知道哪些推论是可以利用的、哪些是不可以利用的。对古代逻辑学的现代解释几乎总是会犯时代误植(anachronism)的错误,常常还很严重。

此外,对我来说,这样做是一件好事:选取一个观点或一组观点的复合体,在历史中追随它们,看看它们如何被解释和重新解释(reinterpreted),它们在什么语境下成了什么样子。像亚里士多德的《范畴篇》这样的论著给了我们一个独特的机会来这样做,因为它是在哲学史当中被持续不断地研究的两三份哲学文本之一。在每个时期都有对于《范畴篇》的评注,它对哲学史有重大影响,并且它的内容通过概要手册(compendia)散

———————————

① 译按:1987年,下文对于古代哲学研究进展的描述指的也是20世纪80年代末的情况。

布在所有层次的学习中。因此,我的很多作品都集中于这部论著,尤其是它的形而上学和实体学说。

鉴于我对古代哲学融入整个古代生活的方式感兴趣,我不但试着从作为一个整体的古代哲学史的角度来获取对于古代哲学的一些理解,而且对其他一些历史感兴趣,古代哲学的一部分也在这些历史中占有重要位置。我尤其对哲学和其他学问分支之间的联系感兴趣,比如说语法学、医学和修辞学。

对我来说,语法学由于以下理由而是一个特别有意思的例子。在上学时,我很难理解传统语法学,无论是希腊语、拉丁语还是德语。后来我从现代语言学家那里得知,传统语法学非常让人困惑。尽管这种困惑的部分原因在于,我可能没能恰当地理解它。传统语法学起初受到斯多亚哲学的很大影响,后来又受到漫步学派的很大影响。但当然,解释传统语法学特征的相当多的哲学上的假定【xxii】没能被接受、理解,甚或都没能被承认,当这门学科获得了自己的生命、并被仅仅知道斯多亚哲学这个名字的学者所探究的时候。因此,语法学理论的关键特征不再被那些应当教授、修订和扩展这门理论的人所理解。在这里,我们可以看到,哲学观念可以传播到多远、可以通过什么样的伪装来传播,它们可以造成什么样的损害,如果它们不被识别出来的话。

古代医学特别让人感兴趣,因为在这里我们有了一个例子;这个例子中,在不同层面上存在着双向的紧密联系。不只存在着哲学理论和医学理论之间的紧密联系,由于哲学家和医生都对生理学（physiology）甚至是病理学（pathology）感兴趣。而且在有关人类知识、科学和技艺（arts）的本性的哲学观点和医生看待他们的技艺的方式之间,也存在着紧密联系。事实上,医生发展出较为精妙的关于他们的专门知识和（一般来说是）专家知识的哲学理论,这些理论转而影响了哲学家。此外,我们可能至少会认为,这些古代医生非常关心的哲学观点或许极大地影响了他们的医学实践。我们可以发现他们的确如此,但是更有趣的是,我们注意到,这些基于哲学上的考虑的原理（principles）——我们可能认为这些原理最终会导致实践中的巨大差异——被更多的原理所补充,从而使不同学派的追随者之间的医学实践差异被大大缩小了,如果没有被消除的话。

医学的例子在这个背景下也让人感兴趣,因为古代的医生拥有他们自己的哲学思想传统。可以说,他们都强调他们自己的哲学;这一哲学丰富到足以有自己的历史,并和哲学家们的哲学史（the history of philosophy of the philosophers）紧密地交织在一起,但不是哲学家们的哲学史的一部分,而是与之并行的。更复杂的是,一些古代的医生,比如比提尼亚的阿斯克勒皮亚德斯（Asclepiades of Bithyma）、梅诺多图斯（Menodotus）、塞克斯都·恩皮里柯和盖伦（Galen）,他们也都是高水准的哲学家,足以让自己在哲学史中占据一席之地。但是可以说,我特别关注的是医学中的哲学史。因为,哲学史家自然对它没多大兴趣,而医学史家也自然不愿意讨论哲学问题。

因此,我试图以这些不同的方式来研究古代哲学,希望对其复杂的真实情况获得一种尽可能复杂的理解。在我看来，所有这些都是研究古代哲学的非常好的方式，能够增进我们对这门学科的理解。尽管有时候，哲学家们说得好像只有一种研究古代哲学，以及一般的历史上的哲学的方式。有时候，他们说得又好像实际上并不值得去研究古代哲学，以及一般的历史上的哲学；很明显，他们假定只有一种研究历史上的哲学的方式，但【xxiii】通过这种方式来研究得不到多少收获。我确信没有人真的这样以为，但是对这个问题的一些意见或许至少可以澄清我的观点。

首先，古代哲学主要在哲学系被哲学家来研究，这只是一个建制上的事实。不存在一个独立的古代哲学的研究者的职业。而这一切都是为了获得更好的结果，因为要理解古代哲学思想，我们就首先要去哲学地理解它。但这也造成了一个值得注意的问题。因为古典学家、古代史学家、罗马法学者、医学史家、科学史家、神学史家，以及其他许多人，他们可能会觉得他们也应当以哲学家倾向于处理它的方式来处理它，而实际上他们有他们自己的合理进路。因为哲学家自然想以这样一种方式来研究古代哲学：去哲学地理解它，并通过这样一种理解取得哲学上的收获。毋庸置疑（或至少表面如此），这不是其他所有人研究古代哲学思想的最终目的。一部伟大的古代哲学史是由一位神学家——E.策勒(E.Zeller)撰写的，他写这部历史的主要兴趣在于神学和神学史。然而，哲学家是由于一个历史的偶然而被鼓励用他们这样的态度来研究历史上的哲学，这个偶然就是，古代哲学和一般的历史上的哲学出于某一理由而成为哲学家教授和研究的对象。历史上的哲学似乎在18世纪末开始被哲学家研究和教授，在整个19世纪期间，它补充或增强了对于哲学的系统研究。有人可能会认为，伟大哲学家可以被当成"做哲学意味着什么"的典范，他们以一种模范的方式提出某些问题，他们对这些问题做出经典的回答；通过研究这些，我们会受益匪浅——即便我们不同意他们的观点也是如此，因为他们的错误甚至也是典范式的。

当然，对于历史上的伟大哲学家的这种态度有一个很长的传统。把伟大哲学家当作哲学经典人物来研究的传统可以追溯到古代。在公元前2世纪末和公元前1世纪，哲学史上的某些人物——主要是柏拉图和亚里士多德——被选为经典哲学家(classical philosophers)，就像我们挑选经典历史学家、经典演说家、经典戏剧作家一样，这些作者应该被当作典范，并且在某种程度上定义了一种作品类型(genre)。再过两个世纪，哲学研究被局限于对这些经典哲学家的研究。哲学通过对于这些历史上的作者的文本评注而教授。很多历史学的和语文学的学问进入了他们的研究：必须准备好这些作者的可靠作品版本，真作必须和伪作区分开，文本中无数的历史典故必须被澄清。为了理解柏拉图和亚里士多德说了什么，我们经常要意识到，【xxiv】他们是在处理某些遗忘已久的哲学观点。总之，像波菲利(Porphyry)和阿弗洛狄西亚的亚历山大(Alexander of Aphrodisias)这样的人都有广博的历史学问，但是没有理由认为他们对哲学史本身感兴趣。他们只是学到了怎么样才能确定柏拉图和亚里士多德的思想，并且哲学地理解它。就他们的目的而言，柏拉图和亚里士多德是过去的历史人物这一点只是一个偶然。

很明显，这样一种通过研究经典文本来教授和研究哲学的方式在现代已经不被认可。它在古代就已经面临一种压力；在中世纪，例如像"问题评注"（questions commentary）这样的体裁得以发展，可以让人在表面上评注一个文本，而实际上则是在系统阐述自己的观点。一旦我们开始通过系统表述自己的观点来研究和教授哲学，或是通过一本当代教科书来教授，另一个问题产生了。早先哲学家的观点可能已经过时了，但是我们不会意识不到在笛卡尔、莱布尼茨、洛克、休谟和我们自己或我们使用的教科书的作者之间，存在一种值得关注的差别。认为鲍姆嘉通（Baumgarten）、赖马鲁斯（Reimarus）①、克鲁修斯（Crusius）②和克努岑（Knutzen）应该在这些早先的哲学家当中占据一席之地的看法有点奇怪，认为康德应该通过评注这些作者来教授哲学的想法也有些不合适。无论如何，我们很容易看到，为什么会有人认为，对哲学的系统研究应该辅之以对于历史上的伟大哲学家的研究：把他们作为哲学模范来研究，把他们作为哲学家来理解和重视。而这样一种研究被称为哲学史研究，因为这毕竟是一种对于历史上的哲学的研究，也因为这种研究可以涉及某些甚或相当多的历史学问，正如我们上文中在亚历山大和波菲利的例子中所看到的那样。因此，当今的哲学家应该以这种方式看待哲学史的研究，并决定，如果哲学史的研究不再让我们有哲学上的收获，就应该被抛弃，这是很自然的事。诚然，哲学史的研究是为了这个目的而被引入的，如果哲学史的研究不再能为这个目的服务，它就失去了其理论基础。

但是很清楚，这里存在着一种模棱两可。作为一门如我所描述的学科（亦即作为一门系统的历史学科）的哲学史的研究，和自 19 世纪以来哲学家们从事的，以及直到今天他们继续从事的对历史上的哲学的研究相比，是一种相当不同的事业（enterprise），尽管两者都被叫作"哲学史"。哲学史家想要理解哲学史，并且他想从这一历史的角度来解释过去的哲学观点。至少就其自身而言，他并不意在充分认识到历史上的哲学家如何成功地（或没能成功地）以我们思考的方式（或我们应该思考的方式）来思考。

这种对待历史上的思想的进路的转换，以及随之而来的模棱两可，可能由于某种在历史学家的历史观意义上的哲学史观【xxv】而被遮蔽了很长时间。如果我们把哲学史本质上看作是这样一个过程，在这个过程中，定义了哲学事业的问题被更加清晰地看待和理解，对这些问题的回答变得越来越明晰，如果我们甚至假设存在着某种机制或力量保证了这种进步，因此哲学史必须据此理解，那么，这两种哲学史的进路似乎就很容易重合。因为现在，哲学经典不但被用于展现对哲学问题的某种理解，而且展示了这一历史理解的局限，以及通过后来的思想家取得的进步来克服这些局限的必要性。这似乎就是写于 18 世纪末最初的详细的哲学史的核心精神。但是，认为正确理解和解释亚里

---

① 译按：此处原文为 Reimar，作者指的应该是 Hermann Samuel Reimarus。

② 译按：此处原文为 Cruse（下文中则作 Kruse），似乎有误，作者指的可能是 Christian August Crusius。

士多德思想的方式,就是将其看作是朝向康德主义(Kantianism)或其他某些哲学观点的一个关键进展的想法毫无疑问是错误的。19世纪充斥着这样的观点,它们解释了为什么哲学和它所属的文化一起走上了一条稳定的进步道路,其中的每一步都可以通过它们所导向的立场来给出一种几乎是目的论式的理解。但是,如果哲学史既是一部失败史(在其中,成功是可能的),也是一部成就史(在其中,失败是可能的或几乎是不可避免的),那么我们有什么理由认为,有某种东西保证了哲学的进步,以至于我们必须从这个角度来理解哲学史呢?

因此,在我看来,没有理由认为,把历史上的伟大哲学家当作哲学思想的典范来研究,和历史学家意义上的哲学史研究会以某种方式变成一回事。所以我也认为,"把历史上的伟大哲学家当作哲学的典范来研究是不是会让人在哲学上受益"这个问题,和"哲学史研究是不是会让人在哲学上受益"这个问题是不同的。我发现很难相信对这两者的回答不会是肯定的。即使是在没有任何历史知识的情况下,我们也不难看到,康德比那个有名的克鲁修斯更是一位出色的哲学家,更不说相比于我们同时代人了;我们也不难看到,从康德思想的复杂性当中,我们可以学到很多东西。我们也很难看出,当我们在做哲学史的过程中,试图为持有某个最不同的——如果不是最反常的——哲学观点寻找一个尽可能好的哲学的理由的时候,我们不会在哲学上受益。除了为几乎任何可以想象到的哲学立场寻找一个哲学推论之外,还有什么更好的方法来拓展一个人哲学推论的全套本领(repertoire)呢?还有什么更好的方式来学习以根本不同的方式看待事物,并充分领会到一个人可以采取的不同立场的优缺点呢?

在这一切中,我们也不应该忘记,当代哲学家的哲学观点和历史上的哲学观点一样,【xxvi】在更广泛的意义上也是哲学史的一部分。那么,如果我们碰巧不只是对某个当代哲学观点感兴趣,而且也对"为什么某位哲学家会主张这个观点"这个问题感兴趣,那我们就要试着去找到我们在做哲学史的时候(或更一般地说,在研究历史上的哲学思想的时候)所寻找的那类答案。我们可能会期望,得到的答案是贯穿哲学史的那种答案,这一答案将表明,这个观点在多大程度上依赖于早先的观点;至少也很可能的情况是,没有一个好的理由持有这个观点,但存在一些考量可以让人理解为什么那位哲学家确实认为他有一个好的理由持有这一信念。但是,几乎从不会发生的一件事是,我们认为我们归给那位作者的哲学上的考量是过时的,是那种我们自己不再使用的考量,因此这些考量必须要从哲学史的角度来解释。这必定构成了为什么一些哲学家似乎会认为当代哲学不依赖于它的历史的部分理由。的确,因为我们可以在不涉及哲学史的情况下(至少在大体上)理解当代哲学思想。而这是由于当代哲学家所使用的那种哲学上的考量,就是那种我们可以据此来理解任何哲学观点(不论是当下的还是过去的)的考量,而这样的理解不需要借助哲学史。但是,从"我们可以在不借助哲学史的情况下解释某人持有一个哲学观点"这个事实,当然无法推论出"这个哲学观点不依赖于哲学史"这一点。事实上,这个观点可能在很大程度上依赖于哲学史,以至于在未来人们将无法理解它,除非是从哲学史的角度。这只是因为我们几乎不知道哪些当代的考量在未来会显得过时,上面这一点对我们来说显得模糊不清。

现在,如果我们不认为哲学史在本质上是一部对一系列永恒问题越来越理性的和在哲学上越来越令人满意的回答的历史,而是一部成就与失败的历史,在其中失败常常要比成就更有影响力,如果我们相信,哲学思想的确在很大程度上依赖于哲学史,那么,从如上所述的哲学史当中可能会学到一些哲学上的东西。如果我们真的能够对实际的哲学史有足够扎实的把握,那么我们就应该可以更清楚地看到,我们自己的哲学思想是如何依赖于历史上的哲学的失败。只要哲学史还是主要被看作是一系列不够深远的成就——因此自然会带来更多让问题有所进展的成就,那么意识到一个人的思想受惠于他的前辈,也不能让人学到多少哲学上的东西。但是,正是因为哲学史家试图把历史上的哲学家当作哲学家来严肃对待,哲学史家可能会【xxvii】得出结论认为,哲学史在关键时刻走入了歧途。

如果这是一个事实,我们也很难看出来。因为我们必须根据我们认为是好的理由,或至少是根据我们所认为的某人可能会借此把某个东西当成是好的理由的考虑,来做出这样的判断。鉴于这些都是受哲学史制约的事物,它们很可能会受到我们想要从它们的角度出发来诊断的那些失败的制约。很明显,这将会是一个困难的任务。因为如果我们对"什么是理性的"和"什么是合理的"观念和假设受到哲学史的制约,它们将使这一历史看起来是理性的和合理的,是一部成就史而不是失败史。

幸运的是,哲学史家除了当代哲学观点之外还有更多的东西可以依赖。理想情况下,他的作品会教给他某人可以持有的新观点,以及支持或反对旧观点的新理由;他可能会发现,存在好的理由支持一开始看起来不合理的观点。所有这些工作可能已经极大地改变了他对于"什么构成了好的理由"的观念和假设,或对于"什么至少是合理的"观念和假设。因此,哲学史家很可能也会把哲学史上的一个发展诊断成一种反常现象,而从当代哲学的角度来看,这种发展似乎是完全合理的。当然,困难在于,哲学史家应当能够说服哲学家,这是基于纯粹哲学的理由而如此。

但是,如果我们不只是作为一位哲学史家来研究历史上的哲学,而是从它的所有角度来研究,我们就有更多资源可以依赖。或许在哲学史上的某些关键时刻,哲学史家认为他必须诊断一个失败,这个失败可能是思想的结果,而思想本身在很大程度上要从其他某种历史的角度来解释。一个人甚至可以展示出,这一其他历史在这个时刻干涉了哲学思想的"自然"发展,无论这个发展现在对我们来说在哲学上显得多么合理。

一旦有人问了例如"什么是哲学"这样的问题,对这个问题的一种回答就是,去考察历史上的思想,去研究古代哲学——(比如说)以我提出的方式:不只是把古代哲学家当作典范来研究,也不只是试图让他们融入哲学史,而是考察他们所处的所有历史,把他们作为例子,尽可能具体地看到,当一个人做哲学时,它实际上意味着什么、相当于什么。在这一点上,一个人能学到的一件事就是,在古代成为一位哲学家和在今天成为一位哲学家是颇为不同的。毋庸置疑,第欧根尼·拉尔修的《名哲言行录》是一部差劲的哲学史,然而它可能也确实捕捉到了古代哲学的一个方面:学术的哲学史,鉴于它的目的而忽略了这个方面,但这个方面是真实的、令人感兴趣的。

《形而上学》核心卷与发生学

吕纯山 *

内容提要:发生学方法虽然被质疑,但不可全然被否定。《形而上学》ZHΘ 卷并非像一般所认为的代表亚里士多德最成熟的思想,相反,Λ 卷才是,该卷补充了 ZHΘ 卷尚需进一步解释的思想,它们共同构成了集中讨论"作为存在的存在"的《形而上学》核心卷。而且,传统注释中所争论的形而上学主题究竟是本体论还是神学的问题,是由于对亚里士多德在 Λ1 所提出的论证提纲的忽视所致,其实神学作为关于最高实体的科学是本体论的一个构成部分,亚里士多德已经给出解释。

关键词:发生学;实体;存在论;神学

前　　言

正式开始论述之前,让我们先澄清题目中"《形而上学》核心卷"的指涉。传统所说的"《形而上学》核心卷"指的是 ZHΘ 三卷——在这三卷中,亚里士多德集中讨论了以实体为核心的"作为存在的存在"这一形而上学主题,但本文所指的"核心卷"还要加上 Λ 卷。在笔者看来,Λ 卷的核心也是实体理论,Λ1—5 论述了 ZHΘ 卷没有澄清的关键问题,Λ6—10 更论述了前文一直许诺但没有论述的最高的实体——无质料的形式/努斯/神,是实体理论不可或缺的部分。因此在笔者看来,ZHΘΛ 卷才是《形而上学》的核心卷。

＊　天津外国语大学欧美文化哲学研究所副研究员。本文为 2015 年度国家社会科学基金重大项目"陈康著作的整理、翻译与研究"(15ZDB011)的阶段性成果。

而"发生学"①则是通常所理解的,为阐释亚里士多德哲学文本的相互抵牾或矛盾之处,在 20 世纪上半叶由德国古典学家耶格尔创造性地提出的方法,②虽然这一方法在提出以后就被严重质疑,如彻尼斯③、欧文斯④以及 G.E.L.欧文⑤,但从未被完全否定,格雷汉姆(1987)、李斯特(1989)、维特(1996)都曾为其做过不同程度的辩护。⑥ 当

① 从发生学角度讨论亚里士多德哲学,在系统论方法占统治地位的今天似乎显得不合时宜,笔者从事亚里士多德哲学研究工作多年也一直是系统论方法的拥趸,对发生学方法曾经十分抵触,认为即使亚里士多德哲学体系中存在一些不一致,也只有理论宽泛或精致的区分,或讨论的侧重点的不同,绝没有曾经的发生学大师们所强调的整个体系的矛盾。然而,钻研《形而上学》核心卷多年,在思考 Z 卷提到的作为定义对象的普遍的形式究竟有几种形态,人和灵魂概念之间的关系,以及属加种差构成的分类法定义和质形复合定义的关系等理论难点之后,又注意到柏拉图晚期对话如《泰阿泰德》等对话讨论的问题,突然意识到亚里士多德和柏拉图在理念/形式/种,定义对象和方式等问题上的渊源远大于我们已经揭示的,《形而上学》ZHΘ 卷的思想或许并非亚里士多德最成熟的思想。具体到 Z 卷,可能更非如此,反而可能是中期思想,甚至可能包含柏拉图哲学的立场以及亚里士多德某个发展阶段的思想,还有一般被认为重复《物理学》的《形而上学》Λ1—5 补充说明了其他许多文本没有阐释的理论难点,因此,或许 Λ 卷才是他最成熟的思想……因此,基于这些思考,认为从发生学立场讨论《形而上学》核心卷,或许能为我们化解很多理论难点。当然,在具体问题上对发生学的肯定,并不意味着对系统论的怀疑,笔者在对亚里士多德哲学体系的总体看法上,仍然坚持系统论,与对柏拉图的哲学体系持同样的观点,认为后者被区分早中晚期对话以及后来的未成文学说,并不意味着思想的矛盾,而且运用系统论方法去考察并不会有什么不合适之处。

② Jaeger,W.,*Aristoteles:Grundlegungeiner Geschichte seiner Entwicklung*,Berlin:WeidmannscheBuchhandlung,1923.中译依据的是 1955 年的修订版,见[德]维尔纳·耶格尔:《亚里士多德:发展史纲要》,朱清华译,北京:人民出版社,2013 年,第 185 页。本文所引用的原文均来自中译文。

③ 他认为:"即使我们知道亚里士多德真实作品的每一行的写作时间,我们也应该把它看作一个统一体。因为亚里士多德自己保留了早期和晚期的论述,并将后来的笔记放进早期作品中。我们必须认为,他留下的著作在他自己心目中是一个统一的体系。"见 Cherniss,Harold,"Review of Aristotle:Fundamentals of the History of His Development by Werner Jaeger",trans.by Richard Robinson,*The American Journal of Philosophy*,56.3(1935),p.270.本段引文转引自[德]维尔纳·耶格尔:《亚里士多德:发展史纲要》,第 14 页。

④ 欧文斯出版了专著:Owens,Joseph,*The Doctrine of Being in the Aristotelian Metaphysics*,Toronto:The Pontifical Institute of Mediaeval Studies,1951.他显然对发生学方法不以为然。不过,欧文斯的著作不仅引起系统论方法的回潮,也激起了发生学方法阵营的反驳,那就是陈康先生的发生学大作 *Sophia*,*The Science Aristotle Sought*(《智慧:亚里士多德寻求的科学》)的出现。陈康先生在他著作的前言中这样说:"几年后,借助于台湾的一个学术奖金,我买了一些西文书籍,其中就有约瑟夫·欧文斯(Joseph Owens)的《亚里士多德玄学中的存有学说》(*The Doctrine of Being in the Aristotelian Metaphysics*)。这位学者的解释引起了我的兴趣,却无法使我信服。因此我的研究范围变得更为专门化:从发生的观点来看亚里士多德的存有学说和神学理论之间的关系。这也构成了目前这本书的研究对象。"见 Chen,Chung-Hwan,*Sophia*,*The Science Aristotle Sought*,New York:Georg Olms Verlag Hildesheim,1976,VIII.他在开篇中说道:"每一位亚里士多德学者都会注意到此书深受瓦尔纳·耶格尔的影响,虽然此书的一般性结论和阐释的许多细节与他的不同。"见 Chen,Chung-Hwan,*Sophia*,*The Science Aristotle Sought*,New York:Georg Olms Verlag Hildesheim,1976,VII.

⑤ 欧文在一定程度上支持发生学,但他不同意耶格尔对亚里士多德思想发展三阶段的划分,尤其后者把逻辑学和形而上学严格区分的观点,以及对柏拉图主义阶段的描述。在欧文看来,亚里士多德思想表现出的是趋于柏拉图主义的过程。见 Owen,G.E.L.,"Logic and Metaphsics in Some Earlier Works of Aristotle",*Articles on Aristotle*,edited by J.Barnes,M.Schofield,& R.Sorabji.Vol.3:*Metaphysics*.London:Duckworth,1957.

⑥ Gill,Mary Louise,"Aristotle's Metaphysics Reconsidered",*Journal of the History of Philosophy*,43.3(2005),pp.223-251.此文被聂敏里收录在聂敏里选译:《20 世纪亚里士多德研究文选》,上海:华东师范大学出版社,2010 年,第 472—500 页,作者基尔,题目为《亚里士多德〈形而上学〉形而上学再思》,本书引用的这篇文章均来自聂敏里的译文,第 473 页注释②。

代的研究中，一般不再发生学地全面考察亚里士多德的思想，而是采用系统论方法和逻辑分析法，只在细节上诉诸发生学，如基尔（2006）所说："亚里士多德的哲学发展不再是一个激烈的论题，但发展论已经深深地渗透于亚里士多德的学术研究之中，研究者们常常假定《形而上学》包含不同的阶段……尽管一些解释者显然支持发展，但他们通常是在没有任何其他解释可以令人满意地说明在文本内部或之间的矛盾的时候，才作为最后的诉求这样做。"①而笔者从思考《形而上学》核心卷十多年的哲学实践出发，认为所谓"研究者们常常假定《形而上学》包含不同的阶段"中的"假定"在一些章节中应该是事实，至少在 ZH 卷，亚里士多德就表现出好几个不同的思想阶段，还在 Λ 卷对其他文本没有阐述的思想都进行了总结性的说明。

因此在这里，笔者恰恰想对《形而上学》ZHΘΛ 卷的一些思想提出一种符合发生学的看法。当然，笔者自忖没有几位发生学大师的语言学功夫，以及纵横捭阖地讨论亚里士多德全集的雄心，只把目光局限在《形而上学》这几个核心卷之内，试着和大家分享一下多年的研究心得。在笔者看来，一般所认为的 Λ 卷为早期作品、ZHΘ 卷为最成熟作品的提法可能恰恰与事实相反，ZHΘ 卷不是晚期作品，至少在多部自然哲学著作之前，尤其 Z 卷，其最早成型的内容可能是中期作品，后来插入的内容是亚里士多德某些或早或晚一点的发展阶段的思想；而 Λ 卷，无论从其主题、内容还是论证的简洁和浓缩的特征看，都是亚里士多德最晚期的作品。因此，本文欲结合发生学方法，专注于讨论三个问题，其一讨论 ZHΘ 卷的思想是否亚里士多德最为成熟的形而上学思想，其二讨论 Λ 卷与 ZHΘ 卷的关系及其创作时间问题，其三是讨论存在论和神学的关系问题和普遍性与个别性问题。

一、《形而上学》ZHΘ 卷的思想并非最成熟的思想

耶格尔在其发生学的代表性著作中肯定 ABΓ 卷是《形而上学》最早的主干，ZHΘ 卷是后来加进来的，"根本不是原本的计划的实施"，②Λ 卷是早期作品，表述的是柏拉图神学，Λ8 是后来的修订。③ 罗斯（1924,1957）④和陈康（1976）⑤都是耶格尔发生学的拥趸，前者的《形而上学》注释和后者的专著《智慧》都肯定发生学方法，尤其是后者，

① 聂敏里选译：《20 世纪亚里士多德研究文选》，第 473 页。

② ［德］维尔纳·耶格尔：《亚里士多德：发展史纲要》，第 164 页。

③ ［德］维尔纳·耶格尔：《亚里士多德：发展史纲要》，第 294—296 页。

④ Ross, W.D., *Aristotle's Metaphysics*, Vol.2, Oxford: Clarendon Press, 1924. 导论部分已被译为中文，见［英］大卫·罗斯：《亚里士多德〈形而上学〉导论》，徐开来译，北京：商务印书馆，2017 年。导论第一节《形而上学》的结构"也见聂敏里选译：《20 世纪亚里士多德研究文选》，第 1—18 页。罗斯：《亚里士多德思想的发展（1956）》，见聂敏里选译：《20 世纪亚里士多德研究文选》，第 35—48 页。

⑤ Chen, Chung-Hwan, *Sophia, The Science Aristotle Sought*, New York: Georg Olms Verlag Hildesheem, 1976. 该书已由笔者翻译为中文，书名为《智慧，亚里士多德寻求的科学》，即出。以下提及该书时简写为《智慧》。

他和老师耶格尔一样激进,以这一方法作为其专著的支配性方法。但罗斯认为 ABΓE 卷和 ZHΘ 卷构成了《形而上学》的主干,还明确认为:"《形而上学》是亚里士多德全部著作中最晚的。"①陈康更肯定《形而上学》中 ZHΘ 卷最晚、最成熟。虽然发生学方法后来遭到质疑,但 Λ 卷(除了 Λ8)早于 ZHΘ 卷,ZHΘ 卷的思想最成熟,甚至《形而上学》是最成熟思想等,作为共识基本被学界所认可。

《形而上学》ZHΘ 是一个整体,这一点没有异议,从 Δ7②、Θ1,1045b28—36③ 和 Θ10,1051a34—35④ 给出的论证计划即可明了了,也得到众学者的肯定。⑤ 当然,说它们是一个整体,也并不意味着它们是同时被创作的,更不意味着它们是亚里士多德的最成熟思想。至少,Θ 卷以讨论质料和形式的潜能和现实关系而闻名,却从未说过潜能和现实概念都是双层意义的,反而不如《论灵魂》中对潜能和形式都有双层意义的表达更为明确。H 卷提出由形式和质料构成的复合定义,经过异常复杂艰难的讨论,且结论因为语焉不详而引起极大的争议,但这一定义方式在《物理学》《论天》等文本中却很清楚,而且 H 卷虽然一直被看作与 Z 卷是一个统一体,但前者的创作时间与后者或许相隔时间并不短。但更能说明它们不是最成熟时期思想的证据,在 Z 卷。

《形而上学》Z 卷的复杂晦涩众所周知,虽然 Z7—9 和 Z12 是被公认的插入的内容,但在笔者看来,如果深入思考 Z 卷,或许最早的章节只有 Z1—6 和 Z13—16,其他章节如 Z10—11 和 Z17 也是相对独立的,可能也是后来插入的,而创作时间上 Z7—9 最早,Z17 和 Z12 晚一些,Z10—11 可能最晚。理由是,Z1 提出"实体是什么"这一卷的问题,Z3 提出的本质、主体、普遍者和属四个实体的候选项,严格而言分别在 Z4—6、Z3 和 Z13—16 都得到了解释,明确了实体是"这一个",当然,如果按照 Z3 已经提出形式是"这一个"的纲要,还需要讨论形式,因此还需要其他文本,这也是其他讨论形式的文

---

① [英]大卫·罗斯:《〈形而上学〉的结构》,见聂敏里选译:《20 世纪亚里士多德研究文选》,第 2 页。

② "存在一方面就偶性而言,一方面就本身而言。……就本身而言者是指范畴类型所表示的那些,因为有多少种方式谓述,存在就有多少种意义。因此既然谓词中有些表示是什么,有些表示性质,有些表示数量,有些表示关系,有时表示主动或被动,有些表示处所,有些表示时候,那么存在就表示和它们每一个相同的意义。……再者,存在/是还表示真,而不存在表示不真而是假的,对于肯定和否定也是一样。……再者存在还表示上述例子中有些是就潜能而言的,有些是就现实而言的。……对于实体也是一样,……而什么时候是潜能,什么时候不是,这有待在别的地方来界定。"(《形而上学》Δ7,1017a7—b9)

③ "现在我们已经讨论了最初的存在,一切其他的存在范畴都与他相关联,这也就是实体,其他存在着的东西都将依照实体的原理来说明,无论是在量上还是在质上,还是其他这类的称谓,因为正如我们开始所说的,一切都具有实体的原理,既然不但可以说存在是某物,是数量,是性质,还可以在潜能、现实和功能上来述说他,所以我们还要对潜能和现实加以规定。"(Θ1,1045b28—36)

④ "存在和不存在的意义或者是就范畴表而言,或者是指这些范畴的潜能和现实及其相反者,然而其最主要的意义还是真和假。"(Θ10,1051a34—35)

⑤ 虽然在细节上也有争议。如罗斯认为:"ZH 卷和 Θ 卷各自讨论的两种意义的存在,即作为被分类为范畴的存在和潜能——现实的存在。"见大卫·罗斯:《亚里士多德〈形而上学〉导论》,第 21 页。而余纪元却认为 Z1—16 和 Z17—Θ 分别讨论范畴的存在和潜能现实的存在。见 Yu,Jiyuan,*The Structure of Being in Aristotle's Metaphysics*,Kluwer Academic Publishers,2003,Preface.

本插入的缘由。整卷 17 章,除了 Z17 讨论原因不包括在 Z3 的提纲之内,一般把 Z7—12 也归入对本质的讨论之中,就是因为它们对形式和本质的讨论。如果我们能从"人"与"灵魂"概念的联系与区别出发思考本卷的话,就会惊奇地发现,虽然灵魂是人的第一实体,但只有 Z10—11 探讨了灵魂和躯体。而且,如果我们把对柏拉图理念的分离的批评,看作是亚里士多德初入学园时学园已经在进行的,那么对理念的批评或许是亚里士多德思想的最早阶段,对分离的克服也是他最早的贡献,而 Z4—6 和 Z13—16 都广泛涉及这个问题,这样,亚里士多德首先在存在论上克服了理念的分离。但在知识论上,即定义对象上,则表现出与柏拉图哲学剪不断理还乱的关系。因此,在笔者看来,或许 Z 卷给出的不是他思考成熟的结论,而是他艰难的思索过程。我们先从以上两个角度考察一下。

1. 就人而言的 Z 卷的第一实体

Z 卷的实体是形式、质料和个别事物,都是"这一个"（τόδετι）,而形式是第一实体,也就是使质料成为个别事物的那个个别的原因,这应该是对 Z 卷的共识。如果我们以人为例来解释的话,Z 卷的实体按最是实体的先后顺序排列的,包括苏格拉底的灵魂、苏格拉底这个人、苏格拉底的躯体,其中,苏格拉底这样的个别的人是他的形式（即他的灵魂）和他的质料（即他的躯体）的复合物,第一实体就是苏格拉底这样的个别人的形式,即他的灵魂。然而,我们看到,整个 Z 卷直到 Z9 之前都没有提及实体意义上的灵魂概念。Z6 肯定了苏格拉底和他的本质同一之后,Z7—9 却强调苏格拉底这样的个别人是柏拉图的"人本身"的理念/种/形式（εἶδος）直接放入个别的质料之中,形成一种颇为奇怪的复合理论。这固然克服了理念的分离性,但同时也就产生了注释史上很著名的质料的个别性原则问题,以及形式究竟是个别还是普遍的问题。也就是说,Z7—9 的形式,究竟是苏格拉底的灵魂这样的个别的形式,还是人这样的类概念? 究竟质形复合物是种与个别质料的复合,还是个别形式与个别质料的复合,如人与个别躯体的复合成为苏格拉底,还是个别灵魂和个别躯体复合成为苏格拉底? 对于 Z7—9 的形式究竟是如 Z3 所描述是个别的（"这一个"）还是普遍的（"这样的"）,注释者们可谓殚精竭虑,给出各种各样的翻译和解释模式,①却忽视了亚里士多德在克服老师的 εἶδος 时,或许是有个过程的。在这里他只是简单地把老师的那个作为类概念的理念直接放入个别质料之中,这样,εἶδος 既是他的形式,也是老师的理念,还是他们二人的种概念。② 因此,在笔者

---

① 如认为形式是个别的的学者如弗雷德与帕兹克,认为这里的形式是"相同的"而非普遍的。见 Frede,Michael & Patzig,Günther,*Aristoteles*,*Metaphysik Z*'：*Text*,*Übersetzung und Kommentar*,2 Vols.,München：Verlag C.H.Beck,1988,s.87.但值得注意的是陈康先生的观点,在包括《智慧》在内的所有涉及亚里士多德 εἶδος 概念的解释中,他都坚持认为完全等同于柏拉图的"相",在他看来,亚里士多德的质形复合物就是相与个别质料的复合物,普遍的复合物就是相与普遍的质料的复合物。

② 《形而上学》Z8,1034a7—8 中的"εἶδος"有时被翻译为"种",有时被翻译为"形式",有的译者认为"种"或"理念"均可,而其实在笔者看来这些翻译都没有错,这几个概念在此时是一致的。

看来,Z7—9 把看来是亚里士多德克服分离的第一步思考成果,这一思想在其他文本中没有出现过,窃以为这三章或许成形于更早时期,或许那时他对灵魂的思考还没有成熟。

如果说 Z7—9 是后来插入的,这种意外的复杂情有可原的话,Z10—11 却也提出了另一种复杂的普遍形式概念。Z10—11 一方面强调人是灵魂和躯体的复合物,明确人这一概念是普遍看待个别的灵魂和个别的躯体之后产生的概念,并非实体;另一方面,则更强调即使所有的人的灵魂都在躯体之中,对人的定义也只是对灵魂的定义,无论定义的对象之中还是构成方式之中都不包括躯体,即使所有的铜球都在青铜之中,对铜球的定义也只包括对球形的定义(反而不如《论天》的说法更有说服力①)。这样,文本一方面竭力强调定义与质料无关,另一方面则认为定义中排除质料是费力不讨好的。② 这样相互抵牾的描述又进一步造成了 Z 卷形式的复杂性,尤其在其是定义对象的意义上——究竟是在质料中的柏拉图的理念"人本身",还是所有在躯体之中的普遍的灵魂,抑或普遍地看待个别的质形复合物之后的普遍的质形复合物"人"? 甚至就"人"而言,亚里士多德是否发展了柏拉图的单纯的类概念? 当然,或许此时的亚里士多德还没有专门思考灵魂何以是实体的问题。罗斯在 1957 年的一篇论文中认为"《形而上学》主体部分中的四卷——Z、H、Λ、M——在它们现在的形式上至少是晚于生物学和心理学著作的整个系列的,只除了《论动物的生成》和《论灵魂》的核心部分",③而"《论灵魂》的核心部分和《论动物的生成》"在他看来是"最后时期,或者至少推向中期的末尾"。④ 我们只看他对 Z 卷的看法,他提出早于或不晚于《论动物的生成》和《论灵魂》的核心部分的理由恰恰在于 Z10,1035b14—16 和 Z11,1037a5—7 所提及的灵魂和躯体的关系,还认为这些思想在 H,1043a29—36 和 Λ.1075b34—36 再次出现。⑤ 亦即,罗斯肯定这些内容不是亚里士多德相关思想中最成熟的思想,从另一方面证明了我们的观点——Z 卷不是最晚的,更进一步而言,即使 Z 卷的这些文本,也恰恰是少数的、且与主体思想相矛盾的,这些内容很可能是后来修订的,而主体思想强调的恰恰是,即使形式

① 亚里士多德在《论天》I.9,277b31—278a5 和 278a24 说:"在一切由于自然和出于技艺的构造和产物中,我们都能区分出依据自身的形状和与质料相结合的形状,例如,球体的形式与金质的和铜质的球体不同,圆环的形式与铜制的和木制的圆环相异。在说明球体或圆环的本质时,我们不包括金的或铜的描述,因为它们不属于我们所定义的东西的实体。但是,如果说明的是铜质的和金质的球体,我们就包括它们。"(《论天》I.9,277b31—278a5)"没有质料的形式的描述区别于在质料中的形状的描述。"(《论天》I.9,278a24)

② 《形而上学》Z10—11 中,对种属概念进行重新解释的 Z10,1035b27—31 和 Z11,1037a5—10 这两段话,以及强调定义中包含质料并对功能进行描述的 Z10,1035b14—18 和 Z11,1036b21—32 这两段话,其主题更与 H 卷而非 Z 卷一致。这些思想是亚里士多德的思想,却与 Z 卷的思想相矛盾,这些思想无论是亚里士多德后来修改的,还是被编辑者放错了位置,都说明亚里士多德在这个问题上是有思想的发展变化的。

③ [英]大卫·罗斯:《亚里士多德思想的发展(1956)》,见聂敏里选译:《20 世纪亚里士多德研究文选》,第 38 页。

④ [英]大卫·罗斯:《亚里士多德思想的发展(1956)》,见聂敏里选译:《20 世纪亚里士多德研究文选》,第 38 页。

⑤ [英]大卫·罗斯:《亚里士多德思想的发展(1956)》,见聂敏里选译:《20 世纪亚里士多德研究文选》,第 38 页。

不脱离质料,圆不脱离青铜存在,也只对形式或圆下定义,定义与质料无关。这样,Z10—11 的主体内容比 Z10,1035b14—16 和 Z11,1037a5—7 的文本或许更早。

在笔者看来,Z7—9 作为"人本身"和个别躯体的复合物的个别人,或许是亚里士多德思想的一个阶段;区分个别的人是个别灵魂和个别躯体的复合物,作为种概念的人是普遍的质形复合物概念,亦即区分存在论上的个别和知识论上的普遍,是又一个发展阶段。而定义理论上,究竟形式为对象,还是普遍的复合物为对象,Z 卷和 H 卷分别给出了两个答案,Z 卷强调是前者,而 H 卷则认为两者均可,因为就复合物如人而言,灵魂并不脱离躯体,描述灵魂还是人都需要提及躯体。仅在这一点上,也可猜测 Z 卷和 H 卷虽然是统一体,但其创作时间应该不是同时,后者可能更晚一些。我们还知道的是,明确灵魂是第一实体,是本质,是原因和本原,目的,是现实,是《论灵魂》的内容,在《形而上学》Z 卷,亚里士多德似乎更关注人而非灵魂。因此,在笔者看来,区分柏拉图的理念或种"人"(这个概念亚里士多德也充分承认,在逻辑学著作即以此为定义对象,并肯定"两足动物"这个人的分类法定义),普遍的质形复合物概念"人",苏格拉底这个人,苏格拉底的灵魂,并非一蹴而就的,前两者分别是分类法和质形复合定义的对象,是知识论上的概念,后两者是存在论上实体,一个是个别的复合实体,一个是作为原因的第一实体。

总之,在笔者看来,ZH 卷的普遍的 εἶδος 有三个阶段,首先,Z7—9 所呈现的可以等同于柏拉图理念的种概念,只是它与个别的质料不分离;其次,Z10—11 的主要文本所呈现的,普遍的形式,虽然存在于质料之中,但只有它是定义的对象;再次,Z10—11 的个别说法和 H 卷中,普遍的质形复合物种。而前两个阶段都与柏拉图的定义思想直接相关,是亚里士多德还没有摆脱单纯的类概念的反映。

2. 定义对象与柏拉图的关系

一般认为,如《形而上学》Z3,1029b3 至本章末尾所强调的,①我们要讨论第一实体形式,应该从我们最熟悉的可感实体开始谈起,从于我们最可知到在本性上最可知的。于是,虽然我们一直以质形复合物为对象,但我们似乎一直要摆脱质料,以便专门讨论形式。因此,当亚里士多德强调定义只是对形式的时,我们也从本卷的宗旨出发肯定他的思路,仿佛这是一种必然。然而,如果我们能结合亚里士多德在 H 卷的思想,甚至如果我们的眼光越过亚里士多德的哲学体系,联系柏拉图的相关思想再思考这个问题的话,在 Z 卷允许质料作为定义对象或描述的构成成分,并不会影响对第一实体形式的讨论,因此在笔者看来,或许,亚里士多德在这里对形式的强调和对质料的排斥,是思想上还没有解决复合物的定义对象究竟是形式还是复合物的直接反映。

耶格尔强调亚里士多德曾经有一个作为彻底的柏拉图主义者的阶段——这一提法

---

① 耶格尔为了证明 Λ 卷讨论的神学是亚里士多德最早的柏拉图主义时期,说这一段内容是错放在这里的,且因为 Λ8 的内容有明确属于亚里士多德晚期的时间轴,又认为 Λ8 是后来的修订。这样的发生学解释实在是太激进了,会不自觉地增添很多自己臆想的内容。

本身就很模糊,已为学者们所质疑。在笔者看来,存在论上,亚里士多德从来不是柏拉图主义者,亚里士多德和柏拉图最为一致的地方或许在于分类法定义上。在此想插入一句,如果我们也把亚里士多德的思想如柏拉图的思想一般大致分阶段的话,或者可以说,逻辑学是他的第一个阶段,这既与他进入学园时柏拉图哲学晚期专注于抽象概念的讨论相关,也与柏拉图和亚里士多德在"属加种差"的定义方式上的一致性直接相关——我们知道亚里士多德在《后分析篇》《论题篇》等文本中详细讨论了这一定义,还专门讨论过学园里给出的各色定义,在这一阶段他也批评柏拉图理念的分离;第二个大致的阶段,是他的自然哲学阶段,这一阶段与《物理学》和《形而上学》的大部分章节同时,其中讨论灵魂是实体和个别性的问题可能稍晚一点,对质形复合定义的讨论也是;第三个阶段最晚,就是《形而上学》Λ卷代表的阶段。因此,正像学界一般所承认的,亚里士多德思想体系中有不同的发展阶段,但不存在大的、需要亚里士多德终身为之努力解决的矛盾。如果说存在论上实体的个别性问题——如人的第一实体是个别的灵魂——是逐步明确起来的话,那么,定义问题上如何逐步发展和深化柏拉图的思想,恐怕也是亚里士多德多年思考的重要问题。

我们知道,柏拉图的理念从根本上而言就是类概念,如正义、美、智慧等伦理学概念,以及人、动物、躺椅等概念,后在《泰阿泰德》①中讨论"可知的复合物",认为人、动物、石头之类的概念都是个别事物的"集合"。如果说在《范畴篇》《后分析篇》《论题篇》等逻辑学著作中的"人"就等同于单纯的理念或种的话,讨论实体的《形而上学》Z卷则不那么纯粹了,甚至笔者猜测亚里士多德深受柏拉图《泰阿泰德》思想的影响。②在这篇柏拉图重要的定义理论著作之中,柏拉图提到"元素"和"可知的复合物",认为只有"复合物"是可知的,"元素"则否;也讨论对贯通各元素的"路径"的描述(λόγος,后来亚里士多德精确为定义),和对与其他事物的"差异"的描述。当然柏拉图并没有明确,究竟描述针对的是路径或差异呢,还是复合物?复合物是否元素与路径的复合物?马车的描述如果不能穷尽零部件,如何描述元素?而在笔者看来,这些思想给了亚里士多德很大的启发。至少亚里士多德在Z12提到的"种差"和H2讨论的"差异"都是柏拉图的那个词 διαφορά,而两者都被亚里士多德等同于形式;而且Z17,1041b12至末尾部分讨论的"复合物"也不是他更常用的词,而更多是柏拉图的那个词 συλλαβή,讨论的也是"元素"而非质料——虽然在他这里两个词同义,举的例子也是与柏拉图一样的音节与字母,简直就是与《泰阿泰德》的直接对话!总之,就Z17所讨论的形式作为实体和原因,是使质料成为个别事物或统一体的东西而言,与柏拉图在《泰阿泰德》

---

① [古希腊]柏拉图:《泰阿泰德》,詹文杰译,北京:商务印书馆,2015年。参考的希腊文本是 *Platonis Opera*,Tomus.Ⅰ,London:Oxford University Press,1995.英文本是 *Plato:Complete Works*,Edited,with Introduction and Notes,by Cooper,John M.,Cambridge:Hackett Publishing Company,1997.译文或有修订,下同。
② 耶格尔说亚里士多德进入柏拉图学园的时间,恰是柏拉图《泰阿泰德》发表的时间,见[德]维尔纳·耶格尔:《亚里士多德:发展史纲要》,第21页。

所说的贯通各元素而成为整体的"路径"何其相似乃尔！虽然柏拉图提到可知的复合物，但他讨论的描述的对象似乎是路径或差异，用亚里士多德后来的术语就是形式，不知道亚里士多德在 Z10—11 强调定义只是对形式而非质料的思想，是否受到柏拉图《泰阿泰德》对路径或差异的描述的思想的影响。当然，前者几次提及音节是字母复合起来以后形成的"一个种（μία ιδέα〔203c〕,έν εἶδος,ιδέαν μίαν〔203e〕,έν τιεἶδος〔204a〕）"，在中英文的翻译中分别翻译为"一个统一体"和"form"，可能字面上更为通达，但这种统一体是知识论上的，是普遍的，也就是"一个种/类"。

一句话，如果柏拉图的定义对象就是 εἶδος/ιδέα，就是类概念，而亚里士多德本人也在逻辑学著作充分肯定，因此在 Z 卷的思考中倾向于被他等同于形式的"路径"，似乎也在情理之中。或许，在定义问题上，柏拉图和亚里士多德比在存在论上更有一致性，亚里士多德不容易摆脱单纯的理念或种作为定义对象和分类法定义的思考方式，即使存在论上肯定了人是灵魂和躯体的复合物，但对人的定义仍然从柏拉图的分类法定义出发思考。到 H 卷，他才更倾向于把种等同于普遍的质形复合物，或者说，把柏拉图尚没有明确的"可知的复合物"概念进一步明确，并把对形式的定义和对复合物的定义等同起来，因为前者不脱离质料而后者包含质料。这样看来，Z10—11 和 Z17 是与柏拉图的思想相关，且深深被影响的内容。

除了以上所述，Z12 的思考也只是亚里士多德在定义理论艰难思考过程中的一个阶段，并非结论。在本章中，他从"人是两足动物"这一分类法定义出发，强调从单一体系，即有足的、偶蹄的或奇蹄的来划分人，寻求种差的种差来描述实体，认为定义是只包含种差的描述，但最终无果。而他在《论动物的部分》I 卷却告诉我们，人是需要多系统划分的，而种差的划分需要按实体来划分，且多系统的最后的种差无法成为一个统一体，因此通过划分是无法找到人的实体的。这两处的文本，或许是他在思考种差问题中的不同的思想阶段。而我们知道，他曾在《论题篇》中详细讨论了"属加种差"的分类法定义，更强调属在定义中的重要性，认为"一个正确的定义应该是按照属加种差的方式做出的"（《论题篇》Z4,141b22），"有一个人在那里，当被问及你面前是什么时，就是与回答说是动物"（102a33—34）。《论题篇》的这些说法又与前两处对"种差"的强调形成了不同的思想阶段。可见，对属的强调和对种差的强调，单一系统的种差划分到多系统的种差划分，到克服分类法定义形成质形复合定义，或许是亚里士多德在定义理论上的不同发展阶段。总之，Z7—12 和 Z17 或许都是在 Z3 纲要之外写就的专题论文，Z10—11 侧重讨论定义的对象，Z12 侧重定义的方式。当然，每一章都是亚里士多德长期艰苦思考的结果，就像耶格尔深情地所说的："每一个文献都是数十年持续不断地对同一个问题进行艰苦思考的结果，代表了一个富有成效的瞬间，一个发展的阶段，一个解决的时段，朝向新的表述的一步。"①

——————————

① 〔德〕维尔纳·耶格尔:《亚里士多德:发展史纲要》,第 141 页。

总而言之，《形而上学》ZHΘ 相对集中地讨论了"作为存在的存在"，但对存在和实体讨论却绝不限于此。研究者讨论亚里士多德的形而上学思想，不会不联系其他文本，除了我们下文会详细讨论的 Λ 卷等《形而上学》的其他各卷，还要联系《物理学》《范畴篇》《论灵魂》《动物四篇》，甚至《论生灭》《论天》《天象学》等文本也是我们必须要重视的。如亚里士多德的实体，除了我们熟悉的质形复合物和努斯，还有最初质料四元素，而对这些思想的讨论就在后面的这些文本之中。再如对天体这一实体的讨论，难道只有《形而上学》Λ8 区区一章文本吗？不联系《论天》，恐怕我们也无法解释清楚。

二、《形而上学》Λ 卷是对 ZHΘ 卷的补充和发展

《形而上学》Λ 卷创作于早期是传统的共识。就它与 ZHΘ 卷的关系而言，耶格尔认为要早于后者，甚至早于 ΓE 卷，与 AB 卷同时，他认为"Λ 卷代表了我们所发现的那个位于传统的形而上学之前的一个发展阶段，它还完全是柏拉图式的，关于可感实体的学说还没有被看作是第一哲学的构成整体必需的部分"。① 同时他承认 Λ8 时候后来插入的。② 在罗斯看来，ZHΘ 是主干论文集之一，而 Λ 卷是插入卷，属于早期论文，是为论文准备的笔记而非实在的论文。在他看来，Λ1—5 与《物理学》而非《形而上学》ZHΘ 更有亲缘性，并认为："它和《物理学》第一卷第 6 章一样，把可感实体分析成形式、缺失和质料（1069b32，1070b11—29，1071a8，34），可将两者对参。还要注意到，ZH 卷主要充塞的是把可感实体分成形式和质料的逻辑分析，Λ 卷则更多从事的是对实存的可感事物的原因阐释，所以，它出现在某个早期阶段，并始终坚持动力因的必然性（1069b36，1070b21，28，b22—35，1071a14，20—24，28，34）。这样，它就为宇宙有个单一的动力因的必然性证明准备了方式。"③在陈康看来，个别实体论有三种形式——逻辑的、形而上学的和原因论的——中最后一种形式在《物理学》Ⅱ 卷和Ⅷ卷以及《形而上学》Λ 卷中得以表述，而 Λ 卷一方面是《范畴篇》和《物理学》Ⅰ 卷之间的一个环，另一方面是《范畴篇》和《形而上学》核心卷之间的一环。④ 总之，支持发生学的这几位大家都认为 Λ 卷较早，ZHΘ 是在后的。

当然，罗斯对 Λ6—10 又提出了另一种观点，他在 1957 年的第一届亚里士多德学会的一篇论文中认为，Λ6—10 卷讨论第一推动者的内容按《论哲学》《论天》《物理学》《形而上学》顺序构成了不同的阶段。⑤ 后来伯恩耶特（Burnyeat, M.）在第十届亚里士

---

① ［德］维尔纳·耶格尔：《亚里士多德：发展史纲要》，第 185 页。

② ［德］维尔纳·耶格尔：《亚里士多德：发展史纲要》，第 294—297 页。

③ ［英］大卫·罗斯：《亚里士多德〈形而上学〉导论》，第 31 页。

④ Chen, Chung-Hwan, *Sophia*, *The Science Aristotle Sought*, New York: Georg Olms Verlag Hildesheim, 1976, p.204.

⑤ ［英］大卫·罗斯：《亚里士多德思想的发展（1956）》，见聂敏里选译：《20 世纪亚里士多德研究文选》，第 45 页。

多德学会的一个口头陈述中提出,Λ 卷是亚里士多德的晚期著作。弗雷德(Frede,M.)则更为谨慎地认为:"在我看来,只有非常少的证据来支持 Λ 卷这样晚的一个时间,从而不能为 Λ 卷的写作设想这样一种戏剧化的场景。但是,这一建议的主体是富有吸引力的。从最早时期以来亚里士多德的形而上学关注的是实体。而从某一刻开始亚里士多德似乎已经相信,形而上学的核心必须包括一个对实体的论述。继而,随着他更为关注非物质的实体,随着他相反于柏拉图和不同的柏拉图主义者们思考它们,找到一种给非物质的实体留有地位的对实体的论述对于他就一定似乎是不断增长的需求。Λ 卷似乎是从事于此地一个匆忙的尝试。但是,亚里士多德必定在他写作 Z 卷之前就已经感到了需要这样一种论述。"①他最后的看法是:"由于各种理由,最稳妥地办法就是一开始就要行进在这一假设上,即,Λ 卷是一篇独立的论文。"②而鲍特(Bordt,M.)认可伯恩耶特的观点,也认为是晚期著作。③ 不过他没有为此而专门给出证明。

这样看来,Λ 卷是晚期著作,尽管已为一些人所接受,却并没有被普遍接受,虽然我们同意弗雷德的说法,即它是独立论文,是对前文一直许诺的理论的完成,但在我们看来也一定是最晚的。我们且不说耶格尔也认为讨论作为实体的天体的 Λ8 处于亚里士多德生命的晚期,也不说 Λ6—7 和 Λ9—10 兑现了其他文本中屡次提及但一直没有讨论的无质料的形式,即努斯和神,单就 Λ1—5 而言,它们绝非传统所认为的《物理学》或《形而上学》ZHΘ 卷的平行内容,在笔者看来,Λ1—5 每一章都回应了其他文本阐述相对含糊的理论难点。

Λ1 开篇,即明确,我们对实体的讨论,其实是对各种实体的原因和本原的讨论,这样的表述,更明确地区分了实体和原因/本原概念,即实体是指个别事物这样的可感的质形复合物,而原因/本原则是指形式、质料等,而不必像 Z 卷稍显含糊的表述,以致我们还需要讨论究竟该卷所讨论的实体是形式,还是个别事物。更重要的是,紧接着的文本既给出了这一卷的论证提纲,也给我们明确地罗列出他心中的宏观的实体类型:

> "实体有三种,一种是可感觉的,在这里又分为永恒的和可消亡的两类。后一
> 种所有的人都同意,如植物和动物,对此所要把握的是它们的元素,不论是一或者
> 是多。另一种是不运动的,某些人说它是分离的,有的人把它分为两类,有的人则
> 认为理念和数学对象具有同一本性,有的人只认为数学对象是。前两类实体是物
> 理的,由于它们伴随着运动,后一种是另一类,如果它们并没有共同的本原的话。"

---

① [德]弗雷德:《亚里士多德〈形而上学〉Lambda 卷导论》,见聂敏里选译:《20 世纪亚里士多德研究文选》,第 356 页。

② [德]弗雷德:《亚里士多德〈形而上学〉Lambda 卷导论》,见聂敏里选译:《20 世纪亚里士多德研究文选》,第 316 页。

③ Bordt, Michael, *Aristoteles' Metaphysik* Ⅻ, Darmstadt:WissenschaftlicheBuchgeseschaft,2006.

（Λ1,1069a31—b2）①

这段话明确地把实体分为三类,一类是可感觉、可生灭、可运动的动植物,即可感的质形复合物,既是《物理学》和 ZHΘ 卷讨论的对象,也将在 Λ1—5 被讨论;一类是可感觉、永恒、可运动的天体,将在 Λ8 被讨论;另一类是不可感、永恒、不动的努斯或神,即 ZHΘ 卷一直提及但一直没有讨论的神,狭义的第一哲学,神学的主题,将在 Λ6—7、9—10 得到说明。当然,如果我们愿意,把理念和数学对象作为后面两卷 MN 卷的主题,认为这段话也给出这两卷的纲要,也是可以的。

Λ2,并接 Λ1,1069b5 以下,提出质料、缺失和形式的三本原生成模式学说,强调了质料或向着形式或向着缺失的潜在性特征,因此它作为基础,形式和缺失作为对立面,就是最标准的生成模式,无论实体的生成、性质的变化、数量的增减、地点的变化都是朝着对立面的变化。因此,变化的原因和本原有三种——质料,形式和缺失。相比较《物理学》I.7 中得出的主体、形式和缺失的变化模式,亚里士多德用质料概念代替了主体,因为主体是既包括个别事物又包括质料的,意义更为丰富,不及质料更为纯粹,也是最具有潜在性的。因此这一表述显然更为精致。不仅比《物理学》I.7 的表述更为精致,也相较《形而上学》H1,1042a28 以下至本章末的表述更清楚。在后者这里,还在论证"因为如果某物具有了可在地点上变化的质料,并不必然地具有了生成和消亡的质料",论证地点、性质、位置的变化基础都可以是质料,但没有明确是在类比的意义上。

Λ3,再次描述作为"这一个"的形式、质料、个别事物三种实体,但对这三种实体的描述却分外明晰,对质料的描述是由于"触摸"而感觉到的"这一个",尤其在洛布的希腊文本中还有"例如火、肌肉、头都是实体"这样的字眼,这些字眼其实是强调了质料的不同层次——火这样的元素是最初质料,肌肉是由四元素相互作用而生成的同质体,头则是由同质体构成的有一定功能的异质体,当然,作为潜在的"这一个"的质料,自然就是由同质体和异质体构成的终极质料如苏格拉底的躯体这样可以触摸而感知的东西。这样,这里的表述就是总结性的语言。甚至对个别事物的描述,也比 Z3,1029a6—8 和 H1,1042a32—33 对描述更明确,Z3 只说形式和质料的复合物是雕像,H1 强调质形复合物才有生灭,而 Λ3,1070a14—15 则说:"它是由前两种而来的个别事物,如苏格拉底、卡里亚斯。"这样的表述,其实也明确个别的质形复合物就是可感的个别事物,如苏格拉底、卡里亚斯这样的活生生的实体。一些研究者经常基于 Z3,1029a6—8 和 H1,1042a32—33 的描述,会认为有一种质形复合物是可感的质形复合物的本质,但在笔者看来,亚里士多德一直强调的实体,就是"这一个",就是苏格拉底这个人这样的实体,

① 参考的希腊文本是 Jaeger, W., *Aristotelis Metaphysica*, London: Oxford University Press, 1957. 英文本是 Barnes, J., *The Complete Works of Aristotle*, Princeton: Princeton University Press, 1984. 中文本是[古希腊]亚里士多德:《形而上学》,苗力田译,北京:中国人民大学出版社,2003 年。

他的形式或灵魂,他的质料或躯体。

Λ4 开篇说:"不同事物的原因与本原在一种意义上都是不同的,但在另一意义上,如果是普遍地和类比地说,它们对于所有事物都是相同的。"首次用"普遍地和类比地说"这样的字眼,其实是补充解释 Λ2 提出的形式、质料和缺失何以是三本原/原因,即虽然万物的本原和原因都不相同,但在类比的意义上,普遍地说,万物都有形式、质料和缺失三本原,还有第四个本原/原因,即动力因,也在类比的意义上是万物都相同的。因此有四因——形式,质料,缺失,动力因。这样也清晰地表达了万物本原、四因在何种意义上是普遍的,而这是亚里士多德在 ZHΘ 集中讨论实体和在 Λ 卷以及《物理学》讨论四因而没有能够统一的理论罅隙,即普遍的万物本原和个别的实体,是统一的。不仅如此,在这里,亚里士多德还明确区分了元素和本原的不同,不像在其他文本中这两个概念相同或含糊,而这里亚里士多德说元素是内在于事物的,而动力因则外在于事物。

还有对三本原生成模式的描述,除了实体、性质、数量和位置方面的变化,Λ4,1070b13—20描述了元素的相互生成也遵循这一模式:"就以可感事物的元素为例,作为形式是热,另一种方式是冷,是热的缺失,作为质料,最初的就其自身在潜能上是热和冷,这些是实体,那些以此为本原而构成的东西也是,也许还有某种由热和冷生成的单一物,如肌肉和骨头,因为这类生成物与它们必然相互区别。虽然不同事物的元素互不相同,但还是可以说,这些东西的元素和本原相同。虽然不能说一切都是这样,但作为类比却可以,人们可以说存在着三种本原,形式、缺失和质料。"而这么明确清晰的描述,在讨论火气水土或冷热干湿四元素的《论生灭》II.1,329a34—b1 却是没有的,那里说的是:"首先,可感物体潜在地是本原,第二是对立面,我说的是比如热与冷,第三是火、水及诸如此类的东西。第三类的这些物体相互转化。"虽然在前几行也提及"关于这些问题的更准确说明,我们已经在另外的地方做出了"(《论生灭》II.1,329a27—28),不过"另外的地方"或许指《物理学》I.7。

Λ5 认为潜能和现实也是在类比的意义上是万物本原,对于潜能和现实这样在《物理学》和《形而上学》Θ 卷已经详细讨论的一对概念如此解释,当然是一种关键的补充。而更重要的是,这里强调了最初的原因并非普遍,而是每一事物有各自的原因,如阿喀琉斯有他的父亲,你的和我的父亲也各不相同,但类比地说,是普遍的。这一层意义与上一章接近,但与 Z8 的描述迥异,后者认为"人"进入不同躯体之中而形成个别的人,从而引起了很大的争议。这里的阐释则与整个 Z 卷的主旨一致,即形式或实体是个别的。同时,Λ5 指出,在同一种下的个别事物的原因也都各不相同,如不同的个别人的质料、形式、动力因都不同,但我们给出的对人的描述则是普遍的。这样,再次回应了 Z 卷没有能够充分解释的问题:实体是个别的,定义的对象是种,而种和定义都是普遍的。从而也有了两个层次上的普遍:一是万物本原、四因意义上的普遍,二是定义或知识论上的普遍,前者是不同种属的万物的类比,后者是同一种下个别事物的类比。

总之,Λ1—5虽然简洁,但高度浓缩了其他文本应该阐释却没有阐释的关键思想,这些思想不可能是很早,或者至少早于 ZHΘ 卷的思想,也不是一般所认为的对《物理学》或《形而上学》ZHΘ 卷思想的重复,这样的理解严重忽视了它们的重要性。事实上,《物理学》或《形而上学》ZHΘ 卷的研究对象没有什么不同,就是研究的角度也有重合之处,比如《物理学》Ⅰ和Ⅱ卷对本原和原因的讨论,都是形而上学思想的必要组成部分。

讨论可感天体的 Λ8 由于涉及欧多克索的天文学,而这是有历史记载的,因此也可以基本确定在亚里士多德生命的晚期。不过,坚持 Λ 卷是早期作品的耶格尔认为 Λ 卷是有过修改的,最明显的就是 Λ8 的后来的插入!然而,我们知道,《尼各马可伦理学》讨论了两个层次的幸福,文本先是用了很大篇幅讨论了第二层次的人类幸福,然后才简单讨论到还有高于它的更高一个层次的幸福,而这一层次的幸福恰恰是与第二层次的幸福对比而得到论证的,比如不需要后者所需要的一些必要条件。同理,只有充分讨论过质形复合物的质形关系、潜能和现实关系之后,才能领悟那没有质料的形式、没有潜能的现实。当然,这一部分内容也恰恰呼应了 ZHΘ 卷和《物理学》的承诺。这样,不仅直接回应了前文,更为我们解释神学与存在的关系提供了最明确的文本,即神学的对象努斯,就是一种实体,最高的实体,虽然无质料,不潜在,但仍然属于存在的首要范畴,对它的讨论,自然是"作为存在的存在"的一个部分,最高贵的部分。这样,从实体这一名目之下,也解决了普遍的存在论和神学之间的关系——"作为存在的存在"论证存在的十个范畴,围绕实体展开,讨论实体的本质、定义、生成,之所以讨论实体,是因为其他范畴的本质、定义、生成等都是类比于实体而得以成立。因此,实体,是"作为存在的存在"的最核心内容,因此,分离而永恒的实体,自然可以包含在这一名目之下得以阐述,或者说,很可能晚年的亚里士多德并不再刻意强调第一哲学和第二哲学,毕竟,就努斯而言,它也是《物理学》Ⅷ卷的主题。而如果我们把《形而上学》ZHΘ 卷讨论可感的质形复合物和 Λ 卷讨论神,与《物理学》主要文本讨论自然物,而Ⅷ卷讨论神这个不动的动者,以及《尼各马可伦理学》在大部分文本中讨论人类的幸福这样第二等的幸福,而在Ⅹ卷讨论神的沉思的幸福这样第一等的幸福,我们会惊异地发现是同构的,只有经过对前文的讨论,才能给出神的各种描述,亚里士多德的神学不是很早就成熟的,当然或许他心里一直有把它写出来的冲动。或者可以说,对后世影响颇深的存在论和神学,亚里士多德都是奠基人,传统解释中把它们对立起来,或许是一种误解。

三、存在论的个别性与普遍性

对注释史上著名的问题,即形而上学的主题究竟是普遍的存在论,还是个别的神学的问题,耶格尔认为是亚里士多德没有解决但意识到的问题,前者是他自己思想的代表,后者是柏拉图主义。但笔者的疑问是,何以"作为存在的存在"是普遍的形而上学?存在被分为十个范畴,首要的范畴就是实体,其他范畴在与实体类比的意义上得到阐释。实体,就是存在的核心意义,而实体,是"这一个",现实的这一个形式,潜在的这一个质料,绝对分离的个别事物即复合物。如他在 Λ3,1070a9—13 所说:"实体有三种——质料,是表面的这一个(是通过接触而非结合在一起而被感知的事物,即质料和主体);本性,一个这一个和朝向它运动的状态;第三就是由这二者组成的个别事物,如苏格拉底或卡里亚斯。"当然,在 Z3,1029a28 和 H1,1042a26—31 亚里士多德都反复强调过。

不仅如此,正如柏拉图那里存在论和知识论是互相缠绕在一起而无法截然区分的,亚里士多德的"作为存在的存在"也是在存在论和知识论两个层次上讨论的,无论 Z 卷讨论形式还是 H 卷讨论质形复合物,都既讨论了作为个别实体的形式和复合物,又讨论了作为定义对象的二者,即普遍的形式和普遍的质形复合物。尤其对于前者,Z7—9 因为表述的含糊引起了极大的争议,读者无法清楚地知道亚里士多德所说的 εἶδος 究竟是种,还是种下每一个成员的形式?弗雷德与帕兹克为了证明形式的个别性,刻意把这里的形式解释为个别事物的形式,它们相同,但不是普遍的。① 而我们知道这种解释很难让人服膺,按照亚里士多德的普遍的定义,只要述说两个以上的对象就是普遍的,因此这是一个亚里士多德在 Z 卷没有解释的问题。我们应该庆幸的是,他在 Λ5 给出了明确的阐述:

> "因为只有个别的东西才是那些个别东西的本原。人是普遍的本原,但没有一个人是人,只有庇留斯是阿喀琉斯的本原,这个父亲是你的本原,这个 B 是这个 BA 的、一般的 B 是单纯的 BA 的本原。因此实体的原因和元素(其他的事物有其他的原因和元素),在不同的属中是不同的,像所说的,颜色,声音,实体,性质,除非是在类比的意义上。在同属的事物中原因不同,并不是属的不同,而是个别事物的不同。你有你的质料、形式和运动者,而我有我的,但在普遍描述上是相同的。"(1071a19—29)

这段话,强调了实体的个别性,但描述是普遍的,而描述当然是知识论的概念。这是一种意义上的普遍。

第二种意义上的普遍性是指类比的普遍性。在笔者看来,通过类比,亚里士多德沟通了个别实体和万物本原/原因。众所周知,亚里士多德在《形而上学》A 卷和《物理学》AB 卷讨论原因和本原学说,而在 ZH 卷讨论个别实体理论,那么究竟二者之间什么关系呢?在笔者看来,亚里士多德在 Λ1—5 给出了答案,如我们在前文对这些章节的讨论中已经指出的:万物的本原和原因都是不同的,但普遍地、类比地说,万物的本原

---

① Frede,Michael & Patzig,Günther,*Aristoteles*,*MetaphysikZ '* : *Text*,*Übersetzung und Kommentar*,2 Vols.,München:Verlag C.H.Beck,1988,s.87.

和原因是相同的,都是形式、质料、缺失和动力因,这是一种存在上的普遍性,万物的普遍性。因此,泛泛地说存在论是普遍的,是不准确的。

关于形而上学的主题——究竟是普遍的存在论还是个别的神学——在注释史上一直呈拉锯状,以及二者之间究竟什么关系,到现在学界仍有争论。① 我们在前文已经说过,按 Λ1 三种实体的说法,亚里士多德本人已经给出了解释,即神学是存在论的一个部分。实际上,这是不应该产生的问题,许多人过多重视他亚里士多德说了什么,却往往忽视他做了什么。亚里士多德的确曾多次用"第一哲学"(πρώτηφιλοσοφία)这一术语来称呼神学,并与"第二哲学"和数学相区分,认为前者讨论的对象是分离不动的对象,后世学者也以此为依据,认为只有神学才是亚里士多德的哲学主题,也从此产生了"作为存在的存在"与神学的矛盾。然而,在笔者看来,亚里士多德是在两种意义上使用"第一哲学"这一术语的,一个狭义,一个广义,狭义的就是上述神学,是与物理学和数学对象相区分的,广义的"第一哲学"包括既包括神学,又包括"作为存在的存在",我们有亚里士多德本人是说法为证:

> "如果存在着某种不动的实体,那么应属于在先的第一哲学,在这里普遍就是第一性的。它思辨作为存在的存在、是什么以及存在的东西的属性。"(《形而上学》E1,1026a29—31)

这句话其实很明确地说明了亚里士多德的哲学实践,他不仅在实际的哲学追求中既讨论分离不动的实体,更以"作为存在的存在"作为核心的内容进行讨论,事实上也把神学对象作为最高的实体进行了讨论。其实在传统上,一直有声音在表达存在论与神学的这层关系,但一直也有反对的声音存在,究其根本,笔者认为还是对于《形而上学》Λ1—5 的严重忽视,都没有注意到 Λ1 对三类实体的重新表述和这一表述作为 Λ 卷论证提纲的重要意义,亚里士多德在这里展开对分离不动的实体的讨论,既回应了前文的承诺,也说明他意识到其他文本表述的歧义性,从而明确地把神学归入实体范畴之下,最终纳入存在论的讨论范围,也因此,《形而上学》核心卷必须包括 Λ 卷才是完整的。实际上,前文提到的耶格尔所认为的 Λ 卷讨论可感实体所以不是第一哲学的看法是不成立的,如我们已经明确的,广义的第一哲学讨论的就是"作为存在的存在",其典型就是可感实体。而罗斯所区分的 ZH 卷是对可感实体的"形式和质料的逻辑分析"和 Λ 卷是"原因阐释"的说法,在笔者看来是语言游戏,在亚里士多德那里,形式和质料

---

① 王成军:《托马斯·阿奎那对亚里士多德形而上学主题之疑难的解决》,《武汉大学学报(哲学社会科学版)》2021 年第 74 卷第 1 期。在这篇文章中,作者认为亚里士多德的形而上学主题——究竟是"作为存在的存在"还是"分离的实体"——阿维森纳、阿威洛伊这两位阿拉伯哲学家和托马斯·阿奎那共同面对的问题,但他们提出了不同的阐释方案,作者认为只有后者才较好地解决了这一难题,而且还使形而上学真正完成了从神学到存在论的转变。

就是原因。陈康把 Λ 卷分为前后两个部分,分别认为是《范畴篇》和《物理学》Ⅰ 卷之间的一环,《范畴篇》和 ZHΘ 卷之间的一环,并认为个别实体论最后崩溃的说法也是站不住脚的。他把我们上文提到的 Λ5,1071a19—29 这段话中"你的形式",或用他的术语"你的相"仍然理解为种和个别躯体的结合,既没有意识到亚里士多德在这里的解释已经不同于 Z7—8 的思想,也根本没有注意到 Λ2 用"质料"代替《物理学》Ⅰ.7 的"主体"概念的重要意义。而他之所以认为原因论的个别实体论到神这一概念之后既达到完成,又开始崩溃,并导致 ZHΘ 卷的本质实体论是因为:"Λ 卷的这一部分,亚里士多德告诉我们两个学说,这两个学说在《范畴篇》和《物理学》第一卷都没有发现:第一,三重实体,即相、质料和具体事物;第二,组成成分优先于组成物。这些想法,当结合在一起且充分发展时,将导致个别实体论的崩溃,并且导致被本质实体论所代替。"①这些说法让人困惑,根本而言,他对原因论的个别实体论和本质实体论的区分是没有必要的,毕竟在 Z 卷中原因和本质都是形式或实体。

结 束 语

柏拉图哲学研究中采用的发生学方法,也是基于创作的时间和关注主题的异同,并没有预设其体系中存在大的矛盾,而且系统地研究柏拉图哲学,并不会有大的问题。何以亚里士多德哲学体系会有大的矛盾呢? 何况许多文本有被修订的痕迹。亚里士多德的哲学体系确有不同的发展阶段,发生学方法或许能帮助我们很好地解释在某些问题上的复杂性。因此整体上坚持系统论,具体问题上适当地引入发生学方法,可能更为合理。《物理学》早于《形而上学》的看法在笔者看来也存疑,更准确的说法应该是同时,就文本而言它们可能是互为基础的:如《形而上学》A 卷对本原和原因的提法既宽泛又模糊,而《物理学》A 卷专门讨论本原、B 卷专门讨论原因,表述上后者更精确,当然《形而上学》Λ1—5 对本原和原因的说法更为综合且精确;《形而上学》Θ 卷集中讨论潜能和现实理论,还以《物理学》Γ 运动理论中的潜能和现实为理论基础,但《物理学》A 卷则直接应用这一理论了;又如《物理学》A 卷所讨论的主体/载体概念与质料概念的模糊联系,经过《形而上学》ZHΘ 卷的详细讨论,到《形而上学》Λ2 已经完全用具有潜能地位的质料来提到主体/载体了;……《物理学》和《形而上学》讨论的对象其实并无不同,既讨论可感的质形复合物,也都讨论第一推动者,但它们讨论问题的角度确有不同。只抓住亚里士多德的只言片语,却忽视他的哲学实践和博大的研究领域,实在是没有必要的。

---

① Chen,Chung-Hwan,"Sophia,The Science Aristotle Sought",New York:Georg Olms Verlag Hildeshem,1976,pp.203-204.

从海德格尔的翻译哲学
来看他对《道德经》的"翻译"

马　琳 *

内容提要：本文从海德格尔的翻译哲学出发来探讨他对《道德经》的翻译事件。首先，笔者阐述海德格尔有关翻译即是诠解（Auslegung）的思想，诠解的生存论基础在于领会。其次，笔者探索海德格尔在 1942 年的《荷尔德林的赞美诗〈伊斯特河〉》等著述中所提出的翻译思想，他认为翻译应当忠实于历史性民族的语言作品的思想高度，而不能把这样的作品平俗化。海德格尔翻译哲学的一个特点是他对"词语"（Wort）的强调，他称他的进路比所谓的"科学的语文学"具有更多的语文学性质，这是因为他把 Philologie 理解为"热爱逻各斯"。之后，笔者介绍海德格尔翻译《道德经》这一事件的来龙去脉，并结合海德格尔的翻译哲学来讨论他对《道德经》的"翻译"。

关键词：海德格尔；翻译哲学；《道德经》；词语（Wort）；诠解（Auslegung）

海德格尔在 1946 年与中国学者萧师毅合作翻译过《道德经》的若干篇章，这一直以来是海德格尔与道家思想之关联最为引人注目、同时却又最为令人迷惑的事件。关于此事件学界已有不少的讨论，本文将从一个新的角度，即海德格尔的翻译哲学，来探讨他对《道德经》的翻译。首先，笔者阐述海德格尔有关翻译即是诠解（Auslegung）而非"诠释"（Interpretation）的思想，诠解的生存论基础在于领会；字典不能被视为翻译可以依据的最终裁定者，因为字典所提供的词语的意思总是依赖于之前对于某种语境的解释，而词义则是从这种语境中抽离出来的。其次，笔者探索海德格尔在 1942 年的《荷尔德林的赞美诗〈伊斯特河〉》中所提出的翻译思想，他认为，翻译应当忠实于历史性民族的语言作品的思想高度，翻译绝对不能把这样的作品平俗化，而是应当引导人们踏上通向其山峰的路程。海德格尔对翻译问题的看重也体现在他批评罗马拉丁思想在采纳希腊词语之际丧失了源始性的、本质性的因素。海德格尔翻译哲学的另一个特点是他对"词语"（Wort）的强调，他称他的进路比所谓的"科学的语文学"具有更多的语文学性质，这是因为他把 Philologie 理解为"热爱逻各斯"。之后，笔者介绍海德格尔"翻译"《道德经》的事件的来龙去脉，相关学者就其真伪的争论，就其对海德格尔思想意义的

---

* 　马琳，中国人民大学哲学院副编审。

不同评估,然后笔者结合海德格尔的翻译哲学来探究他对《道德经》的翻译。

一、翻译是"诠解"（Auslegung）而非"诠释"（Interpretation）

尽管海德格尔并没有对翻译这个问题撰写过系统完整的论著,但是对于他来说,翻译关涉到人与词语的本质以及与语言的尊严之间的关系。他有这样一句名言:"如果你告诉我你怎么看待翻译,我就可以告诉你你是怎样的人"①。对他而言,翻译与诠解（Auslegung）是同样的,所有的翻译必然是一种诠解;反之亦然,所有的诠解以及服务于诠解的东西必然是一种翻译。

在《存有与时间》中,海德格尔区分了 Auslegung 与来源于拉丁语 interpretatio 的 In-terpretation。Auslegung 的外延十分宽泛,它可以指涉任何把某物解释为某物的诠解行为;而 Interpretation 则指较为理论化的系统的诠释,例如对经典文本的诠释。根据《说文解字》,"解"的基本含义是"从刀判牛角",跟屠宰分割牛有关;"释"的基本意思与"解"相同,其偏旁"采"的意思是"取其分别物"。如此看来,"解"和"释"这两个字的本义都与分割有关。再来看"诠"字,《说文解字》对它的说明是"具也",而段玉裁引东汉的高诱对《淮南子》中的"诠言训"的注解:"诠,就也。就万物之指以言其征。事之所谓,道之所依也,故曰诠言。"②高诱把"诠"视为对具体事物的趋近,视为道所依傍的东西,而与分别、割裂无涉。从整体主义的立场来说,"诠"具有更为丰富的哲学内涵,因而,笔者把 Auslegung 翻译为"诠解",把 Interpretation 翻译为"诠释"。③

对于海德格尔而言,语义学上的诠释是一种科学的知识,这种知识需要有特定的证实程序。他更为看重的是诠解,诠解的生存论基础在于领会（Verstand）,是对领会中所具有的可能性的进一步展开。并不是先有了诠解才有领会,相反,所有的诠解必然对所要诠解的东西首先就具有一种先在的领会。换言之,可以把领会说成是整体性的,而诠解则是对特定事物的解释。诠解从来都不是无前提的,而总是束缚于一些预设前提。这些预设前提海德格尔称为"先行具有"（Vorhabe）、"先行视见"（Vorsicht）与"先行把握"（Vorgriff）④。对经典的诠释（或者说注疏）可以被视为从诠解派生而来的一种具体

---

① Heidegger［1942］,*Hölderlin's Hymn "The Ister"*,trans.W.McNeill and J.Davis.Bloomington:Indiana Uni-versity Press（1996）,p.63.GA 53,*Hölderlin's Hymne "Der Ister"*,Frankfurt am Main:Vittorio Klostermann（1983）,p.76.除非另外注出,本文所引用的尚无中文版的外文文献由笔者译出。本文所引用的海德格尔著述,方括号中的年份是其最早出版的时间。

② 以上参考了词典网 https://www.cidianwang.com/shuowenjiezi/quan3589.htm。

③ 中文版《存在与时间》把 Auslegung 翻译为"解释",把 Interpretation 翻译为"阐释"。

④ See Heidegger［1927］,*Being and Time*,trans. J. Macquarrie and E. Robinson, San Francisco:Harper（1962）,p.191.*Sein und Zeit*,Tübingen:Niemeyer（2001）,p.150.

的诠释活动,它倾向于诉诸前例,但是这些前例却包含着诠释者未加讨论的先入之见。①

在1931—1932年的讲课中,海德格尔明确地提出,"翻译[Ubersetzung]只是实际上所完成的诠解的最终结果:在一种独立的探询式的理解之中,文本被转渡过来了[Über-gesetzt]";"翻译永远都是诠解[Auslegung]"②。对他来说,翻译并不仅仅只是一种技艺,其目的并不是运用另外一种语言对原文加以表述从而取代原文,而在于理解原文中的思想,故而,翻译能够揭示出源语言中存在着但却没有明确地表达出来的意味。出于对诠解的生存论性质的强调,在作于1942年的《荷尔德林的赞美诗〈伊斯特河〉》中,海德格尔提醒我们不能盲目地接受字典(Wörterbuch)所界定的词义。尽管我们从字典中获得关于某种外国语言的词义的知识,但是,字典对词语的解释总是依赖于之前对于某种语境的领会,而词义是从这种语境中抽离出来的。因此,字典所提供的标准词义并不能保证它一定能够洞察词语归根结底是什么意思以及可以是什么意思,尤其是当我们所关切的是这个词语所敞开的本质性境域的时候。换言之,字典不能被视为翻译可以依据的最终裁定者,它所提供的只是对词义的一种解释(也即,在不同的生活形式之中还可能有别的解释),而这种解释的过程及其局限性都不能被容易地被把握。当然,如果只是把语言用作一种交流工具,那么有助于交流技艺的字典则可以提供应有的作用。然而,"从语言的历史精神之整体[geschichtlichen Geist einer Spracheim-Ganzen]来看,……任何字典都并没有任何直接或是约束性的标准尺度。"③

二、翻译应当忠实于历史性民族之语言作品的思想高度

同样是在作于1942年的《荷尔德林的赞美诗〈伊斯特河〉》,海德格尔指出,"任何一种翻译都必须从一种语言精神[Sprachgeist]移步[Überschritt]到另外一种语言精神"④,不过,翻译并不仅仅是两种不同语言之间的交涉,它同时也发生在同一种语言之内。海德格尔以荷尔德林的诗歌与康德、黑格尔的著作为例,说明对它们的诠解就是一种发生在德语之中的翻译。这样的著作就其本质而言也要求着翻译,不过,这种要求并不意味着一种匮乏,而恰恰是这些著作内在的特权。海德格尔构造了一个生动的譬喻:

①　See Heidegger [1927], *Being and Time*, trans. J. Macquarrie and E. Robinson, San Francisco: Harper (1962), p.192. *Sein und Zeit*, Tübingen: Niemeyer(2001), p.150.

②　Heidegger[1931–32], *The Essence of Truth*, trans. Ted Sadler, London/New York: Continuum, p.94, 221. GA 34, *VomWesen der Wahrheit*, Frankfurt am Main: Vittorio Klostermann(1988), pp.130, 311. 着重来自原文。此处海德格尔在利用德文词语 Übersetzung 的双重含义,本文下面还会讨论。

③　Heidegger[1942], *Hölderlin's Hymn "The Ister"*, p.62/75.

④　Heidegger[1942], *Hölderlin's Hymn "The Ister"*, p.62/75.

历史性民族的语言之本质促使着它像一道山脉一般沿着低地与平原延伸,同时使得它的一些山峰高耸入云,企及本来是不可企及的高度。在此之间是一些低谷与平地。[……]对于有诗性或是思想性的语言作品[Sprachwerk],翻译的工作不是将其峰顶削平,更不是将整个山脉夷为肤浅的平地;相反,翻译必须将我们导引到通向山峰的路程之上。使得什么东西可以获得理解永远都不是将其同化为意见,或者是这种意见的理解视域。使得什么东西可以获得理解意味着使我们认识到,如果要让作品的真理揭示自身,我们必须打破并且摒弃对习常意见的盲目的固执。①

海德格尔坚持,翻译应当忠实于历史性民族(在此处,特别是德意志民族)之语言作品的思想高度,翻译绝对不能把这样的作品平俗化,而是引导人们踏上通向其山峰的路程。笔者曾经论及,海德格尔所关心的语言在某种意义上是一种特殊的、大写的、存有借以言说自身的语言②,此处的"历史性民族的语言"也即存有的语言,是德语以及它所传承的希腊语(他认为这两者一脉相承)。尽管海德格尔曾经向不同背景的学者探询过中文、日文、梵文等语言,但是,他对待这些语言的态度始终是游移不定的。此外,他认为英语是一种没有深度的技术性语言。除了希腊语与德语之外,他可以器重的唯一的外国语言是法语。这大概是因为海德格尔认为德国与法国民族之间具有特殊的精神亲缘关系,两者之间有必要展开对话③。不过,在1966年的《明镜》访谈中,在提到德语与希腊语言及其思想之间的特殊的内在关系的时候,海德格尔说,当法国人开始思想的时候,他们说的是德语,他们不能够用其自己的语言来从事这样的思考。④

在其著述的第一部法文文集的序言中,海德格尔写道:

在翻译之中,思想的运作发现自身被带入另外一种语言的精神[l' esprit]之中,从而不可避免地经历了一种转化。这种转化有可能具有成效,因为它使得问题[也即"什么是形上学?"]的基本定位在一种新的眼光之中呈现出来。如此一来,[思想的运作]就有机会变得更加清晰,思想也有机会更加明确地界定问题的局限性。因此,翻译并不仅仅在于便利与世界的沟通,它自身即是一种针对两种语言的读者所提出的问题之清理[défrichement]。⑤

---

① Heidegger[1942],*Hölderlin's Hymn"The Ister"*,pp.62-63/75-76.

② 参见马琳:《海德格尔论东西方对话》,北京:中国人民大学出版社,2008年,第67—72页。

③ 参见马琳:《海德格尔论东西方对话》,第165—170页。

④ Heidegger,"Spiegel Interview with Martin Heidegger",in *The Heidegger Controversy*(Ed.R.Wolin),Cambridge MA,MIT Press,1993,p.113.

⑤ Heidegger,"Prologue de l'auteur",in *Qu'est-ce que c'est la Métaphysique*? Paris:Gallimard,1938,p.8.

    这部文集的法文译者科尔宾(1903—1978)是一位颇有建树的伊朗学学者,他与海德格尔的交往始于1930年,开始是书信往来,之后有面对面的交谈。海德格尔对文本的择选提出过建议。在这篇序言中,他指出,翻译可以成为哲学的基本问题重新得到审视的契机,而不只是语词之间的对换,不只是为了传达原文的表层含义。源语言的精神为翻译提供了生机,而翻译则激活了思想方式。我们知道,对于海德格尔而言,早期希腊人被存有所召唤,他们关于存有的言说构成了哲学的第一启始。然而,当希腊哲学词语后来被翻译为罗马—拉丁概念的时候,这些词语所隐含着的希腊经验并没有被同时传导给罗马人。例如,在1935年讲授的《形上学导论》中,海德格尔认为,哲学第一启始的时候,存有被视为phusis,它"敞开了自身的舒展,在舒展中达乎显现,在显现中的自持与久远——简言之,绽放而持留的威力"①。在罗马时期,phusis被翻译为natura,但是,由于natura的本义是"出生""诞生",这个译名削弱了phusis本有的源发性内蕴,这个希腊词语所具有的源发性的力量被摧毁了。其他的希腊词语被翻译为拉丁语时也是同样的情况。这构成了希腊哲学遭到异化的第一个阶段。这些翻译在基督教和中世纪哲学中成为权威版本,之后,它们又被"翻译"为现代哲学。尽管现代哲学创造了人们所熟悉的表象方式与概念,人们凭借这些来理解被认为是过时的西方哲学的开端,并自以为早已经把这样的开端抛掷于后,但是,在海德格尔看来,这些都是一种变形与衰落的过程。②

    海德格尔也谈到希腊词语被翻译为德语时的情况,早在《存有与时间》中,他说,把aletheia翻译为真理(Wahrheit)这样的理论术语"蒙蔽"(verdeckt)了这个词语的前哲学的意涵③。再如,把logos翻译为理性(Vernunft)、判断(Urteil)、或是意义(Sinn),"丧失了源始性的真正的古代的东西,同时也丧失了这个词语及概念的本质性的东西"④。

    海德格尔提出,应当克服过去那些扭曲了哲学基本概念的做法,使得其源发性的意义显现出来,而翻译为法语(在上面的例子中)为人们提供了重新探问这些概念的真实含义的机会。在这一关联中他尤其注重"词语"(Wort),因为惟有在他所谓的奠基性词语之中事物才"首先成为存在的、并且存在着"。⑤

---

① Heidegger[1935],*Introduction to Metaphysics*,New Haven(Connecticut):Yale University Press(2000),p.14.*Einführung in der Metaphysik*,Tübingen:Max Niemeyer Verlag(1998),p.11.

② Heidegger[1935],*Introduction to Metaphysics*,pp.14-15/10-11.

③ Heidegger[1927],*Being and Time*,p.262/220.

④ Heidegger[1931],*Aristotle's* Metaphysics Theta 1-3.On the Essence of Actuality of Force,Bloomington and Indianapolis:Indiana University Press(1995),p.104.GA 33,*Aristoteles*,Metaphysik Θ 1-3.*Vom Wesen und Wirklichkeit der Kraft*,Frankfurt am Main:Vittorio Klostermann(1981),p.122.

⑤ Heidegger[1935],*Introduction to Metaphysics*,p.15/11.

三、"只有当译文的词语(Wörter)是词语(Worte)……"

在《艺术作品之起源》中,海德格尔在谈到罗马—拉丁思想对希腊词语的采纳时说:

> 这种表面上是字面的从而具有保存作用的翻译[Übersetzung,即把希腊名称翻译为拉丁语]隐藏着希腊经验向一种不同的思维模式的转渡(Übersetzung)。罗马思想采纳了希腊的词语(Wörter),却没有继承相应的同样原初的由这些词语所道说出来的经验,即没有继承希腊的词语(Wort)。西方思想的无根基状态即肇始于这种翻译。①

此处有两点值得注意,一是海德格尔在发挥德文词语 Übersetzung 的双重含义,除了"翻译"的意思之外,它还有"渡过"(例如一条河流)的意思。可以看出,他想强调的是前半部分 Über 所具有的穿越的意思,翻译的工作同时是思想转化的过程。二是他对"词语"的强调。我们可以结合海德格尔在论及尼采与第尔斯对阿那克西曼德之箴言的译文时的另外一段话来加以理解:

> 只要一个译文仅只是逐字翻译的(wörtlich),那么它就未必是信实的(wortgetreu)。只有当译文的词语(Wörter)是词语(Worte),是从实事本身的语言来说话的,译文才是信实的。②

此处的 Wörter 与 Worte 都是德文词语 Wort 的复数形式,Wörter 主要用于普通的词语,例如,Fremdwörter(外国语)、Modewörter(时尚语)、Lieblingswörter(最喜欢的词语)、Wörterbuch(字典);Worte 主要用于特殊的词语,例如,Bibelworte(《圣经》中的圣言),Zauberworte(巫术中的咒语),等等。此处的"译文的词语"与前面一段引文中的被罗马思想所采纳的"希腊的词语"(Wörter)指的是一般意义上的或者说语言学意义上的词语,而"从实事本身的语言来说话"的词语与前面引文中被罗马思想所忽视的"希腊的词语"(Worte)则指具有启始意义的、携带着希腊人原初的对存有的经验的词语。wort-

---

① Heidegger[1936],Der Ursprung des Kunstwerkes,in GA 5:*Holzwege*,Frankfurt am Main:Vittorio Klostermann(1977),p.8;着重来自原文:海德格尔:《艺术作品的本源》,孙周兴译,见《林中路》(修订版),上海:上海世纪出版集团,2008 年,第 7 页;翻译有修改。

② Heidegger[1946],Der Spruch des Anaximander,in GA 5,*Holzwege*,p.322.着重来自笔者。海德格尔,《阿那克西曼德之箴言》,孙周兴译,见《林中路》(修订版),第 292 页;翻译有修改。中文版把 Wörter 翻译为"词语",把 Worte 翻译为"话语"。

getreu 的字面意思是"忠实于词语",对于海德格尔来说,这绝对不是一般意义上的逐字翻译所能够做到的。

我们可以从海德格尔对这种启始性词语的重视来体会他所称道的"语文学"。在1941年的讲课"奠基性概念"中,他提出,传统的语文学在 Philologie 一词的本义上不足够称得上是"热爱逻各斯"(即 philos 加上 logos),逻各斯的意涵与希腊词语 logos 息息相关。在把 Philologie 理解为"热爱逻各斯"的基础上,海德格尔说,他的进路比所谓的"科学的语文学"具有更多的语文学性质,也即,他的进路

> 更多地认识到历史学诠解[historischen Auslegung]的内在条件,认识到如果缺乏一种关乎历史的决定性的基本关系,这些诠解就等于零。没有这种关系,语文学的精确性就仅仅只是一个游戏。①

这种"关乎历史的决定性的基本关系"——用海德格尔式的语言来说——即是从希腊时代所开启的存有史对诠解以及翻译的本质性约束力。他提出,"我们的思想在翻译之前就必须转渡[Übersetzt]到那个以希腊文道说出来的东西那里"②。我们熟知海德格尔对希腊语的重视,在这一思想维度最为凸显之际,他甚至表示,希腊语并非与其他语言同属于语言(或者说逻各斯)这一门类,唯有希腊语才是逻各斯本身,因为只有在希腊语中,所说的同时即是所说的所命名的东西。

> 倘若我们能够以希腊的方式来倾听一个希腊词语,那么我们就在追随着它的言说[legein],它的直接展现[Darlegen]。直接展现出来的东西即是直接在我们面前的东西。通过以希腊语来倾听一个词语,我们与实事本身[die Sacheselbst]直接相遇,而不是仅仅获得某种字词的指涉[Wortbedeutung]。③

实事本身即是思想的内容,以希腊的方式来倾听一个希腊词语可以使得听者与希腊思想直接相遇。思想即是倾听那自己言说的语言(即希腊语),而翻译也正是追溯对语言的回应(也即思想)的过程。翻译激活某种思想方式,而不仅只是语词之间的生硬的对换,源语言的精神为翻译提供了生机。在下文我们可以看到海德格尔翻译哲学的这些观点在他与《道德经》的直接相遇之中是如何起作用的。

---

① Heidegger[1941], *Basic Concepts*. Bloomington:Indiana University Press (1993), p. 82. *GA* 51: *Grundbegriffe*,Frankfurt am Main:Vittorio Klostermann(1981),pp.95-96.

② Heidegger[1946],Der Spruch des Anaximander,p.329/299.

③ Heidegger[1956],*What Is Philosophy*? Lanham:Rowman & Littlefield Publishers(2003),p.45.

四、"翻译"《道德经》的事件

海德格尔与道家思想之关联中最为引人注目的事件是 1946 年夏天他与中国学者萧师毅(Paul Shih-yi Hsiao, 1911—1986)在位于弗莱堡城外的托特瑙(Todtnauberg)小屋那里合作翻译《道德经》的事情。萧师毅 30 年之后在一篇题为"我们相遇在木材市场"的文章中首次报道此事[1],后来帕克斯把这篇文章译为英文,收入《海德格尔与亚洲思想》文集中,题为"海德格尔与我们对《道德经》的翻译"[2]。此事是否属实,能够说明什么样的问题,从中可以得出什么样的结论,这至今仍然是一桩聚讼不休的公案。有的学者认为这个事件完全是捏造出来的,例如,海德格尔之子赫尔曼·海德格尔(Hermann Heidegger)(他是《海德格尔全集》主编之一)与中国香港学者张灿辉[3],有的学者,尤其是韩国裔现象学家曹街京(Cho Kah Kyung),则赋予这一事件以极度的重要性,并不遗余力地从海德格尔发表 1946 年之后的著述中读出老子在其中的影响。

珀格勒认为,海德格尔的家人竭力否认翻译事件,这是因为,如果人们知道海德格尔曾研习并评论过老子的诗句,但是他却不懂相应的语言(即中文),这可能会造成继纳粹事件之后关于海德格尔的另一桩丑闻。此外,赫尔曼·海德格尔的另外一层动机是为了否认海德格尔与萧师毅的关系,这是因为,萧师毅在他的报道中提到了当时在弗莱堡流传的海德格尔曾拒见前来寻求帮助的胡塞尔的学生与助手艾迪思·斯坦恩(Edith Stein)这一则所谓的谣言[4]。笔者认为,海德格尔翻译《道德经》的事件不能说是纯属捏造。海德格尔在 1949 年 8 月 12 日致雅斯贝尔斯的一封信中提到过这件事;在近年来出版的海德格尔在 1946 年 10 月 8 日致他的弟弟弗里茨的信中,让他把在家乡保存的一些书籍送到托特瑙山上,其中包括"两本黄色封面的中国哲学《老子》和《庄子》。一位多年来听我的课的中国人想借助我的帮助在弗莱堡完成对《老子》的翻译"[5]。这里的"中国人"应当是萧师毅。因此,我们绝对不能否认翻译事件的真实性;张灿辉否认这一事件的理由则是猜测人们是为了抬高海德格尔与道家思想的关系而虚构出此事。另外,凭借此事的真实性以及对海德格尔著述发挥式的解读就把海德格尔

[1] Paul Shih-yi Hsiao, "Wir trafen uns am Holzmarktplatz", in *Erinnerungen an Martin Heidegger*, Hrsg. Neske, Pfüllingen: Neske, 1977, pp.119-129.

[2] Hsiao, "Heidegger and our translation of the *Tao Te Ching*", in *Heidegger and Asian Thought*, ed. G. Parkes, Honolulu: University of Hawaii Press, 1987, pp.93-104.

[3] Cheung, Chan-Fai, "One world or many worlds? On intercultural understanding", in *Phenomenology of Interculturality and Life-world*, edited by E.W.Orth and C.-F.Cheung, Freiburg/München: Verlag Karl Alber, 1998, pp.150-171.

[4] Pöggeler, "Nocheinmal: Heidegger und Laotse", in *Phänomenologie der Natur*, edited by E.W.Orth and K.-H.Lembeck, 1999, p.93.帕克斯在翻译萧师毅的报道时删去了涉及这个"谣言"的段落,但未加注明。

[5] 引自 W. Homolka, A. Heidegger (eds.), *Heidegger und der Antisemitismus: Positionen im Widerstreit. Mit Briefen von Martin und Fritz Heidegger*, Freiburg: Herder, 2016, p.139.

描绘为老子思想的忠实追随者,或是毫不含糊、毫无疑虑的跨文化思想家,这亦是不足取。以下笔者简要地叙述这桩学术公案,然后加以分析。

萧师毅起初在北平学习心理学与中国哲学,之后到米兰圣库欧勒(Sacro Cuore)大学深造,在那里研究赫尔德,后来曾在弗莱堡大学教中文。从欧洲回国后,萧师毅从1974年至1986年任教于台北辅仁大学,他指导过的博士论文包括关于道家思想中有和无的主题以及对海德格尔哲学的比较研究。根据萧师毅的报道,他在1942年旁听了海德格尔的一些演讲,并送给海德格尔他自己翻译的意大利文《道德经》其中一部分①。当1946年春萧师毅在弗莱堡的木材市场遇到海德格尔时,海德格尔正处于非纳粹化的不愉快的过程之中。萧师毅坚信盟军对海德格尔的处置是不公平的,他引用《孟子》"告子章句下"中"天将降大任于斯人也"这段话来安慰海德格尔,海德格尔似乎受到感动,于是向他提议在是年夏季到他的托特瑙山中小屋一起翻译《道德经》。

根据萧师毅自己的报道,他们的翻译所依据的版本是蒋锡昌的《老子校诂》②,着眼于"道"所出现的篇章,这一点符合海德格尔对于"词语"(Wort)的强调。萧师毅如此描绘海德格尔对老子诗句的探问:"海德格尔从根本上察问——透彻地、毫无懈怠地、不留情面地察问——文本中象征关系之间神秘的引发关系每一个可以想象的意蕴情境"③。在细读《道德经》之际,海德格尔可能在尝试运用他阐发早期希腊思想家残篇的方法,即注重关键词语的词场与情境。我们也可以从他的翻译观来认识他对老子文本的接触。

同样是在前面讨论的《荷尔德林的赞美诗〈伊斯特河〉》中,海德格尔提出,翻译(übersetzen)在其普通意义上是借助自己的母语来迈入一种外语,在这种情形中,着重点落在德文表示翻译一词的后半部分 setzen 上,即 convey(传达)。而原发意义上的翻译则是"借助于对某种外语的阐释与交涉(Auseinandersetzung)来唤醒、澄清、发挥自己的母语"④。在这种情形中,着重点落在表示翻译一词的前半部分 über 上,此处 über 的意思是 cross(穿越)。海德格尔认为,真切的翻译是穿越(über-setzen)外语而抵达母语的彼岸,它通过与一种外语的相遇而重新居有并传递母语历史中被遗忘或被覆盖的源泉。

从这种翻译观的角度来看,我们可以说,海德格尔对《道德经》的兴趣与其说在于探索老子思想之精髓,不如说在于通过对某种外语——尤其是一种具有悠久历史的古代语言——的创造性理解与诠释而获得新颖的思想视角与灵感激发。换言之,海德格

---

① 这里所提到的年代与海德格尔1949年8月12日致雅斯贝尔斯的信中所写的略微不同,根据后者,萧师毅是1943年至1944年在弗莱堡听他关于赫拉克利特与巴门尼德的讲座。

② 蒋锡昌:《老子校诂》,上海,1937年。

③ Hsiao,"Heidegger and our translation of the *Tao Te Ching*",p.98.

④ Heidegger[1942],*Hölderlin's Hymn"The Ister"*,pp.65-66/80.

尔在老子那里所寻求的是,以不同方式的表述与来阐发他自己已经想到的东西①。萧师毅承认对海德格尔的"翻译"方式感到"不安",他怀疑海德格尔的做法"可能超出了翻译的要求"②。根据他的报告,在 1946 年整个夏天,他们只完成了十分之一的篇章,按照蒋锡昌所据的王弼本《老子》总共 81 章来计算,那就是不到 10 章。从那以后,他们的合作未能继续。

海德格尔曾在 1949 年 8 月 12 日致雅斯贝尔斯的一封回信中提到翻译之事,在之前雅斯贝尔斯写给他的信中,雅斯贝尔斯说,他在海德格尔最近寄给他的新著(其中包括"关于人文主义的书信")中看到了与亚洲思想的相似之处。海德格尔写道:

> 你所说的与亚洲思想(das Asiatische)的关联令人兴奋(aufregend):1943 至 1944 年,一个中国人[即萧师毅]来听我关于赫拉克利特与巴门尼德的讲座(当时我只讲授一小时的哲学残篇的阐解)。他同样发现与东方思想(Östliche Denken)的呼应之处。在涉及我所不了解的语言之时,我持怀疑态度;当这个中国人,他是一位基督教神学家和哲学家,与我一起翻译了老子的一些词语(einige Worte)之后,我变得更加怀疑。通过诘问,我意识到这种语言的整个本质(ganze Sprachwesen)对于我们来说是如此的陌生(fremd);我们于是放弃了这一尝试。③

einige Worte 也表示几句话,字面意思是"一些词语",这又一次反映出海德格尔对"词语"的强调。根据上面征引的这封海德格尔书信的叙述,停止翻译《道德经》是有意而为的,是海德格尔对语言巨大差异性的认识使得他开始怀疑"翻译事业"。根据比梅尔(Walter Biemel)的回忆,海德格尔曾向他承认,是他与萧师毅在翻译观上的歧义让他决定终止《道德经》的翻译。海德格尔重视发挥文本的微妙之处,而萧师毅则认为必须忠实于原文,海德格尔认为这不啻于削足适履,企图把老子的原文勉强地塞入西方概念系统之中④。比美尔的回忆符合前面笔者所介绍的海德格尔翻译观。

在所有对《道德经》翻译事件的评论者中,珀格勒的立场是最为均衡的,他肯定这次与古汉语原文的遭遇对此后海德格尔哲学书写风格起到一定的影响⑤,不过,他认为

① 法国汉学家于连"迂回与进入"的方法论与海德格尔恰相呼应,他说,他"最努力要接近的是希腊",而在中国这个"遥远国度进行的意义微妙的旅行促使我们回溯到我们自己的思想"(于连:《迂回与进入》,北京:三联书店,2003 年,第 4 页)。

② Hsiao, "Heidegger and our translation of the *Tao Te Ching*", p.98.

③ Walter Biemel, ed., *The Heidegger-Jaspers Correspondence*(1920-1963)(Amherst NY: Humanity Books, 2003), p.172. Heidegger und Jaspers: *Briefwechsel 1920-1963*, Hrsg. Walter Biemel und Hans Saner(Frankfurt am Main: Vittorio Klostermann, 1990), p.181.

④ 比梅尔的说法转引自张祥龙:《海德格尔传》,石家庄:河北人民出版社,1998 年,第 309 页。

⑤ Pöggeler, "West-East Dialogue", in *Heidegger and Asian Thought*, ed. G. Parkes, Honolulu: University of Hawaii Press, 1987, p.52.

海德格尔不久便告别了老子,在欧洲的思想与艺术之中寻求另一启始(der andere An-fang)的可能性,例如在保罗·克利的绘画之中①。在 1989 年 1 月 10—12 日召开于慕尼黑的一次会议上,比美尔表示支持珀格勒的立场,即海德格尔旋即放弃了对老子的冥思②。在 1999 年"再论海德格尔与老子"一文中,珀格勒重申了同样的立场,认为《道德经》只是给海德格尔自己的思想道路"提供了临时的援助"③。

五、结　论

　　笔者认为,我们应当看到问题的两个方面,一方面,在他竭力"切身地"从古汉语原文的情景中来"体会"老子的诗句之际,海德格尔似乎在考虑《道德经》中的诗句是否隐含着他所要寻求的东西,他是否能够从中得到思想的激发并把它融入对存在的思考之中,他的思想道路是否能够、如何能够从古代亚洲思想资料中获得支持。然而,我们应当看到问题的另一方面,如前所述,在 1949 年 8 月 12 日致雅斯贝尔斯的信中,海德格尔表示,在涉及他所不了解的语言之时,他"持怀疑态度",正是通过尝试翻译老子的"一些词语",他得出更为极端的结论:"这种语言的整个本质"与他的立场是格格不入的。此外,鉴于海德格尔认为翻译的宗旨是借助于某种外语之媒介而重新居有母语中未曾被发掘的深藏之物,我们不能说海德格尔翻译《道德经》的要旨完全是为了真正地、切实地去倾听老子所言说的东西,而至多是了解老子的思想是否与他的哲学相契合,是否能够为他所用。

　　或许海德格尔尝一度希望来自《道德经》的诗句能够使朽败的形上学语言重获新生,然而,他最终意识到,没有必要把他从这次事件中所领会的东西作为普通意义上的翻译成果呈现出来,因为他对老子的兴趣不在于借助自己的母语来迈入古汉语的境域之中。如果他所习得的东西作为普通意义上的翻译而公之于众(即使人们很可能不会把他的创造性发挥视作普通意义上的翻译作品),这会使人们曲解他对《道德经》兴趣之本义。这些考虑大概是海德格尔放弃与萧师毅合作的主要原因。或许也是出于同样的顾虑,海德格尔没有把他们的"翻译"成果保留在他的遗稿之中。不过,在此之后,海德格尔并没有停止引用《道德经》,他所在意的是老子的诗句有时可以看似恰切地嵌入他的文章与演讲之中,这并不违背他认为西方传统必须首先进行自我转化的观点。

　　为了对海德格尔公平起见,笔者应当指出,在前面引用的 1949 年 8 月 12 日致雅斯贝尔斯的信中段落之后,海德格尔写道:"然而,此处有一种令人振奋的东西,我相信也

---

① Pöggeler,"Destruktion und Augenblick",in *Destruktion und Übersetzung*,hrsg.Buchheim,Weinheim:VCH Verlagsgesellschaft,1989,p.11,note 3.

② Pöggeler,"Diskussionsbericht",in *Destruktion und Übersetzung*,pp.206-207.

③ Pöggeler,"Noch einmal:Heidegger und Laotse,"p.112.

是对未来具有本质性的东西(Wesentliches),即数世纪之后目前的毁败现象已被克服的未来"①。但是,海德格尔在信中紧接着把他的思想来源归诸艾克哈特、巴门尼德以及其他希腊思想家。

在 1957 年的演讲"同一性的原则"中,海德格尔得出"道"不可翻译的结论:

> 本成事件这个词语,如果依其所指示的实事(der gewiesenen Sache)而思考,应当作为侍从于思的指引词(Leitwort)而言说。作为这样一个指引词,它像希腊的逻各斯与中国的道一样是不可翻译的。②

这种不可翻译论来源于海德格尔的西方中心论,即哲学诞生于古代希腊,希腊的逻各斯是独一无二的,之后的哲学发展是一种存有本身被遗忘的历史,而翻译正是一种回溯古代希腊哲人倾听逻各斯之经验的过程。出于海德格尔独特的存有史观,他赋予希腊语言以独一无二的地位,由此产生出这种类似于相对主义的不可翻译论。

实际上,从海德格尔翻译哲学的另外一个维度来看,任何一种翻译都必须从一种语言精神移步到另一种语言精神,翻译作为"诠解"应当能够揭示出源语言中的所存在着但却没有明确地表达出来的关联。如果海德格尔能够认可《道德经》也是一部诗性的作品,认可古汉语也是一种"历史性民族的语言",那么他应当认识到,《道德经》也可以被比拟为沿着低地与平原延伸的一道具有高耸入云之山峰的山脉,同时,对于《道德经》的翻译也应当起到将我们导引到通向山峰的路程之上的作用。

---

① Heidegger und Jaspers, *Briefwechsel 1920—1963*, pp.181/172.

② Heidegger[1957], "The Principle of Identity", in *Identity and Difference* 德英双语版, trans.J.Stambaugh, New York: Harper & Row(1969), p.36/101.

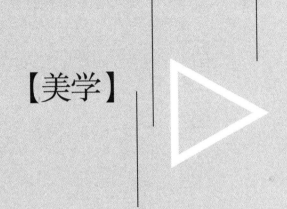

【美学】

身体的山水:宗炳《画山水序》义疏

柯小刚 *

内容提要:宗炳《画山水序》体现了鲜明的具身性特点。"含道映物"之"含""澄怀味象"之"味"都是让物进入身体、让物化入身体的触感觉知。这个物是画中的物象,也是所画的物事,更是所有这些事物发生于其中的通道。《画山水序》讲的就是这样一种深入骨髓的物我相入、天人交融。细读《画山水序》文本,有助于疏通山水画笔墨经验中的天人物我通道。

关键词:宗炳;《画山水序》;身体;笔墨;时间;道

注疏是与古人的对话,正如笔墨写意是与天地万物的对话。宗炳与山水"盘桓""绸缪"一生,晚年图之壁上,卧游山川,对之鼓琴,"欲令众山皆响",这是他与山水的对话;面对他的《画山水序》文本(可惜现已无法面对他的画迹),与之盘桓,绸缪其义,聆听文本,似有回响,这是我们与宗炳的对话。

一、化入身体的山水

圣人含道映物,贤者澄怀味象。至于山水,质有而趣灵,是以轩辕、尧、孔、广成、大隗、许由、孤竹之流,必有崆峒、具茨、藐姑、箕、首、大蒙之游焉,又称仁智之乐焉。夫圣人以神法道而贤者通;山水以形媚道而仁者乐,不亦几乎?余眷恋庐、衡,契阔荆、巫,不知老之将至。愧不能凝气怡身,伤砧石门之流,于是画象布色,构兹云岭。

"圣人含道映物,贤者澄怀味象"是中国画所为何事的第一句表述。令人惊讶的是,在这个表述中,画首先不是用眼睛来看的,而是用嘴来品味的。"含""味"都是深切的触感,深入身体内部的触感,是把事物含在嘴里品味的触感。这并不只是"通感""譬喻",而是中国画法的实情。

中国画的基本语言是"笔墨",而"笔墨"并不只是工具的名称,而是使用笔墨工具

---

* 同济大学人文学院教授、博士生导师。

的触感觉知。用笔的触感觉知使工具成为"道具"或体道之具,使体道之体在笔墨之用中建立起来。体道之体是动词,是身体的动作,也是道体在身体动作中的落实。在笔墨之用中,身体成为道的身体,道成为身体的道。所谓"道体"在画学中不再是哲学的玄思,而是具体化为身心修养的工夫。

面对《画山水序》,哲学可以向中国画学习观象的切身性。从哲学的习见出发,人们可以反问:"道"和"象"是可以含在嘴里品味的吗?"道"难道不是用来"知"的吗?"象"难道不是用来"观"的吗?但何以能观,却首先要从更切身的触感觉知中得到观的能力和可观之物。如果只是在抽象地谈论"道"和"象","知道""观象"确实更顺。但在触及事物的切身经验中,只有"含道""味象"才是更真切的说明。

"含""味"都是最切身的觉知。一般的触觉只是外在的体肤接触,而"含""味"却让物进入身体,让物化入身体。这个物是画中的物象,也是所画的物事,更是所有这些事物发生于其中的通道。《画山水序》讲的就是这样一种深入骨髓的物我相入、天人交融。画之为道,如斯而已矣。

此道落实到画学实践中就是"笔墨"。"笔墨"非指物质工具,而是在工具的使用中发生的物我交融。"笔墨"的本质是触及事物的切身经验,是以身体道、以触觉感物的工夫。观物看画之时,物入我化我;作画造象之际,我亦入物化物。笔墨就是身体入物化物的方式。

"笔墨"意味着用笔的轻重徐疾方圆正侧的动作,以及由这些动作和水、墨、纸的不同组合所共同形成的枯湿浓淡变化。"笔墨"意味着通过触感觉知所建立起来的纸笔对话、身心对话、水墨对话,以及画者的心象与所画物象的对话。在这个对话过程中,心、手、力、笔管、笔毫、纸与水墨,意与境象,无不相互滋润渗化。

这就像水墨在宣纸上的氤氲,交融互渗而又保留各自的痕迹,又如华严法界,事事无碍。① 这样的对话就是画,而这样的画是一种化。画物就是化物,就是通过笔墨的触感觉知把物化入身体,把身体化入笔墨。山水之于宗炳,就经历了这样的物我之化。在"笔墨"对话中,"画"成为"化"。画之所以能"含"能"味",首先就是因为画是通过笔墨化出来的物。

"含道映物""澄怀味象"都是具体的语言,或者说都是具有身体经验的语言。山水是天地的身体,犹如四肢百骸是人的身体。天人身体之间的关系在画中是通过笔墨联系在一起的。笔墨为什么能连接天人身体?因为笔墨本身也是身体性的。通过筋骨血肉等身体化的语言来描述书法的用笔,从蔡邕的"下笔用力,肌肤之丽"以来,就是一个源远流长的书论传统。画法亦无二致。最早论述画法用笔的谢赫"六法"之"骨法用

---

① 关于心、手、力、管、毫的关系,参见虞世南《笔髓论·辨应》。拙著《心术与笔法:虞世南笔髓论注及书画讲稿》(杭州:浙江人民美术出版社,2016 年)有相关分析。虞世南所论虽然是书法,但画中之"笔"并无二致。

笔"就是身体语言的表述。

"骨法"之"骨"并不是对于笔画形状的譬喻（如有误解骨法者，以"骨"为两头粗中间细的笔画形状），而是对于运笔动作的身体经验描述。"骨法"之"骨"体现在运笔动作的疾涩轻重节奏之中。正如人的骨头是活生生的气血经脉中的骨，笔法中的骨也是活生生的运笔动作中的骨力、骨气、风骨。肌肤血肉等，亦莫不如是。

韩拙《山水纯全集》载荆浩（洪谷子）论笔法云："笔有四势，筋骨皮肉是也。笔绝而不断谓之筋，缠转随骨谓之皮，笔迹刚正而露节谓之骨，伏起圆混而肥谓之肉。"这些筋骨皮肉与其说长在纸上，不如说长在运笔者的动作中。动作带来形态，形态指示动作。动作虽然消逝，但笔迹所指示的，永远是动作的生气。

此理正如宗炳的图壁卧游：当年的山川游历虽然已成往事，但壁上山水所示的，却是亘古不息的游。甚至，即使在这些画影已然消逝的今天，那些不可见的山水仍然通过《画山水序》的文字而令人无限神往。文字与画一样，本质上都是记忆中的卧游。

古人云："画人物是传神，画花鸟是写生，画山水是照影。"①人物之神采、花鸟之生意都是比较直接的印象，而山水之影却不是可以直接从眼前的山水中看到的。只有经过多年的熟睹深思，把山水的性情化为自己的性情，然后反观自省，才能在心中"照见"山水之影。宗炳毕生游历庐、衡、荆、巫，黄公望流连忘返于富春江畔，然后静处斗室之中，秉笔凝神，寂然独运，乃有见于山水之影，为之写照。几十年的"身所盘桓，目所绸缪"，种种烟云树石，崇山大壑，早已化为心象，成为自己的一部分。当肉身衰老，不再能扶杖远游，真正的山水才开始在身体中显象。

身体中的山水通过身体化的笔墨显现于笔端，这便是山水画。山水不只是空间性的，也是时间性的，因为肉身的生命是时间性的。自然山水的物象只有经过几十年的"含道""味象"而进入画家的身体，才能成为山水的心象；心象只有通过时间性的笔墨之舞才能成为山水的墨象；墨象经过千百年的积淀才能成为山水的文象。物象—心象—墨象—文象，这是显而易见的顺序，但物象何以能见到，以及见到的物象为何，却取决于文象对于眼睛的教养。这个教养过程就是整部山水画的历史。

无论是图壁卧游的绘画，还是《画山水序》的写作，都是一种朝向永恒的行动。永恒不是毫无意义的兀然持存，因为那样的持存虽千万年而无异于一瞬。永恒是一瞬间的意义可以持久不息地重新唤起，唤起记忆，开启未来。永恒是生生。

易象、文字和画境，都是这样一种可以不断重新唤起记忆和开启生生的永恒。在永恒中，过去的记忆和未来的生生并无界限。为什么在古希腊神话中，掌管艺术和科学的诸缪斯女神都是记忆女神谟涅摩绪涅的女儿？为什么希罗多德给他的《历史》每一卷都冠以一个缪斯的名字？为什么宗炳一生的游历于山水最终只在回忆的卧游图壁和《画山水序》的写作中获得永恒？为什么《画山水序》所开启的序幕不只是他自己的绘

---

① 唐志契：《绘事微言》，参见傅抱石：《中国绘画理论》，南京：江苏教育出版社，2005年，第11页。

画,而是整个中国山水画的长远传统?

当一个人的身体衰老到不再能游历于天地的身体之中,他在回忆中用笔墨构筑起一个永恒的身体。这个身体的脆弱性甚至比血肉之躯还要不堪一击:一点火星,一汪水渍,或者一只蠹虫,都可以毁掉它。但正是这个脆弱单薄的身体,能使天长地久的山川进入回忆,成为永恒。

无论圣人还是贤人,无论仁者还是智者,都只不过是有朽的血肉之躯;但正是这样的有朽者可以"含道映物"而"圣",可以"澄怀味象"而"贤",可以"乐山"而"仁",可以"乐水"而"智"。终有一死的血肉之躯因而成为圣贤仁智的存在者,获得某种不朽的存在意义。

在古人的每一幅山水画中,我们都可以看到这样的人和这样的存在意义。无论画中有没有"点景人物",我们都可以感觉到一个宗炳(这个宗炳同时也是画家和每一个观画者自身)在天地之间的巨大身体中游居盘桓。画中人总是低着头,扶杖而行,甚至显得有些佝偻。他们的茅屋掩映在树丛之中,与山岩和溪流融为一体,只有一条若隐若现的小路透露存在的踪迹。有时透过一扇窗户,可以看到这个"宗炳"在读书,抚琴,或者什么都不做,只是细细地聆听山风和流水的声音。这些人物往往只有寥寥几笔,有时甚至连五官都没有画出来,只有发髻点出精神,以及交领的衣纹勾出虚怀。这些面目不清、大象无形的画中人就是中国圣人、贤人、仁者、智者的本真写照。

宗炳告诉我们,这是一个漫长的山水传统和人物谱系,是从黄帝、尧舜和孔子以来的使中国成为中国的谱系,以及从许由和孤竹(伯夷、叔齐)以来的使山野成为山野的谱系。从国到野,从中国到天下,一气贯之,都透迤显象在山水画中。在这里,尧与许由,孔子与伯夷叔齐,可以像《庄子·逍遥游》里说的尧都(汾水之阳)与藐姑射之山的关系那样,相距很远很远,也很近很近。

二、达道与畅神

"圣人"的"含道映物"与"贤者"的"澄怀味象"相对而互文。一方面是相互区分,另一方面是相互融摄,犹如"明月松间照,清泉石上流"的同时区分和融合。月光照在松间,自然也泻于石上;清泉流过山石,自然也穿行松间。不过,月静水流,月上水下。俯仰之间,还是先见"明月松间照",然后才觉其水面流光;先见"清泉石上流",然后才目送其穿林远去。同理,"圣人"体动摄静,故能"含道映物";"贤者"体静贞动,故须"澄怀"以"味象"。同时,"圣人"以"映物"而能"味象","贤者"以"味象"而能"映物"。圣贤之相印,犹明月清泉之相照也。

《画山水序》从"圣人含道映物,贤者澄怀味象"开始,到"畅神而已"终篇。"畅神"的原因是宗炳在卧游观画时感到"圣贤映于绝代,万趣融其神思"。这些画是他自己的作品。因此,观画的经验必然融会了双重的回忆:早年游历山水的回忆,以及对于作画过程的回忆。作画近乎"含道映物"的主动造境,游历山水和观画则更接近"澄怀味象"的被动感受。"含道映物"一本作"含道应物"(事实上后者出现于更多古籍版本中),但无论"映"还是"应"皆非被动反映或反应,而是从"含道"而出的摄物造景。

从看山到画山,再从画山到看画,"含道映物"和"澄怀味象"逐渐融为一体,成为一件事情的两面。所以,让宗炳"畅神"的不只是"创作"的过程,也不只是"欣赏"画作的陶醉,而是融会圣贤之道、贯通主动和被动的浑然一体。在畅神的卧游中,弹琴的宗炳"欲令众山皆响",完全是把满壁山水当成了知音,而不是对象化的"风景"。

刘宗周《论语学案》亦曾以"畅""神"解孔子说的"知者乐水,仁者乐山;知者动,仁者静;知者乐,仁者寿",不知是否受到宗炳的影响:

> 知者证道于动,故乐水。仁者证道于静,故乐山。证道于动,适还吾心之动矣;证道于静,适还吾心之静矣。于动而得其乐者征动,畅天地之化也;于静而得其寿者征静,存天地之神也。学至于此,方与造化合而为一。故曰"大人者,与天地合其德,与日月合其明,与四时合其序,与鬼神合其吉凶,先天而天弗违,后天而奉天时。"呜呼,至矣! 非知道者,孰能知之? 乐山乐水是穷理事,动静是尽性,乐寿是至命。"穷理尽性以至于命",此圣人上达微言,当是学《易》后方得此机轴。乐山乐水,乐即是乐,动亦乐,静亦乐,寿则常乐。欲寻孔颜之乐者知之。①

"畅"应乐水之动,所以是动词,是主动地"畅天地之化";"神"应乐山之静,所以是名词,是被动地"存天地之神"。但"存天地之神"并不是把一个叫作"天地之神"的东西存到我的心里,而是存养我自己的心神,然后发现我之心神与天地之神的交通对话。交通对话就是畅。所以,"存天地之神"必然同时表现为"畅我之神",即宗炳所谓"畅神"。

同样,"畅天地之化"也并不是一个叫作"天地之化"的东西不通了,然后我去把它打通。《易》云"天行健,君子以自强不息"。天地之化本身从无一息之停留,要自强不息的不是天地,而是君子之人。所以,"畅天地之化"本质上还是畅达我自身的心神和气机。只有自身畅通了,才能有感于天地之化的不息。

有感于天地之化的不息,才能振作有为,赞天地之化育。所以,"畅天地之化"与"存天地之神"并不是两件事情,而是一件事情的两个方面。正如山与水、动与静、仁与知、乐与寿、"含道映物"与"澄怀味象",本来是一件事情的两个方面。这一件事情是什么? 一言以蔽之就是"道"。"道"就是那个永远只用"二"来分别言说的"一",以及永远只能通过"一"才能展开的"二"。

《画山水序》全文所言,只是道和道的畅达展开。道的事情之所以与山水有关,是

---

① 《论语学案》卷三,文渊阁四库全书。标点为笔者所加。

因为"山水质有而趣灵","山水以形媚道"。山水之"质"即山水之"形",山水之"趣灵"即山水之"媚道"。"媚道"犹如祭祀中的"媚神",是对于无形有象之物的取悦与致敬。道如何能被取悦? 道无所欠缺,无所欲求,"不为尧存,不为桀亡",无法取悦。取悦于道的唯一方式,只能是穷己之理以至于物之理,尽己之性以至于天之性,通过认识自己而认识天道,通过展开自身的可能性而来展现道的丰富性,通过自身存在和万物存在的"质有"而来"趣灵"。山水以形媚道,人类以劳绩慰神,皆此道也。

山是大物,横亘目前,是地上所见的大物中最具质碍性的大物。山阻断道路,隔绝交通。但正因此,道之入山可以曲折通幽,胜境叠出。古人画山水,罕有无道之景。首先,水就是山的道,是山中天然开辟道路的第一条道,溪流水道。其次是人道,人行山中走出来的道。两条道的交会便是桥梁、水榭和舟车。这些事物正是"点景"的题材。"点景"的"点"不只是点缀,而是山水气化之道的交会节点。

道可以往复盘桓,上下求索,所以山水画除了可观,也可游可居。道引领读画的视线,随卷轴打开,正如山道引人行走,水道载人航行。在每一次观画游画之旅中,"轩辕、尧、孔、广成、大隗、许由、孤竹"之游于"崆峒、具茨、藐姑、箕、首、大蒙",以及宗炳之游于"庐、衡、荆、巫"皆得以重新发生。

山静水流。山中游人如果迷路,可以通过水流获救。找到溪流,缘流而下,即可走出重山的阻隔。反过来,缘流而上,也有可能发现"桃花源",走出山下生活的迷途。正如《诗经·秦风·蒹葭》和屈原《离骚》所歌,求道之旅须"溯洄从之"兼"溯游从之","吾将上下而求索"乃得之。"质有而趣灵"之"趣"就是这样的求索。"趣"不只是"意趣""情趣",而是有更加原始的含义,即趣向、趋向或去向。趣向是道的基本特征。道就是"从哪里来、到哪里去"的连接。

三、远方的山水与家园

《诗经·小雅·斯干》是连接山水和人类生活之道的原型诗篇。诗篇起兴于山水,终篇于生男生女的梦境,中间是人类栖息的房屋。房屋坐落于"秩秩斯干,幽幽南山"的山水之中,人类生活在"如竹苞矣,如松茂矣"的万物生息之中。

从山水的清幽到生儿育女的生活,貌似隔着儒道之争的距离,实际上是一气之化、一脉相承的。陶渊明《归去来兮辞》尚有"稚子候门",可见他归来所依的不只是山水,而且是家乡的山水,是家乡山水中的家庭田园。在《饮酒·其五》中,诗人采菊时见到的飞鸟并不是飞向空无冷寂,而是尚有相与还家的温情("飞鸟相与还")。这提示我们:"悠然见南山"所依止的背景是东篱,也就是说,是人类居所的简易围墙。

有居所,有与自然相对分隔的屋顶和篱笆,这是"人境";但这些用茅草覆盖的屋顶、用竹竿编织的篱笆,与其说是为了跟自然相分离,毋宁说更加促进了与自然的融合。这一点可以从后世的山水画中不断得到印证。山水画不只是为了观赏的"风景画"，而是可以居留于其中的栖所。或者，甚至可以说，只有山水才是居所，永恒的心灵的居所。

所以，宗炳图壁卧游绝不只是一种"记游"，而是持续一生的家园寻觅和居留："余眷恋庐、衡，契阔荆、巫，不知老之将至。愧不能凝气怡身，伤砭石门之流，于是画象布色，构兹云岭。""眷恋""契阔"都是对亲人的爱，如《诗》云："死生契阔，与子成说；执子之手，与子偕老"（《邶风·击鼓》）。所以，流连于山水中的宗炳并不"旅游"或"游山逛水"，而是探望亲人般的群山，与群山一起在家。云游群山之远而处处在家的宗炳，和栖止东篱之近而发现悠远南山的陶渊明一样，都是无往不在道上之人。

道虽玄妙难言，但其日常本义只是最普通不过的道路。道路连接远近，近以及远，远以涵近。有的人只能活在近处，如《庄子·逍遥游》中的学鸠与斥鷃；有的人只能活在远方，如"水击三千里，抟扶摇而上者九万里"的大鹏。只有适道之人能在远近之间"寓诸庸"而"寓诸无竟"（《齐物论》）。[①] 陶渊明从"飞鸟相与还"中悟到的"真意"，或许就在这里？南山之悠然和飞鸟之去远是"无竟"，东篱之依依和飞鸟之相与还家则是"庸"。远近一道也，"庸"与"无竟"一"寓"也，天地一际也，山水一气也。

"此中有真意，欲辨已忘言"，可陶渊明还是说了，以诗句的形式言说了。只是，他说了什么呢？他并没有辩说。他只是用诗句画了一幅画：东篱，南山，菊花，飞鸟，还有笼罩这一切的"山气"和暮霭。"真意""忘言"两句就接在"山气日夕佳"之后。山气就在东篱、南山、菊花、飞鸟之中，但又不是它们之中的任何一样东西。山气在又不在，以不在的方式在，以说的方式不说。这就像山水画中的水只是留白，或者水墨淋漓的每一笔中，当水干透之后，早已不存在的水却益发真实地存在于笔痕墨晕之中。

如果没有留白，就没有山水画。如果没有水磨墨，也无法产生山水画。水在山水画中，总是以无的形式存在：不但存在于不着一笔的留白中，也存在于每一笔墨痕中已经蒸发掉的水中。前者是空间的留白，后者是时间的留白；前者是山水画中的水，后者是使山水画成为山水画的水，两者都是不存在的水。

当水墨笔痕中的水蒸发消逝，气就永远留在了纸上。即使最干最干的枯墨、焦墨，也有水的参与和消逝，因为无论多么浓的墨或色，都需要水来研磨；无论多么枯的笔头，也需要残余一点点水才能在纸上留下飞白。然而，最终，这在作画过程中须臾不可离的水必须消失殆尽，一幅画才能最后完成，因为水只有消失才能永远留在纸上。

水在砚、墨、笔、纸上的研磨和晕染是时间性的过程，而当水从画面上蒸腾消逝，永恒氤氲的气就开始不息地流动。这就像宗炳在庐衡荆巫间的游走是时间性的过程，也是越来越衰老的生命历程；而当他老得走不动道，在家中图壁卧游的时候，甚至当他留下画作和文字，最终离开这个世界的时候，他的永恒生命才真正开始。

---

① 对大鹏与斥鷃的双谴解释，可参见王夫之：《庄子通》，北京：中华书局，2009 年，第 47—48 页。

四、与物相见的通道

夫理绝于中古之上者,可意求于千载之下;旨微于言象之外者,可心取于书策之内。况乎身所盘桓,目所绸缪,以形写形,以色貌色也。且夫昆仑山之大,瞳子之小,迫目以寸,则其形莫睹,迥以数里,则可围于寸眸。诚由去之稍阔,则其见弥小。今张绢素以远映,则昆、阆之形,可围于方寸之内。竖划三寸,当千仞之高;横墨数尺,体百里之迥。是以观画图者,徒患类之不巧,不以制小而累其似,此自然之势。如是,则嵩、华之秀,玄牝之灵,皆可得之于一图矣。

道的远近兼涵,表现在时间上就是古今相映。在某种意义上,这就是永恒。晚年不能出行而只能卧游山水的宗炳就活在这样的永恒之中。山川中的游走不得不停止于衰老的腿脚,而在画中的游居却可以穿越千年。画的时间跨度并非只有一生的游历,而是包含"理"的无穷。一个人画的景物诚然来自有限的经验,但此画此景的情思理趣却是无穷的。所谓"质有而趣灵"的山水,实因山水画而有之。在某种意义上可以说,不是先有山水,然后有山水画,而是真正的山水是和山水画一起诞生和一起成长的。山水帮助山水画成为山水画,山水画也帮助山水成为山水。

"以形写形,以色貌色"的前一个"形"和"色"是"意求""心取"的"形""色",后一个"形""色"则是"身所盘桓、目所绸缪"的"形""色"。"盘桓""绸缪"表明,这时的"身""目"已是长期经验和心象叠加的结果,远远超越了通常所谓"视觉"的范围。所以,不但那个"能画"的形色是一种创造性的"心取",而且"所画"的形色也已经是一种流动的永恒心象。流动,因为它还是鲜活的,几乎不可状写描摹;永恒,因为它是可以反复被状写描摹而常新的、每次都不一样的、不可穷尽的心象。这个心象来自"身所盘桓、目所绸缪"的经验,也来自"以形写形、以色貌色"的绘画创作对经验的重构。"能画"与"所画"并不只是动作与其对象的关系,而且是相互构成的对话关系。

当一个人开始画画,他就开启了一种对话,一种可以在画家死后仍然持续地发生在画面上的对话。在这个意义上,绘画是永恒的事业。所谓画画,并不只是在纸上、绢上或者壁上复现景象,而是进入永恒的梦境,构筑永恒的梦境,画出永恒的梦境。梦与永恒的关系,正如海子诗云:"象所有以梦为马的诗人那样,我选择永恒的事业。"(《祖国,或以梦为马》)画家所画的景物诚然是对曾经所游山川的回忆和映照,或者是对眼前山川的透视投影,但只要他不再是穿行于地上的山川,而是走笔于纸上的山石树木,他就是活在"言""象""意"中的"以梦为马的诗人"。

《易》学史上关于"言""象""意"有过很多辨析和争论,仿佛这三者是多么截然不同。但实际上,它们之间的共通性才是更为根本的方面。"言""象""意"都是在与万物的对话中形成的梦,可以持续促进与物对话的梦。如果说科学是对物的剥离和揭露,技术是对物的驱迫和利用,那么,诗、画和梦则是与万物相互敞开的交流和对话。汉字是这样的梦,中国画也是这样梦,《易经》卦象更是这样的梦。在这样的梦中,物悠然呈现自身,人厕身物中而怡然自得。只有在这样的梦中,物才能见(xiàn)而为人所见(jiàn),人与物才能相见。正如"悠然见南山"之"见",既是南山自身之见(xiàn),也是诗人之望见(jiàn)。

在悠然之见中,人与物都不被驱迫,更不被剥夺和利用。人是悠然的人,山是"幽幽南山"。"幽幽南山"是南山的梦,"维熊维罴"是人类生息繁衍的梦,"悠然见南山""飞鸟相与还"是人与山气交通互见的梦。有这样的人物相见、气息交通,才有可能在"张绢素以远映"中见到画,并且画出画,否则只不过是透视和比例关系而已。"映物"的前提是"含道",否则不过是投影;而"含道"并非含物(道实无可含),只不过是保持着人与物相互敞开的通道而已。从《诗经·斯干》到陶渊明到宗炳到后世漫长的山水画传统,无不贯穿着这条通道。

五、栖形感类的浮游与幽对

夫以应目会心为理者,类之成巧,则目亦同应,心亦俱会。应会感神,神超理得。虽复虚求幽岩,何以加焉? 又神本亡端,栖形感类,理入影迹。诚能妙写,亦诚尽矣。于是闲居理气,拂觞鸣琴,披图幽对,坐究四荒,不违天励之丛,独应无人之野。峰岫峣嶷,云林森眇。圣贤映于绝代,万趣融其神思。余复何为哉,畅神而已。神之所畅,孰有先焉?

道并不是某种东西,而只不过是东西之间的相互敞开和畅达。[①] 所以,"应会感神""栖形感类"的绘画可以成为修道的实践。"栖形感类"的"栖"意味着既要寓居于形质之上,又要时时刻刻离开它。画家之于形色,犹如飞鸟之于树枝,既深深地眷恋之、依止之,又不因此而束缚翅膀。此义深见于《易》:"形而上者谓之道,形而下者谓之器,化而裁之谓之变,推而行之谓之通,举而错之天下之民谓之事业"(《系辞上传》)。"形而上""形而下"的"上""下"与后面的"化""裁""推""行""变""通"相应,都是动词。所以,"形而上""形而下"并非"形之上""形之下",而是犹如《诗经》"左右流之",或如汉乐府诗句"鱼戏莲叶东,鱼戏莲叶西,鱼戏莲叶南,鱼戏莲叶北"一样,是在"形"的上下左右飞翔游戏。

人栖居于房屋也是这样。所谓"住在房子里"并不局限于门内空间,而是包含窗外的田园飞鸟、远山近水,乃至无边的苍穹和星空。天地与人居,门内空间和窗外风景,共

---

① 实际上,中文的"东西"一词,已经暗示了万物对于道的归属性。如果没有两端之间的通达,就不可能有任何东西存在。

同构成了人类栖居的生活世界。人住在屋子里,也住在房屋的周围,感受周围,与万物对话。栖居使人可以感通万物,感通万物也反过来使栖居成为栖居;"栖形"予"感类"以依托,"感类"给"栖形"以自由。"采菊东篱下"的自得使南山可以悠然呈现,"悠然见南山"的无意和惊喜使藩篱中的日常生活也可以鸢飞鱼跃。所以,"栖形感类"就是栖居于"形"的房屋,在房屋的上下左右翻飞游戏,"形而上"且"形而下",依形而不泥形,变形而不诋形。如此,则可以"一下一上,以和为量,浮游乎万物之祖"(《庄子·山木》)。①

庄子所谓"浮游乎万物之祖"可以解释中国山水画为什么喜欢荒寒的山野。当宗炳"闲居理气,拂觞鸣琴,披图幽对,坐究四荒,不违天励之丛,独应无人之野"的时候,他便是在"浮游乎万物之祖"。"浮游"如鲲鹏之"抟扶摇而上者九万里",亦如山水画之鸟瞰视角。"鸟瞰"不只是人们通常理解的"俯视",而是随鸟的飞翔而随时变换的情景化视角,我们可以称之为"浮游透视"。

"浮游透视"并不预设固定的视角,而是可以从上下左右任何方向出发,形成"鱼戏莲叶东,鱼戏莲叶西,鱼戏莲叶南,鱼戏莲叶北"的游观。善游之物,惟鱼惟鸟,故"浮游乎万物之祖"者法之。虽然,鱼潜而不翔,鸟翔而不潜,惟善游者一之,故《逍遥游》有鲲鹏之变,《易》乾自"潜"及"飞",皆"浮游乎万物之祖"者也。所以,看中国山水画,尤其是看一幅徐徐展开的长卷时,观者的视线犹如跟随一只飞鸟,浮游于天地之间。这个天地是一个有生命的空间,吞吐大荒,呼吸元气,"野马也,尘埃也,生物之以息相吹也"(《庄子·逍遥游》)。而且,观者并不自外于这个大生命而旁观之、俯视之,而是像潜入海水中的鱼那样随波荡漾,与万类群生一起载沉载浮。"浮游乎万物之祖"的画家和观画者既是大鹏,也是燕雀;既是巨鲲,也是小鱼;既观之于上,亦游之于中。此理正与船山以"兼小大"论"逍遥"之义相应。②

人不能潜游,也不能高飞。人只能通过田间的劳作、山林中的徜徉、茅舍中的静思,来自觉地回到"万物之祖"的原初生命。人的浮游不是在外形上模仿鱼和鸟的动作,而是去体贴"万物之祖"的幽玄状态。《画山水序》末段有两个"幽"字,一是山水的"幽岩"之"幽",二是人的"披图幽对"之"幽"。岩自幽幽,而人只有使自己成为《易经》履卦所谓"幽人"才能体知幽岩之幽。有幽人而后知幽岩,有幽岩而后有幽人的素履之往。

"浮游乎万物之祖"不是驰骛外物的观光旅游,而是自我认识的幽人素履。"坐究四荒""独应无人之野"不是为了远离人世,而是为了回到人之为人的本源,认识人受之于天的本性,使自己活得更像一个人。诚能如此,则"独应无人之野"的旅程就不是自

---

① 《庄子》通行本作"一上一下",俞樾认为古本当为"一下一上",以与下文"量"字押韵。参见郭庆藩:《庄子集释》,北京:中华书局,1961 年,第 669 页。

② 参王夫之:《庄子通》,见《船山全书》第 13 册,长沙:岳麓书社,2011 年,第 495 页。

我放弃的避世,也不是自我封闭的孤僻,而是"不违天励之丛"的有为。

孔子说:"古之学者为己,今之学者为人"(《论语·宪问》)。在每一个学以为己的人心中,都应该有一个"独应无人之野"的空间。这个空间恰因其"无思无为、寂然不动"而能"感而遂通天下之故"(《周易·系辞上》),正如为己之学恰因其为己而能成己成物。庄子所谓"独与天地精神往来而不敖倪于万物"(《庄子·天下》),亦此意也。

人类起源的神话与普罗米修斯的形象

——以赫西俄德的文本为基本线索的一个考察

孙　斌[*]

内容提要：根据赫西俄德，神谱是从卡俄斯开始的。卡俄斯可以被解读为质料意义上的混沌，也可以被解读为运动意义上的分裂。后者使得前者即作为无的纯有产生了区别。但是，刻画神的本性的这种分裂并没有产生真正的差异，直到人族的产生。普罗米修斯以泥土塑造了人。泥土作为人由之而出并向之而归的东西透露了分裂的反面即团结。普罗米修斯使会死的人不再预见他们的作为经验事实的死亡，并把盲目的希望放在他们胸中，以便使人探索自己的本己可能并领会自己的土的本性。人所承受的一切与宙斯对人的态度有关。在宙斯所制定的秩序中，人是彻底的无权者。这暗合于普罗米修斯自己的无权者身份，即帮助宙斯战胜提坦却被宙斯恩将仇报，从而非但未获分权反而惨遭酷刑。尽管如此，普罗米修斯所拯救的人族在不敬和违抗神的方向上继续自己塑造自己。

关键词：分裂；团结；死亡；希望；权力

在柏拉图的《游叙弗伦篇》中，对话人物苏格拉底说了这么一件事情，"……不同的神认为不同的东西是正义的、美的、丑的、善的、恶的……他们喜欢他们自己认为是美的、善的、正义的东西，而憎恨这些东西的反面……同样的东西在一些神看来是正义的，而在另一些神看来却是不正义的，当他们为着这些东西争吵时，他们便彼此争执并作战。"[①]苏格拉底原本是为着讨论虔敬问题说起这件事情的，然而这件事情，就其透露了神的"争执"与"作战"而言，却在无意中涉及另外一件可能更为根本的事情，即，神处在分裂之中。如果的确如此的话，那么赫西俄德所说的卡俄斯的意义就明了起来了，这就是，从这个最初的起源所开始的东西都是分裂的产物。不过，这种分裂作为神的自我分裂并没有形成真正的差异，直到人族产生。而普罗米修斯不仅塑造了人，还把自己的故事或者说命运塑进了他所塑造的人之中。

---

　　*　复旦大学哲学学院教授、博士生导师。本文为教育部人文社会科学研究规划基金项目"普罗米修斯诗性形象的艺术哲学研究"（18YJA720011）的阶段性成果。

　　①　Plato, *Euthyphro 7e*, in *Complete Works*, Edited, with Introduction and Notes, by John M.Cooper, Indianapolis: Hackett Publishing Company, 1997, p.6.

一、神从分裂中获得本性

在赫西俄德那里，神谱是从卡俄斯（Χάος/Chaos）这个名字开始的，即，"最初产生的的确是卡俄斯"①。或者，我们也可以在后来的阿里斯托芬那里看到，"起先有卡俄斯，以及黑暗之神、夜女神、巨大而阴沉的塔耳塔洛斯"②。不过，卡俄斯，就其在赫西俄德笔下既"最初"又"产生"而言，是让人感到费解的，至少根据亚里士多德的观点来看是让人感到费解的，这是因为，"正如我们所说，假如之前什么也没有，那么就不可能有任何东西产生出来"③。如果是这样的话，那么这个从最初的因而从"什么也没有"中产生出来的东西就不是任何东西，或者说，就什么也不是。这个从亚里士多德而来的推论似乎正是可以在这里得到采纳，因为除了"最初产生"之外，我们对于卡俄斯一无所知——这个"最初产生"对卡俄斯的神性、司职或者哪怕外形之类都没有任何透露。而紧随其后的几个最早神祇的情况就完全不同，赫西俄德这样写道："紧随其后的便是宽胸的大地女神，据有积雪覆盖的奥林匹斯山峰的一切不死者的永远可靠的基础，还有道路宽阔的大地女神深处的幽暗的塔耳塔洛斯，以及不死的诸神中最美的爱若斯（爱神），她使所有的神和所有的人四肢不安并战胜他们的心智和明智的忠告。"④没有证据表明大地女神、塔耳塔洛斯、爱若斯这三位神祇出于卡俄斯，换言之，他们同样是出于"什么也没有"，然而，他们对于最初的卡俄斯的"紧随其后"使得他们与卡俄斯截然不同——我们看到了他们的神性、司职甚至外形。这迫使我们不得不对这个什么也不是的卡俄斯做出追问。

或许，我们已经得到了一个回答，这就是混沌。这个回答至少可以上溯到奥维德的《变形记》，诗中这样写道："在海洋、陆地以及笼罩一切的天空之前，自然的面貌在她的整个的圆形中显得到处相同，人们称之为卡俄斯：一团粗糙无序之物，没有任何别的东西，而只有毫无生命的团块，以及堆在一起的不匹配元素的交战种子。"⑤事实上，混沌即混乱而无序已经成为人们对于卡俄斯的一种流行的解释。这个解释似乎并非不是合理的，因为亚里士多德紧接着就说，"显然，结果中的某个部分必定预先存在；质料就是

---

① Hesiod, *The Theogony 116*, in Hesiod, *The Homeric Hymns and Homerica*, with an English Translation by Hugh G.Evelyn-White, Cambridge：Harvard University Press, 1982, p.87.

② Aristophanes, *The Birds 690 - 695*, in Aristophanes, *The Peace*, *The Birds*, *The Frogs*, Translated by Benjamin Bickley Rogers, London：William Heinemann Ltd., 1927, p.199.

③ Aristotle, *Metaphysics 1032b30*, in *The Complete Works of Aristotle*, *Volume Two*, Edited by Jonathan Barnes, Princeton：Princeton University Press, 1995, p.1631.

④ Hesiod, *The Theogony 117-122*, in Hesiod, *The Homeric Hymns and Homerica*, with an English Translation by Hugh G.Evelyn-White, Cambridge：Harvard University Press, 1982, p.87.

⑤ Ovid, *The Metamorphoses*, *Volumes 1*：*Book 1*：*5-10*, Translated by Frank Justus Miller, Cambridge：Harvard University Press, 1951, p.3.

一个部分;质料就在过程中并且正是质料生成了某物"①,而卡俄斯就其为"粗糙无序之物"而言似乎正是预先存在的质料——这也在一定程度上解开了前面那个让人感到费解的疑惑。因此,简而言之,卡俄斯之为浑然不分的团块无非因为它仅仅是质料。当然,亚里士多德是不会满意于这种仅仅是质料的卡俄斯的,他接下来还有更为重要的思考,他的这些思考也正是我们的讨论所关心的事情。他说,"然而这里有一个困难;据认为每一在活动的事物是能活动的,而非每一能活动的事物是在活动的,所以,潜能是在先的。但是,如果是这样的话,那么就根本不会有任何东西存在;因为那能存在的事物可能尚未存在。然而,倘若我们追随那些从黑夜中创造世界的神话学家或者那些说所有事物都在一起的自然哲学家,也会导致同样不可能的结果。因为如果没有实现的原因,怎么会有运动呢? 质料自身当然不会运动……"②我们知道,根据赫西俄德,黑夜是唯一出于卡俄斯的神,"从卡俄斯产生了厄瑞玻斯和黑色的夜女神"③——厄瑞玻斯乃后者即夜女神倪克斯的丈夫黑暗。就此而言,黑夜也是我们唯一由以探问卡俄斯为何的契机。亚里士多德这里说的黑夜正是涉及卡俄斯,并且将它与"所有事物都在一起"相提并论。不过,这些在一定程度上继续把卡俄斯与混沌联系起来的思考引发了另外一个问题,即能存在的事物并不一定现实地存在着,正如能活动的事物并不一定现实地活动着,因此,如果把潜能当作在先的东西,就没有什么东西现实地存在着了——卡俄斯作为"毫无生命的团块"当然解决不了这个问题,因此必须引入实现的原因并把它当作在先的东西。也就是说,卡俄斯,根据这个实现先于潜能的方案,如果是存在着的,那么必定不是径自一直存在的东西,而是以各种方式得到实现的结果,尽管是相同的结果。这就是亚里士多德后面说的,"因此,卡俄斯或者黑夜并不是无限时间地存在着,而是(或者通过变化的循环或者以其他方式)一直存在着的相同事物,因为实现先于潜能。"④不过,这样一来,事情似乎更加复杂了,即卡俄斯如果存在,那么这个存在即便是相同的事物也必定是通过变化和运动而实现的;然而,就其为混沌而言,它又只是没有变化和运动的团块。但它又不是不存在,因为它产生了。

显然,问题的核心在于,在最初的时候,亦即在卡俄斯产生的时候,亚里士多德所说的引起运动的那个"实现的原因"在哪里? 对此,我们或许可以藉着对卡俄斯的其他解释来加以考虑。有一种意见认为,以混沌来解释卡俄斯不管其本身是否合理,但用到赫西俄德的神谱中是不合适的。比如,韦斯特认为,Chaos 在希腊语中字面意思是裂口,

---

① Aristotle, *Metaphysics 1032b31–1033a1*, in *The Complete Works of Aristotle*, Volume 2, Edited by Jonathan Barnes, Princeton: Princeton University Press, 1995, p.1631.

② Aristotle, *Metaphysics 1071b23–30*, ibid., p.1693.

③ Hesiod, *The Theogony 124*, in Hesiod, *The Homeric Hymns and Homerica*, with an English Translation by Hugh G.Evelyn-White, Cambridge: Harvard University Press, 1982, p.87.

④ Aristotle, *Metaphysics 1072a8–12*, in *The Complete Works of Aristotle*, *Volume Two*, Edited by Jonathan Barnes, Princeton: Princeton University Press, 1995, pp.1693–1694.

并从这个观点出发将 Chaos 译为 Chasm，而不是仅仅照直拼写出这个词。他在译注中这样说道，"裂口：这是 Chaos 这个希腊名字的字面意思；它并不包含混乱或无序的想法。"①莫斯特同样将这个词译为 Chasm 并说，Chaos 这个通常的译法"误导性地向我们暗示一堆混乱的无序之物，然而赫西俄德的术语相反是指裂缝或开口。"②韦斯特和莫斯特对卡俄斯的这个译法或者说解释，对于我们理解《神谱》中另外两处提及卡俄斯的诗句无疑是有帮助的。一处出现在宙斯与提坦们作战的场景中，诗句是这样的，"令人惊骇的热量抓住了卡俄斯：用眼去看，用耳去听，大地女神和宽广的天空之神仿佛合在一起了"。③也就是说，在宙斯的雷霆闪电所引发的遍及森林、地面、海洋的炽热烈火中，卡俄斯作为裂口正在消失，因为天和地正在闭合。另一处出现在提坦们的囚禁之所即塔耳塔洛斯，诗人写道："在另一边，远离众神，住着提坦们，在阴郁的卡俄斯的另一边。"④这里的在另一边显然是指在无法跨越的深渊或者说裂口的另一边，而这个裂口就是"阴郁的卡俄斯"。不过，这样一来，也就是说，如果卡俄斯是裂口，那么前面的问题，亦即关于卡俄斯产生时那个引起运动的"实现的原因"在哪里的问题，似乎就被取消了——因为卡俄斯现在根本不是"毫无生命的团块"，而是从动词分裂而来的一个名字。但是，这样的取消显然不能令人满意地回答"卡俄斯或者黑夜"在亚里士多德那里引发出来的更为重要的存在问题。

因此，在我们看来，韦斯特和莫斯特或者其他学者的这个意见的贡献更多地毋宁说不在于他们从词源上发现了卡俄斯的另一个意思，一个由以反对把卡俄斯解释为混乱或无序的意思，而是在于提醒我们，混乱无序的存在就其缺乏规定性而言乃是非存在，因而不可能在神谱中取得位置。换句话说，如果没有更多的规定性而只是纯粹的存在和非存在或者说纯粹的有和无，那么两者乃是同一个东西。卡俄斯某种意义上就是纯粹的东西，同时又因为分裂而失去这种纯粹性。这在黑格尔的分析中得到了揭示，他说，"有、纯有，——没有任何更进一步的规定。有在无规定的直接性中，只是与它自身相同，而且也不是与他物不同，对内对外都没有差异。有假如由于任何规定或内容而使它在自身有了区别，或者由于任何规定或内容而被建立为与一个他物有了区别，那么，有就不再保持纯粹了。有是纯粹的无规定性和空。……有、这个无规定的直接的东西，实际上就是无，比无恰恰不多也不少。"⑤如果说卡俄斯是作为无的纯有，那么裂口暗示了卡俄斯的分裂，即黑格尔说的区别。由于这个分裂或者说区别，卡俄斯，如前所述，失

① Hesiod, *Theogony and Works and Days*, Translated, with an Introduction and Notes by M.L.West, Oxford: Oxford University Press, 1988, p.64.

② Hesiod, *Theogony/Works and Days/Testimonia*, Edited and Translated by Glenn W.Most, Cambridge: Harvard University Press, 2006, p.13.

③ Hesiod, *The Theogony 699-701*, in Hesiod, *The Homeric Hymns and Homerica*, with an English Translation by Hugh G.Evelyn-White, Cambridge: Harvard University Press, 1982, p.131.

④ Hesiod, *The Theogony 814-815*, ibid., pp.137-139.

⑤ 黑格尔：《逻辑学》上卷，杨一之译，北京：商务印书馆，第 69 页。

去了纯粹性并获得了规定性,因为这个时候,一方面,有被无所规定;另一方面,无被有所规定。黑格尔以光明与黑暗为喻阐明了这一点,"在绝对光明中所看见的,和在绝对黑暗中一样,不多也不少,前一种视见和后一种视见,都是纯粹的视见,也就是毫无视见。纯粹的光明和纯粹的黑暗,是两个空的东西,两者是同一的。只有在规定了的光明中——而光明是由黑暗规定的——即在有阴翳的光明中,同样,也只有在规定了的黑暗中——而黑暗是由光明规定的——即在被照耀的黑暗中,某种东西才能够区别得出来,因为只有有阴翳的光明和被照耀的黑暗本身才有区别,所以也才有规定了的有,即实有。"①

以上黑格尔由以阐明得到规定的有与无的东西,即"有阴翳的光明和被照耀的黑暗",也正是我们在卡俄斯那里看到的东西。之所以这么说,乃是因为那个最初产生的卡俄斯,一方面,尽管是但却什么也不是;另一方面,由之而出者做出了区别。这个由之而出者就是前面说的"厄瑞玻斯和黑色的夜"以及他们的孩子——在"从卡俄斯产生了厄瑞玻斯和黑色的夜"这句诗后面,赫西俄德紧接着写道,"从夜女神生出了埃忒耳和白天之神,他们是她与厄瑞玻斯相爱而怀孕并生出的。"②这里的埃忒耳就是光明。如果仅从卡俄斯产生黑夜来看,后者似乎与前者一样不甚明了,以至于他们可以被等同起来,就像在亚里士多德那里,如我们前面所援引的,有诸如"从黑夜中创造世界"以及"卡俄斯或者黑夜"这样的表述。但是,如果联系黑夜生出白天来看,事情就发生了根本的改变,这是因为,此时的黑夜获得了来自白天的规定,而不再是纯粹的黑夜,正如白天也从黑夜那里获得了自己的规定,而不是纯粹的白天——这样的白天和黑夜,或者说,光明与黑暗,正是黑格尔说的"有阴翳的光明和被照耀的黑暗"。进一步地,如果我们考虑到,在赫西俄德的诗句中,黑暗和黑夜被表述为两个神,同样地,光明和白天也被表述为两个神,那么我们也许会发现另一件重要的事情。这就是,使得有所"视见"成为可能的光明和黑暗的这种"有阴翳"和"被照耀"的关系,很大程度上乃是一种空间关系,而不是时间关系——后者是在黑夜和白天的分裂或者说区别中得到揭示的。当然,夜女神倪克斯与丈夫黑暗之神厄瑞玻斯相爱并怀孕和生育也表明,空间和时间乃是彼此融在一起的。

这样一来,如果我们回到赫西俄德笔下的整个神谱,那么就会发现,诸神作为存在者都是从分裂中获得自己的本性的。也就是说,不管他们的神性或者司职是什么,他们的更为基本的属性是分裂。比如,我们看到,"忒修斯给俄刻阿诺斯生下了水流回旋的诸河神……她还产生了一群神圣女儿……这些是起源于俄刻阿诺斯和忒修斯的最早的女儿;但是除此之外还有许多。俄刻阿诺斯有三千个美踝的女儿,她们分散在四面八

---

① 黑格尔:《逻辑学》上卷,第 83 页。

② Hesiod, *The Theogony 125*, in Hesiod, *The Homeric Hymns and Homerica*, with an English Translation by Hugh G.Evelyn-White, Cambridge: Harvard University Press, 1982, p.87.

方,并在每一个地方都相同地服务于大地和深水,她们是女神们之中的光荣的女儿。还有许多其他的河神,流动时潺潺作声,他们是俄刻阿诺斯的儿子,为女王般的忒修斯所生,会死的凡人难以说出他们的名字,但人们可以通过他们各自的居住所在来认识他们。"①不过,这里提及的还不是所有的水中之神。为数众多的诸神中的每一个都是在分裂中成为自身的。要指出的是,分裂并不意味着争执与作战,而只是意味着,如黑格尔所说,"某种东西才能够区别得出来"——诸神藉着分裂而成为区别得出来的个体的神。当然,争执与作战乃至征服与分权并非不重要,因为它们乃是神对自身这个个体的表达和维护,也是分裂这一神的本性的最总的和最深的表达。

二、真正的差异始于人族的产生

因此,这样的最总的和最深的表达并非没有重要的意义。正如我们所知道,诸神之间从来不缺乏争执与作战。事实上,至少从乌兰诺斯开始,诸神就陷入了争执与作战,当然还有阴谋与狡计、妥协与分权等与之相关的一切。前面提到的宙斯与提坦们的十年之战只是其中之一,当然是非常重要的一次,因为它涉及奥林匹斯山的秩序的确立。然而,从另外一个角度来看,这些作战又是毫无意义的,倘若它们不涉及人族的话。这不仅是说,诸神之间的争执与作战对于人族的几乎一切乃至他们的存在与毁灭都有着深广的影响,而且是说,如果没有人族,那么这样的争执与作战永远只是神的自我分裂——这种缺乏他者的自我分裂中无法产生出真正的差异,作为结果,神也无法藉着这样的差异而将自身真正区别出来。就此而言,神的即便是在争执与作战中得到最总和最深表达的分裂也无法直接取得其重要的意义,这个意义必须从人族开始,或者确切地说,从神与人的差异开始。只有这样,这个问题即以奥林匹斯山的秩序的确立为标志的神的分裂意味着什么,特别是它对于人族来说意味着什么,才能得到恰当的考察。当然,我们之所以这么做还有一个考虑,这就是:神对于人族来说同样是由以将自身真正区别出来的他者。

在奥维德笔下,作为诸神之他者的人族是这样产生的,"……海洋成为闪闪发光的鱼儿的家,大地接纳了兽类,而变动的空气则收留了鸟儿。尚缺一种比这些更优的生物,他更能够从事崇高的思想,辖管其余的一切。于是,人便出生了:是否制作其他一切的神,想设计一个更完满的世界,而以他自己的神圣实体造出了人,抑或这刚刚脱离上天的以太的新土仍保持着其同族天空的某些元素——伊阿佩托斯之子将这土混以清冽活水,塑成掌控一切的诸神的形状。所有其他动物都匍匐着注视大地,但他却给人一张抬起的脸并令他直立而站且将双眼转向上天。因此,这刚刚成为粗糙而无形之物的土,

---

① Hesiod, *The Theogony 337-370*, ibid., pp.103-107.

便被改变,并有了之前未被知晓的人的形态。"①也就是说,出自伊阿佩托斯之子即普罗米修斯之手的以土和水塑成的人,一方面有着与诸神相仿佛的形状,另一方面充当了各种生物的辖管者。就此而言,奥维德似乎并没有道出比那些古老传说更多的东西。但若果真如此,那么一些真正重要的东西或许就被忽略了。之所以这么说是因为,一个耐人寻味的事实是,这个似乎为希腊人广泛知晓的造人传说,并未在那个时代最为主要的诗作中得到直接、明白而详尽的描绘——这恐怕当然不是因为诗人们不了解这个神话。这个事实在多尔蒂那里得到了这样的陈述,"普罗米修斯以泥土或黏土造人的故事,或许早在公元前 5 世纪就必定已被雅典人所知晓。一则与古典时代同样早的归于伊索名下的寓言这样写道,'普罗米修斯在他形塑人时所使用的黏土,并非是与水相混合,而是与泪相混合'(《寓言》516)。这一参考材料表明,一个作为创造者的普罗米修斯的版本在那个时候就已经流传了。然而,尽管普罗米修斯的创造方面也许已经为人所知,但有趣的是,它并未形成古代或古典希腊世界中主要文学或艺术作品的基础。这个故事只得到公元前 4 世纪的喜剧诗人米南德和菲勒蒙的简略提及。普罗米修斯,人类的创造者,并未出现在公元前 3 到 2 世纪的伊特鲁里亚或古代意大利宝石上,不过,这个主题却被奥古斯都时代的罗马诗人们热情地采用了。"②这就解释了为什么我们是在奥维德那里发现普罗米修斯以土造人的这个故事的更为完整的描述。

当然,对于这个故事的简略的或者暗示性的提及也零星地存在着。比如,比赫西俄德晚不到一个世纪的萨福的诗中有这样的句子,"普罗米修斯在造出了人之后,据说他盗火并把它泄露给人。"③而我们在《伊索寓言》的前一条也就是 515 条中,也可以读到这个故事,即,"普罗米修斯遵宙斯之命形塑人与动物"④。事实上,尽管赫西俄德没有明确指出是普罗米修斯以土造出了人,但是他在潘多拉的故事中向我们暗示人是用土造出来的——潘多拉是一个由土所制的人。比如,《工作与时日》中的诗句是:"人神之父这么说,并大声地笑起来。他命令著名的赫菲斯托斯赶紧将土与水相混合,并把人类的声音与力量置于其中,形塑一个甜美、可爱的少女形状,脸庞就仿佛不死的女神……著名的跛足之神立即依克洛诺斯之子的意图将黏土塑成一个腼腆少女的模样。"⑤相仿佛地,《神谱》中这样写道,"这位非常著名的跛行之神根据克洛诺斯之子的意愿用土塑造了一个害羞少女的形象。"⑥不过,这些材料非但没有减轻反而加深了我们的疑惑,

---

①　Ovid, *The Metamorphoses*, Volumes 1: Book 1: 75 – 85, Translated by Frank Justus Miller, Cambridge: Harvard University Press, 1951, pp.7-9.

②　Carol Dougherty, *Prometheus*, London and New York: Routledge, 2006, p.17.

③　*Greek Lyric 1: Sappho and Alcaeus*, Edited and Translated by David A.Campbell, Cambridge: Harvard University Press, 1990, p.191.

④　*Aesop's Fables*, Translated by Laura Gibbs, Oxford: Oxford University Press, 2002, p.238.

⑤　Hesiod, *Works and Days 60–71*, in Hesiod, *The Homeric Hymns and Homerica*, with an English Translation by Hugh G.Evelyn-White, Cambridge: Harvard University Press, 1982, p.7.

⑥　Hesiod, *The Theogony 570–572*, ibid., p.121.

即,为什么在古代希腊,这个不管是不是出于普罗米修斯之手的以土造人的故事被那些伟大的诗人们有意无意地忽略了,而且这种忽略要等到另外一个民族即罗马人来加以改变。在这个意义上,多尔蒂的那番陈述与其说是在进行解释,不如说是在提出问题。

或许,我们还是要回到赫西俄德。在神与人的关系上,赫西俄德更愿意讲的似乎是诸神与人有着相同的起源,他这样写道:"或者,如果你愿意,我将向你恰当而又巧妙地简述另一个故事——请你把它记在心里——诸神与会死的人如何出于同一个来源。"① 正如大家所知道的,这另一个故事讲述的是会死的人的五个种族。然而,它并未讲述诸神与人的那同一个来源究竟是什么,而是讲述:后来"大地埋葬了这一代"②由"居住在奥林匹斯山的不死诸神"③所制造的黄金种族;"大地也埋葬这一代"④同样由"居住在奥林匹斯山的他们"⑤制造的白银种族;"大地也埋葬这一代"⑥由"诸神之父宙斯"⑦制造的青铜种族;"克洛诺斯之子宙斯又在丰产的大地之上制造第四代"⑧即英雄种族,他们"远离不死的诸神"⑨;最后,"卓有远见的宙斯又制造了第五代人,他们生活在慷慨的大地上"⑩,他们就是黑铁种族,赫西俄德生活于其中的一个尚未遭到毁灭的种族。这些讲述透露了什么? 差异。如果一定要做归结的话,这个差异可以被归结到泥土——正如这里每一处都提到的大地所暗示的。尽管,正如在奥维德的讲述中,由以制造人族的土来自"上天的以太"——这大概也是赫西俄德所说的诸神与人的"同一个来源"的唯一暗示——但是人无论如何也无法回到那个以太,而只能回到土,以他们的死亡来回到土。所以,我们看到,人活着的时候在大地之上,而一旦死去就被大地埋葬。就此而言,神予以人的生命,以及夺于人的不死,都应当从土来加以考虑。

这个从土出发的考虑使我们能更为清楚地明了神与人的差异,而不是仅仅停留于泛泛而言的不死与会死。那么,这个差异即土究竟意味着什么? 简单来说,意味着人与神的全然相反的本性,即团结,或者确切地说,从分裂而来的重新团结。之所以这么说,是因为土这个人族由之而出并向之而归的东西,使得人间的纷争总会在来处与去处和解。相反地,不死的神不向任何东西归去,他们总是分裂。奥林匹斯山的秩序不是对分裂的克服,而是对分裂所导致的烦恼的缓解——这恰恰是以分裂的永远存在为前提的。在这个意义上,更为重要的事情毋宁不是说,神不会像人那样以回归于土的形式死去,

① Hesiod, *Works and Days 106-108*, ibid., p.11.
② Hesiod, *Works and Days 121*, ibid.
③ Hesiod, *Works and Days 110*, ibid.
④ Hesiod, *Works and Days 140*, ibid., p.13.
⑤ Hesiod, *Works and Days 128*, ibid., p.11.
⑥ Hesiod, *Works and Days 156*, ibid., p.13.
⑦ Hesiod, *Works and Days 144*, ibid.
⑧ Hesiod, *Works and Days 156-157*, ibid.
⑨ Hesiod, *Works and Days 169*, ibid., p.15.
⑩ Hesiod, *Works and Days 169c-d*, ibid.

而是说,他们不会像人那样以土来克服自己的分裂的、个体的存在。普罗米修斯以土造人的故事告诉我们,一方面,土被塑造为有着各自形态的个体之人;而另一方面,人的土性又在吁求着对个体性的克服。相应地,造人的工作也是两方面的,一方面给予土以其本来所不曾有的神的形,另一方面给予人以神的形所永远没有的土——个体的形与非个体的土这两种完全不同的东西在普罗米修斯那里得到了结合。就此而言,普罗米修斯造人的故事所透露的乃是,唯有这位神祇拥有由以进行这样的结合的力量。这也为我们理解后来的尼采对普罗米修斯所做的那个判断提供了契机,即,普罗米修斯的"本性既是狄奥尼索斯的也是阿波罗的"①——阿波罗是"个体化原则的壮丽的神圣形象"②,与此同时,"狄奥尼索斯式的音乐家完全没有任何形象"③。

简而言之,普罗米修斯作为神而为神制作了一个他者,一个与神有着真正的差异的他者。这个作为神的他者的人族从土获得自己的高贵本性即团结。在这个意义上,我们或许应该从另外一个角度来理解尼采的那句话即人是"最高贵的黏土"④了,亦即,对于由土所造的人来说,高贵这个属性不是外在地追加给土的而是土本来所具有的,换言之,土本来且本身就是高贵的——这就是比分裂高贵的团结。或许,我们这里应该更为完整地援引尼采在这句话前面所说的那番话,因为那番话正是对藉着普罗米修斯而对自己的何出与何归有所领会的人的刻画,或者说,正是对藉着这位神祇的双重本性而回到狄奥尼索斯魔力之下的人的刻画。尼采这样写道:"在狄奥尼索斯的魔力下,不仅人与人之间的团结得到了重申;而且那曾经变得疏远、敌对或者说受奴役的自然也重又庆祝她与她的浪子即人的和解。……现在,奴隶成为了自由人;现在,必然性、任意性或者'无耻的习俗'在人与人之间固定下来的所有僵硬的、敌对的屏障被打破了。现在,藉着全世界和谐的福音,每个人都感到自己与他的邻人不仅团结了、和解了、融合了,而且与他如同一个人那般,这就仿佛摩耶的面纱已被撕开,它唯有碎片在神秘的原初统一面前飘零。……"⑤在这番刻画中,原初统一对个体分裂的克服得到了极其充分的展现。与之形成对照,为个体化原则所困的存在者的状况,如叔本华所描述,则是这样的,他"也经常试图通过恶,亦即通过使他人遭受痛苦,来逃避烦恼,逃避他自己个体的痛苦,因为他被个体化原则困住了,被摩耶的面纱欺瞒了。——就好像一位船长独坐舟中,在四方一望无垠、波峰咆哮起伏的狂暴的大海上,信赖这脆弱的小小航具;平静地坐在充满痛苦的世界中的个人倚靠并信赖个体化原则……"⑥我们知道,叔本华这里关于"信赖个体化原则"所说的一番话在尼采的《悲剧的诞生》中得到了援引,而尼采也正是通

① Friedrich Nietzsche, *The Birth of Tragedy and The Case of Wagner*, ibid., p.72.

② Friedrich Nietzsche, *The Birth of Tragedy and The Case of Wagner*, ibid., p.36.

③ Friedrich Nietzsche, *The Birth of Tragedy and The Case of Wagner*, ibid., p.50.

④ Friedrich Nietzsche, *The Birth of Tragedy and The Case of Wagner*, ibid., p.37.

⑤ Friedrich Nietzsche, *The Birth of Tragedy and The Case of Wagner*, ibid., p.37.

⑥ Arthur Schopenhauer, *The World as Will and Representation*, *Volume I*, Translated and Edited by Judith Norman, Alistair Welchman and Christopher Janaway, Cambridge: Cambridge University Press, 2010, p.379.

过这个援引给出了前面提及的阿波罗乃是个体化原则的形象的观点。藉着个体化原则,特别是藉着叔本华的描述,我们获得了一个重新看待那些不死的、分裂的、个体的形象或者说诸神的契机。那么,我们从奥林匹斯山看到了什么?也许宙斯回答了这个问题,这就是,通过给人制造痛苦来发泄自己的恼怒、缓解心中的烦恼。

然而,对于人族来说,事情是极其困难而且艰巨的。这更多的不是指他们不得不面对和遭受从奥林匹斯山降下的灾祸,而是指他们对自身的土的本性的领会——他们必须从他们的终将被大地埋葬的死亡中领会这一点。如果缺乏对此的领会,那么他们就只是并且始终只是为诸神所统治,确切地说,为基于个体化原则之上的秩序所统治,并且遭受痛苦。这样一来,以死亡来守护人的高贵本性的土以及死亡本身反倒成了人族堕落尘世的罪状。那么,如何领会?这个问题其实早就有了回答。我们所熟悉的苏格拉底的一句话就是对此的回答——"恐怕其他人没有认识到,那些以正确的方式练习哲学的人的一个目的就是为了赴死和死亡而进行练习。"①两千多年过去了,如果说我们已经因为太过熟悉这句话而遗忘了这句话,那么海德格尔又以"先行到死中去"给出了再次的并且是更为明确的提醒,"向死存在,就是先行到这样一种存在者的能在中去:这种存在者的存在方式就是先行本身。……先行表明自身就是对最本己的最极端的能在进行领会的可能性,换言之,就是本真的生存的可能性。本真生存的存在论建构须待把先行到死中去之具体结构找出来了才弄得明白。"②当然,这无论如何是难的,否则就不会有遗忘,也不需要再提醒。

三、从暧昧的希望到爱若斯

因此,事情的困难和艰巨毋宁就在于,"向死存在"或者说"先行到死中去"是难的。之所以这么说,乃是因为人并非不知道死,而是无法领会死;并且,恰恰是对死的知道,确切地说,对死的自以为知道,遮蔽了对死的领会。对此,海德格尔这样陈述道:"人们说:'这个'死要到来是确定已知的。人们这样说着,但却忽略了,为了能够确知死亡,本己的此在自己就向来须得确知它最本己的无所关联的能在。人们说:这个死是确定已知的,并从而把一种假象植入此在:仿佛它自己确知它的死。日常确知的根据何在?显然不在于单纯的相互说服。人们却日日经验到他人的'死'。死是无可否认的'经验事实'。"③这一从根本上来说须从"能在"来领会的死,在日常中却是作为经验事实而为人所知道的。死亡就其为经验事实而言只是他人的死,他人的死尽管使死成为了一

① Plato, *Phaedo 64a*, in *Complete Works*, Edited, with Introduction and Notes, by John M. Cooper, Indianapolis:Hackett Publishing Company,1997,p.55.

② 海德格尔:《存在与时间》,陈嘉映、王庆节译,北京:生活·读书·新知三联书店,2000 年,第 301—302 页。

③ 海德格尔:《存在与时间》,第 295 页。

桩被目睹或者说被注意的事情,但这个被目睹或注意的事情仅仅是一个事实——这种事实性遮蔽了就最本己的可能性而言的死。换句话说,人们仅仅知道,这个作为他人的死的经验事实会以同样的事实的方式向着自己而到来,正如现在目睹或注意到它向着他人而到来。这样的仅仅知道被海德格尔描述为,"亡故作为摆到眼前的事件'只'在经验上是确定可知的,这一点并不决定对死的确知。死亡事件当然可能是使此在才刚注意到死亡的实际诱因。但若停留在上述经验的确知上,则此在可能根本没有就死亡所'是'的那样对死有所确知。"①由于没有对死有所领会,或者如海德格尔这里所说,"没有就死亡所'是'的那样对死有所确知",这种最本己的可能性就被遮蔽了。如果是这样的话,那么死无非就是当下所操劳的日常事务的一种戛然而止。即便是几乎人人皆有的为死而感到苦恼,无非也就只是为这种戛然而止感到苦恼。就此而言,这样的戛然而止非但没有改变反而倒是维持这些事务的日常性或者说寻常性——后者正是对本己可能的遮蔽。换言之,人们一方面藉着上述经验事实而自以为对死已经有所知,另一方面在这个死的暂时尚未到来之际遗忘自己的死,从而遗忘自己的这个本己可能。所以,海德格尔说:"人们说:死确定可知地会到来,但暂时尚未。常人以这个'但'字否认了死亡的确定可知。而这个'暂时尚未'并不单纯是个否定命题,而是常人的一种自我解释,它借这种自我解释把自己指引向此在当下还可以通达、可以操劳的事务。"②那么,这样的"当下还可以通达、可以操劳的事务"究竟是什么?不管是什么,就其对死这一本己可能的遮蔽而言,它们使得人们遗忘了我们前面提及的他们由死亡所刻画的来自土的本性,相应地,他们也无法像尼采说的那样在狄奥尼索斯的魔力下回到神秘的原初统一。

在这样的情形下,人对于死的这种知道或者说确知恐怕有必要得到另外的思考。这就是,倘若人不知道死,确切地说,不预先而确定地知道这个会作为"经验事实"而到来的死,那么事情有无可能获得转机?促使我们做出这个思考的仍然是普罗米修斯。在埃斯库罗斯③笔下,歌队长与普罗米修斯,紧接着后者对自己为何被宙斯指控并施罚的经历做出大段陈述之后,这样对话道:

歌队长
普罗米修斯,若谁对你的苦难不表同情便是铁石心肠。至于我,则实在不愿看到它们;而现在看到它们,我痛彻心扉。
普罗米修斯
是的,对我的朋友们而言,我的确是一副可怜光景。

① 海德格尔:《存在与时间》,第295页。
② 海德格尔:《存在与时间》,第296页。
③ 本文对埃斯库罗斯的援引是指他的《被锁链锁住的普罗米修斯》。当然,这个作品的作者是不是埃斯库罗斯也有争论,但一般被指认为是埃斯库罗斯。

歌队长

除此之外,你可能还犯有其他罪责吗?

普罗米修斯

是的,我使会死的人不再预见他们的死亡厄运。

歌队长

你为这苦恼找到了何种治愈良药?

普罗米修斯

我使盲目的希望居住在他们胸中。

歌队长

这是你给予会死的人的巨大恩惠。①

　　普罗米修斯的罪责是一个复杂的问题,必须另外撰文予以讨论,我们在这里仅仅集中于普罗米修斯以"盲目的希望"使得"会死的人不再预见他们的死亡厄运"。不过,在把普罗米修斯的这个做法考虑为前面提及的事情的转机之前,我们非常有必要首先对"盲目的希望"做出一番分析,确切地说,对作为会死的人的"巨大恩惠"的"希望"。之所以这么说,是因为尽管我们不清楚歌队长在何种意义上说希望对人是巨大恩惠,但是我们很清楚在古代希腊,至少自赫西俄德以来的那个传统里,希望非但不是恩惠反而是灾祸。赫西俄德这样写道,"抱着徒劳希望的懒人,因缺乏生计而想做坏事;对于一个尽管没有可靠生计但却贪图安逸的贫困者来说,陪伴他的不是一个健全的希望。"②也就是说,希望乃是虚无缥缈的东西,而抱有希望就是徒劳等待。在这个意义上,希望带来的仅仅是,终日沉湎于痴心妄想并因而荒废劳作、耽搁生计。这样的希望对于以劳作为生的人来说当然是灾祸。惟其如此,在我们所熟悉的潘多拉的故事中,希望正是作为奥林匹斯山诸神给予人类的灾祸之一而被放置在那个著名的罐子中的。赫西俄德这样写道,宙斯"称这女人潘多拉,因为奥林匹斯山的居住者们每位都给了她一件礼物,亦即对于以粮食为生的人类的一个灾祸。……但是这女人用手揭起罐子上的巨大盖子,让给人类造成的悲伤和祸事的所有这些以及她的思想散布开来。只有希望仍然在巨大罐子内里边缘之下牢不可破的家中,并未从门口飞出;因为在此之前,罐子的盖子阻止了她,按照聚云持盾的宙斯的意志。"③这是一件耐人寻味的事情,即在所有这些祸害人的诸神馈赠中,唯有希望这一祸事被单独提起并强调只有它没有飞出去为祸人间。这里的一个问题在于,既然宙斯已经为人类准备好了包括希望在内的各种灾祸,那么为何

　　① Aeschylus, *Prometheus Bound 244-253*, in *Supplant Maidens · Persians · Prometheus · Seven against Thebes*, with an English Translation by Herbert Weir Smyth, Cambridge: Harvard University Press, 1996, pp.237-239.

　　② Hesiod, *Works and Days 498-501*, in Hesiod, *The Homeric Hymns and Homerica*, with an English Translation by Hugh G.Evelyn-White, Cambridge: Harvard University Press, 1982, pp.39-41.

　　③ Hesiod, *Works and Days 79-100*, ibid., p.9.

在降灾之时唯独留下希望而不让它去实施祸事？对此，我们很容易想到的一个解释是，希望尽管使人遭受耽搁生计从而陷入贫困的打击和痛苦，但是人的生计的耽搁及其劳作的荒芜同时意味着，诸神难以在祭坛上得到那些出自人类劳作的产品。这样一来，希望仍然留在罐中便使人遭受了双重的痛苦，即，一方面，人类必须终日不抱希望地辛勤劳作；另一方面，"其他无数的灾祸，在人间游荡；大地充满不幸，海洋也装满了。各种疾病夜以继日自动地遇到人类，悄无声息地把祸事带给这些会死者。"①如果是这样的话，那么希望这一祸事不打击人类无非意味着人类遭受其他祸事的更为深重的打击。这个时候，我们再回过头来看普罗米修斯"使盲目的希望居住在他们胸中"以便"会死的人不再预见他们的死亡厄运"，恐怕就会发现其中的重大意义了。这就是，藉着这种与勤于生计形成对照的徒劳希望，人类得以从作为"此在当下还可以通达、可以操劳的事务"的辛勤劳作中摆脱出来，并转向它们的反面；相应地，人类无法预见的死亡无非就是前述经验事实意义上的这种辛勤劳作的戛然而止。作为结果，我们前面所考虑的转机获得了出现的可能。

也就是说，正是由于不再预见作为经验事实的死亡，人们得以在希望中向着自己的本己可能摆脱作为经验事实的生计与劳作，从而获得回到这些东西之后的原初统一或者说领会自己的来自土的本性的契机。具体而言，这个契机对于人类来说涉及三点，一是以原初统一或团结为旨趣，二是以改变现状或秩序为己任，三是以能在为不竭欲求的来源。不难发现，这三点归根到底都与狄奥尼索斯有关。不过，希腊人，恐怕正是为了获得一个如希望那般虚无缥缈而又令人对其痴心妄想的对象，为这个"完全没有任何形象"的狄奥尼索斯塑造了一个形象，这就是爱若斯。我们在柏拉图的《会饮篇》中看到了这个形象。这个形象尽管被称作爱神，但是与《神谱》等古老神话中的那些神祇几乎毫无关系，它毋宁可以说是一个新神。这用刘小枫的话来说就是，"但爱若斯并非雅典人敬拜的古老神，而是一帮新派诗人和智识者抬出来敬拜的新神。"②在《会饮篇》中，这位新神与狄奥尼索斯一表一里、一显一隐，充当着整篇对话的奠基，而我们正是可以从这个奠基以及它上面的构建中发现我们所说的事情的契机。我们知道，这篇对话是从这样一番话开题的，"'……如果你们这么想，那么我愿意提出一个主题。'他们都说非常乐意，并催促他说出他的提议。于是厄律克西马库斯说：'让我从援引欧里庇得斯《墨拉尼佩》中的"不是我的故事"开始。我将要说的东西属于这里的斐德若，他为这个问题深感气愤并经常向我抱怨："厄律克西马库斯"，他说，"这不是一桩糟糕的事情吗！我们的诗人写作赞美诗向你能想到的几乎任何神致敬；但是它们中却没有一首把片刻的思考献给这位如此古老而强大的爱神？"……'"③也就是说，这次对话的讨论主

①　Hesiod,*Works and Days 100–104*,ibid.

②　刘小枫：《普罗米修斯之罪》，北京：生活·读书·新知三联书店，2012 年，第 19 页。

③　Plato,*Symposium 176e–177b*,in *Complete Works*,Edited,with Introduction and Notes,by John M.Cooper,Indianapolis:Hackett Publishing Company,1997,p.462.

题是爱神。然而,尽管如此,它从一开始就暗示我们,这次对话实际上是献给狄奥尼索斯的。之所以这么说,是因为这次会饮乃是为着庆祝"阿加松的第一部悲剧获奖"①,而悲剧正是源于狄奥尼索斯祭祀,与此同时,席间也有诸如"狄奥尼索斯很快就会成为我们对智慧的宣称的裁判"②以及"不关心别的而只关心狄奥尼索斯和阿芙洛狄忒的阿里斯托芬"③这样的言辞。

当然,更为重要的无疑是对话者们献给爱神的赞词。首先献出赞词的是斐德若,他从援引赫西俄德开始,"根据赫西俄德,第一个产生的卡俄斯……阿库西劳斯同意赫西俄德:在卡俄斯之后,大地女神与爱神这两位便到来了。而巴门尼德则这样来讲述这个开端:'被设计出来的第一个神乃是爱神'。这样,所有各方都同意,爱神乃是最为古老的神祇之一。"④不难发现,在斐德若或者说"新派诗人和智识者"那里,一个随着赫西俄德以来的传统的悄悄改变而得到塑造的新神的形象正在逐渐浮现。这个形象接下来会更加清楚。比如,阿里斯托芬这样来追溯"我们彼此相爱的欲求的来源"⑤:"首先,你们必须知道人的本性一开始是什么,以及后来它发生了什么变化,因为很久以前我们的本性并非是它现在所是的样子,而是非常不同。……我的第二个要点是,每个人的形状完全是圆的,背部和两侧形成一个圆圈;他们每人有四只手,以及与手同样多的腿,圆形的脖子上还有两张一模一样的脸。……宙斯这么说着,就把那些人劈成两半,就像人们在干燥花楸果之前把它们切成两半或者像他们用头发切开鸡蛋那样。……现在,既然他们的自然形式已被劈成两半,那么每个人都渴望其自身的另一半,因此,他们张开双臂彼此相拥,想要长合在一起。"⑥在这个有趣的故事中,爱神被生动地刻画为人追求原初统一或团结的内在力量,而这种追求同时也就是对劈开或者说分裂的现状的改变。

而在苏格拉底的讲述中,爱神被描述成为一个居间者,他没有自己固定的或者说给定的本质,而是在不竭的欲求和不断地变化中把自己的存在当作能在来加以实现。苏格拉底借狄奥提玛之口道出了这个故事:"阿芙洛狄忒诞生的时候,诸神举行了一个庆祝会。他们中间有墨提斯之子波洛斯。他们开筵后,佩尼亚便来行乞……她要从波洛斯那里得到一个孩子。所以她躺在他的身边并怀上了爱神。……作为波洛斯和佩尼亚的儿子,他的命运注定要像他们。……由于有着他母亲的本性,所以他总是忍受贫困。但是,在他父亲一边……终其一生都是一位爱智者,是一位拥有魅力、魔药和狡黠辩词的天才。他在本性上既非不死也非死。……他也处在智慧和无知之间。"⑦在这个故事里,爱若斯(爱神),作为波洛斯(丰盈神)和佩尼亚(贫乏神)的儿子,分有他的父母的

---

① Plato, *Symposium 173a*, ibid., p.459.
② Plato, *Symposium 176a*, ibid., p.461.
③ Plato, *Symposium 177e*, ibid., p.463.
④ Plato, *Symposium 178b-c*, ibid.
⑤ Plato, *Symposium 191d*, ibid., p.474.
⑥ Plato, *Symposium 189d-191a*, ibid., pp.473-474.
⑦ Plato, *Symposium 203b-204a*, ibid., p.486.

两种截然不同的属性，但这两种属性对于他来说并不现实地存在着，而是毋宁仅仅通过爱若斯自身的活动以及这些活动所引起的变化而呈现出来。在这个意义上，或者说爱若斯没有如其他神祇那般确定的自身属性，或者说爱若斯的属性就是在变化中呈现出的可能性。无论从哪个方面来讲，一种内在而不竭的自我更新力量都藉着这位爱神而得到了揭示。这种力量也是人真正赞美和敬拜的东西，它使人可以藉着不竭的自我更新去探索和实现自己的本己可能，而不是作为日常事务的操劳者把后者当作一个经验事实来接受。换言之，人由之而出和向之而归的土，由于人的这个由之而出和向之而归发生了变化。到这里，我们从前面所说的事情的转机出发的思考得到了完成。

四、人的苦难与无权

当然，人所承受的这一切，如前所及，从根本上来说与奥林匹斯山的秩序有关。不过，我们也注意到，尽管就秩序本身更为严格地付诸公然与执行而言，追溯到宙斯结束提坦之战后确立起来的奥林匹斯山的统治是恰当的，但是若要获得一种对照性的考察的话，则还需再上探到克洛诺斯统治的时代——这种对照性的考察对于思考人族与诸神之间的关系并非不重要。我们前面提到的第一代人也就是黄金种族便生活在克洛诺斯的时代，赫西俄德这样写道："首先，居住在奥林匹斯山的不死诸神制造了会死的人的一个黄金种族，他们生活在克洛诺斯的时代，那时他正统治着上天。他们像神一样生活，没有内心的悲哀，远离并免于辛劳和忧伤：悲惨的年岁没有搁在他们身上；他们用永不衰退的双腿和两臂，享受一切罪恶都无法达到的筵宴之乐。他们死去之时就仿佛是被睡眠困住了，他们拥有一切美好的事物；因为丰产的土地自愿地为他们生出大量食之不尽的果实。他们怡然而平静地居住在有着许多美好事物的土地上，羊群丰裕并为佑福之神所爱。"[1]不过，在这里，更为重要的不是这个种族的人的生，而是他们的死——尽管他们的生被描写得格外幸福。之所以这么说是因为，他们的死一方面没有丝毫的痛苦而宛如睡去一般，另一方面又不是由于外在力量加之而来的致命毁灭。此外，他们的生活中似乎并不存在一种必须得到严格遵守的秩序，因而也没有由于违背或者冒犯什么而担负罪责并受到惩罚，毋宁相反，他们自由地免于从诸如辛劳或者忧伤之类东西而来的阻碍。

这种生活即克洛诺斯时代黄金种族的生活与后来的白银种族形成了对照。我们看到，仍然由奥林匹斯山诸神制造的这一代人，"孩子在他的好母亲身边被养育一百年，是个彻底的缺心眼，在自己家里幼稚地玩耍。但当他们发育充分进入完整的青年期时，却只有一点点由于他们的愚蠢而生活在悲伤之中的时间，因为他们不能够免于犯罪或

---

① Hesiod, *Works and Days 110-120*, in Hesiod, *The Homeric Hymns and Homerica*, with an English Translation by Hugh G.Evelyn-White, Cambridge：Harvard University Press, 1982, p.9.

彼此诋毁,也不能够供奉不死的诸神,不能够在佑福之神的神圣祭坛上献祭——而这是无论居住于何处的人都理当做的。于是克洛诺斯之子宙斯勃然大怒并抛弃了他们,因为他们不敬拜居住在奥林匹斯山的佑福之神。"①通过对照不难发现,在白银种族那里,无论是童年的漫长和幼稚还是青年的短暂和愚蠢,都意味那不曾耽搁黄金种族的年岁对他们来说成为困扰;此外,敬拜奥林匹斯山诸神并向诸神献祭成为他们的本分,而这对于黄金种族来说乃是根本不必为之操心的事情;结果,不敬神和不祭神便是秩序的破坏,他们也因而为此承担罪责即被愤怒的宙斯所抛弃。还有一点值得注意的是,黄金种族类尽管生活在克洛诺斯时代,但是统治者对他们来说似乎并不在场,因为他几乎什么也没有做,因而也不对人类有所役使;而在白银种族那里,宙斯藉着他对于人的愤怒和抛弃而在场了,而如果考虑到愤怒和抛弃的原因,那么他其实已经在敬神和祭神的秩序中在场了——这样的在场正好与克洛诺斯的不在场形成了对照。这个对照的实质是,神对于人来说,要么不在场从而让人远离操劳并使人免于烦恼,要么在场从而为人订立秩序并使人承担职责。

　　这样意味深长的对照还在继续,我们在接下来的三代人那里看到了这种继续。在这三代都为宙斯所制造的人族中,青铜种族"不以粮食为生,是心硬如石的可怕之人。他们力量巨大,不可征服的双臂从他们肩膀的强壮上肢上长出来。……这些人被他们自己的双手毁灭,被转到寒冷的哈德斯的阴湿府第,且没有留下名字:尽管他们令人胆寒,但是黑死病抓住了他们,他们离开了太阳的明亮光辉。"②尽管他们既不以粮食为生因而无须依赖土地的丰产,也不担负敬神以及祭神的职责因而无须为此而操劳,但他们并没有藉着这些似乎游离于秩序之外的条件而免除痛苦,而是在黑死病的无情击打下失去了他们的生命。接下来的是"更加高贵且更加正直的、如同神一般的英雄种族,他们被称作半神,是遍布在无垠大地上的我们之前的种族。冷酷的战争和可怕的战斗摧毁了他们中的一部分……对于其他的部分,克洛诺斯之子父神宙斯给予其生计以及远离人类的一处居所,让他们居住在大地的尽头。他们生活在不被悲伤所触碰的岛屿之上,这些岛屿在涡流深急的俄刻阿诺斯的佑福沿岸,出产谷物的大地为幸福的英雄们每年三次结出如蜜般甘甜的茂盛果实,他们远离不死的诸神,克洛诺斯统治着他们……"③这里再次出现了克洛诺斯的统治,但这个统治似乎依然是不在场的,至少赫西俄德对克洛诺斯如何统治只字未提。不过,更重要的是,英雄们远离"人类"以及"不死的诸神",这种远离使得他们既免于前者遭受的痛苦又免于后者制定的秩序。这个种族与之前的青铜种族的相似之处在于,他们都不必像白银种族那样担负敬神和拜神的职责并为逃避这个职责而接受惩罚,而不同之处在于一个在克洛诺斯的统治之下,一个

---

① Hesiod, *Works and Days 130–139*, ibid., pp.11–13.

② Hesiod, *Works and Days 147–155*, ibid., p.13.

③ Hesiod, *Works and Days 159–169a*, ibid., pp.13–15.

不在。就此而言,这种不在场的统治似乎又是有意义的。当然,我们也注意到,这个统治是宙斯让渡给克洛诺斯的。倘若没有这个让渡,也就是说,倘若他们仍然在宙斯的统治之下,那么之前为白银种族订立的秩序恐怕也会作用于他们。

最后是黑铁种族,即现在这个连诗人自己都"但愿不是生活在其中"[①]的最为混乱因而最为无序的一代人。它也因此或者需要最严格的秩序,或者被毁灭。这个种族是赫西俄德着墨最多的,也是与我们的讨论更为直接相关的。诗人写道:"……白天人们从来不能摆脱劳动和悲哀而休息,夜晚则从来不能摆脱死亡;诸神把沉重的麻烦压在他们身上。但是,尽管如此,这些人还有某种善同他们的诸般恶混合在一起。当他们刚出生便鬓发花白之时,宙斯就将毁灭这个会死的人族。父亲不赞同他的孩子,孩子不赞同他们的父亲,客人不赞同他的主人,伙伴不赞同伙伴;兄弟对兄弟不像从前那样珍贵。……不知道敬畏诸神。他们不报答他们年迈父母的养育付出,因为强力成为他们的正义……力量成为正义而虔诚则不再是……埃多斯和涅墨西斯,以白袍包裹她们的甜美形体,离开道路宽阔的大地并放弃人类,去加入不死诸神的行列:深重的悲哀则留给了会死的人,并且没有补救之物来抵御罪恶。"[②]人们之所以无法摆脱劳动、悲哀以及死亡的日夜折磨,乃是因为这些麻烦是诸神加给他们的,确切地说,是作为惩罚加给他们——他们的受罚源于他们不知道敬畏诸神。这种不敬突出地表现为,神从前制定的父子、主客、伙伴、兄弟之间的秩序被他们扰乱和破坏了。他们之所以尚未遭到毁灭,仅仅是因为在他们的种种罪恶中还混合着某种善,而这样的混合无非意味着他们还没有将秩序破坏殆尽。不过,破坏殆尽的时刻显然已经不远,至少宙斯已经看到了那个时刻——那是他们刚出生便鬓发花白之时,也是他们这个族类被彻底毁灭之时。唯其如此,羞耻女神埃多斯和复仇女神涅墨西斯提前离开了他们,而他们也没有补救之物阻止那个时刻的到来,正如他们没有补救之物来抵御他们的罪恶。

问题是,为什么会这样?要使这个问题得到回答,而不是被取消,就不应该从那些必须得到敬畏和遵守的秩序本身出发来加以思考,而应该从人在这些秩序的制定中的位置出发——后者决定着这些秩序是不是属人的。不难发现,在制定秩序这件事情上,人不是占据不利的或者卑微的位置,而是根本没有位置,也就是说,彻底的无权。这在城邦生活中表现为:神所制定的秩序作为城邦的传统,具有一种要求每个个人都毫无保留地接受它或者说与它完全保持一致的权威。甚至直到现在,尽管我们已经知道,传统毕竟也是我们制造出来的,但是传统由于其在城邦生活或者集体生活中的积淀而树立的这种权威仍然存在。比如,迪尔凯姆有这样一个想法,"……意识认识社会事实的能力不可能超过它对自己的认识能力。——有人可能反对这种观点,认为既然社会事实是我们制造出来的,那么只要我们有了自我意识,就能知道我们给它加进了什么内容和

---

① Hesiod, *Works and Days 174*, ibid., p.15.

② Hesiod, *Works and Days 176-200*, ibid., pp.15-17.

如何形成它的。但首先要知道,社会制度的绝大部分是由前人定好而遗留给我们的,我们丝毫也没有参与它的建立,所以反躬自问时,不可能找到产生这些制度的原因。……不管怎样,对于整个集体行为来说,具体到每一个个人的参与是微不足道的,参与的人很多,别人意识到的我们可能意识不到。"①这个想法使我们获得了对于神或者城邦传统的权威的一种考虑,不过,无论如何,我们同时也要考虑这样的权威之下没有位置和权力的人的状况,这也正是我们这里的工作,亦即对在奥林匹斯山诸神面前彻底无权的人展开讨论。

诸神的分权与人的无权在埃斯库罗斯笔下得到了描述,这为我们的讨论提供了线索。普罗米修斯对歌队长说道,宙斯"一坐上他父亲的御座,他就立即分配给那些神祇以他们的一些特权,并且也分派给他们以他们适当的权力。但是,对于不幸的会死之人他却毫不在意,反而想要毁灭这整个的族类并创造出另一个新的族类来代替它。"②乍看起来,这是一件令人费解的事情,即,宙斯"一坐上他父亲的御座"不是立即把他的统治的权威昭告天下,而是分权。但是如果换一个角度来看,那么我们就会发现,这一令人费解的做法其实正是揭示了事情的实质,这就是,一方面,分权恰恰就是宙斯的权威的确立,因为只有他有权对权力进行分配;另一方面,权力的分配意味着秩序由此而得到制定,亦即,诸神因为在自己的权力范围内而在宙斯的权力范围内。这一点在威力神和歌队那里得到了道出,威力神说,"除了宙斯之外没有谁是自由的"③;歌队说,"宙斯专断行事"④。所以,这段话中更为值得注意的毋宁是人的提及。普罗米修斯在陈述分权这件事之后紧接着提到了人,这个关联提示着人与前面那件事之间的关联,或者说暗示着人被牵涉进了前面那件事之中。然而,这种关联和牵涉的结果不是人被分配到了某些权力,而是被剥夺了一切权力,包括生存的权力;换言之,如果说诸神,就像威力神和歌队说的那样,在宙斯的专断行事下失去自由的话,那么人失去的不是他们的自由,而是他们自身——因为宙斯"想要毁灭这整个的族类"。而这个族类之所以尚未被毁灭,乃是普罗米修斯的缘故,也就是他紧接着说的,"没有谁胆敢站出来反对这个企图,除了我——唯有我有这个勇气;我拯救了会死的人,所以他们没有完全枯萎地坠落到死神的府第。"⑤到这里,事情似乎清楚了,即在刚坐上御座的宙斯的统治下,或者说,在其制定的奥林匹斯山的秩序下,人是彻底的无权者,并因此而面临毁灭——埃斯库罗斯的这番描述与赫西俄德说的那个"宙斯就将毁灭"的黑铁种族形成了某种呼应。整个事情由于普罗米修斯的挺身而出发生了改变,当然,正如我们所知道的,拯救了人族的普

---

① 迪尔凯姆:《社会学方法的准则》,狄玉明译,北京:商务印书馆,1995年,第8—9页。

② Aeschylus, *Prometheus Bound 230-235*, in *Supplant Maidens · Persians · Prometheus · Seven against Thebes*, with an English Translation by Herbert Weir Smyth, Cambridge: Harvard University Press, 1996, pp.235-237.

③ Aeschylus, *Prometheus Bound 50*, ibid., p.219.

④ Aeschylus, *Prometheus Bound 150*, ibid., p.229.

⑤ Aeschylus, *Prometheus Bound 236-238*, ibid., p.237.

罗米修斯也因此而遭受到了惩罚。

这看起来构成了一个完整的叙事,然而,如果我们注意到,向歌队道出神的分权与人的无权的普罗米修斯本身乃是一个无权者,或者说,本身乃是一个应当获得分权但却没有获得分权的无权者,那么另外一条线索就浮现出来了。

五、战争中的策略与战争后的分权

普罗米修斯之所以应当获得分权,乃是因为他在宙斯与提坦们的作战中站到了前者的一边。我们看到,赫西俄德用了大量的笔墨来描写这场整整持续十年的战争,不过,即便如此,他在这些描写中只字未提普罗米修斯,至少没有直接提及。不过,如果藉着埃斯库罗斯来进行解读,那么我们就会在赫西俄德那里发现他没有直接提及的普罗米修斯,或者也可以反过来说,即后者为我们理解前者同样给出了或明或暗的提示。我们从埃斯库罗斯开始,确切地说,从他笔下的普罗米修斯向歌队长所陈述的原委开始,"对我来说,讲述这故事是痛苦的,保持沉默也是痛苦的——我的情况从各个方面来讲都是不幸的。当初众位天神怒气发作,他们中间搅起彼此不合,一些执意要将克洛诺斯从他的御座上抛下,这样宙斯便可切实统治;另一些则渴求相反的目的,即宙斯将永不赢得对诸神的掌控——那时正是我,尽管出于好意对天空之神与大地女神的孩子提坦们提出建议,但是却不能说服他们;蔑视巧计策略的他们处于力量的巅峰,认为藉着武力便可轻易地取得控制权。我的母亲忒弥斯,或者大地女神(她只有一个形式却有许多名字),常常向我预言未来以何种方式注定实现——它不是靠蛮力也不是通过暴力,将占上风者定要靠狡计来获胜。尽管我向他们力陈这一切,但他们却一点都不屈尊注意我的建议。考虑到我面前的这一切,最好的选择看起来就是,我与我的母亲一起使自己作为一位受欢迎的志愿者安于宙斯的一边;而正是由于我的策略,塔耳塔洛斯的幽深昏暗现在囚禁着年迈的克洛诺斯以及他的同盟者。"[1]在宙斯与提坦们的这场权力的战争中,普罗米修斯的,确切地说,他与他母亲的巧计策略对这场战争的胜负起到了决定作用,而这个策略及其作用乃是藉着他们的预见能力而被知晓的,因而是无论宙斯还是提坦们都无法知晓的。他们愿意贡献出这个策略以帮助作战中的一方获胜,只是提坦们不愿理会他们,而他们在宙斯那里则成了受欢迎的志愿者。简而言之,普罗米修斯以他的巧计策略帮助宙斯取得了战争的胜利。显然,奥林匹斯山诸神是受惠于普罗米修斯的,然而后者非但没有由于他对前者的施惠而得到公正的回报和适当的权力,反而是被前者恩将仇报,从而成为一个无权者。不过,在考察普罗米修斯与奥林匹斯山诸神或者说宙斯之间的这番恩怨之前,或许可以先来看一下他帮助宙斯取得战争胜利的那个策略究竟是什么——因为这个策略所牵涉到的东西与普罗米修斯拯

---

① Aeschylus, *Prometheus Bound 199-223*, ibid., pp.233-235.

救的人族形成了对照。

然而,埃斯库罗斯对这个策略究竟是什么只字未提,正如赫西俄德对普罗米修斯的参战只字未提。尽管如此,在埃斯库罗斯那里,恐怕并非无意提及的普罗米修斯的母亲忒弥斯即大地女神为我们了解这个策略提供了线索,因为这个策略正是被明确地归结到了普罗米修斯和他的大地母亲。而在赫西俄德那里,也正是——埃斯库罗斯说的普罗米修斯与之一起作为"受欢迎的志愿者"而"安于宙斯的一边"的——大地女神向宙斯透露了如何赢得那场旷日持久而又不分胜负的战争的办法。诗人写道,当初乌兰诺斯心中厌烦他的孩子"布里阿瑞俄斯、科托斯和古埃斯,他用残酷的锁链把他们绑缚起来,因为他嫉妒他们卓越的男子气概和漂亮俊美,以及高大身材:他使他们生活在道路宽阔的大地之下,在那里受尽折磨,他们居于地面之下、大地尽头、它那巨大的边缘处,心怀巨大悲伤长久地陷入极度的痛苦之中。但是克洛诺斯之子与头发浓密的瑞亚从同克洛诺斯的结合总中生出的其他不死诸神,在大地女神的建议之下把他们带上来重见光明。她向诸神完完全全地讲述所有的事情,即他们靠着这三位神祇赢得胜利和一番足以自夸的光荣事业。因为提坦诸神与同样多的出自克洛诺斯的诸神苦战已久……战事僵持不下。在他为这三位神祇提供了所有合适的东西、诸神所食的甘露和仙馔之后,在他们骄傲的灵魂在食用了甘露和美味仙馔而复活之后,人神之父便在他们中说:……"①在这里,非常清楚,大地女神或者普罗米修斯的策略就是解救遭囚禁的布里阿瑞俄斯、科托斯和古埃斯,并在他们的帮助下赢得战争——预见者预见到未来将以这种方式实现。这样一来,普罗米修斯秘而不宣的巧计策略之谜便由此而解开了。不过,我们也注意到,在埃斯库罗斯笔下,普罗米修斯似乎从不公然直陈与命运相关的东西,而总是或者守住秘密而不发一语或者"以谜语般的方式陈述"②。

让我们回到赫西俄德,我们看到,宙斯接受了大地女神的这个策略并这么做了。所以,当他解救与复活他们之后,便要他们念他的这份好意或者说恩情来帮助他与提坦们作战。而他们也欣然应允,科托斯这样答复道,"……因此现在我们将,怀着坚定不移的目的和深思熟虑的策略,在可怕的冲突中支持你的力量,我们将在艰苦的战斗中与提坦们作战。"③而之前一度胶着的战局也的确由于他们的加入而发生改变并变得明朗了。那么,他们由以改变局势的卓绝力量或者说本领是什么呢?是他们的天赋异禀。赫西俄德这样描写他们的作战场面,"他们全都一模一样地从肩膀上生出一百条手臂,每位都在其强壮肢体的肩膀上长着五十个脑袋。这三位神祇,用他们强壮的手举起巨

① Hesiod, *The Theogony 619-639*, in Hesiod, *The Homeric Hymns and Homerica*, with an English Translation by Hugh G.Evelyn-White, Cambridge:Harvard University Press, 1982, p.125.

② Aeschylus, *Prometheus Bound 949*, in *Supplant Maidens · Persians · Prometheus · Seven against Thebes*, with an English Translation by Herbert Weir Smyth, Cambridge:Harvard University Press, 1996, p.301.

③ Hesiod, *The Theogony 662-664*, in Hesiod, *The Homeric Hymns and Homerica*, with an English Translation by Hugh G.Evelyn-White, Cambridge:Harvard University Press, 1982, p.127.

石,在残酷的战斗中抗击提坦们。"①也就是说,他们生来就有的一百条力大无比的臂膀在战争中发挥了巨大的作用。这里的百臂是值得注意的,因为它们作为存在者身上生来就有的东西的极致同生来身上一无所有的人族形成了强烈的对照——根据另一个神话即柏拉图《普罗泰戈拉篇》中讲述的神话,人在天赋上没有任何力量与能力的装备,他们是靠着普罗米修斯从赫菲斯托斯和雅典娜那里盗来的实践艺术的智慧以及火来自己生产出自己的生活的,比如,发音清晰地说出了言语和词汇,并且发明了房屋、衣服、鞋子和毯子……②而在这里,我们看到,随着这三位神祇不断地强力猛攻,这场战争终于走到了尽头。赫西俄德写道,"冲在最先之中的便是对战争永不知足的科托斯、布里阿瑞俄斯和古埃斯,他们掀起了猛烈的攻击:三百块巨石,一块接一块从他们强壮的手中投射出去,他们以这些投射物使提坦们蒙上阴影,在他们用他们的力量征服了提坦们的所有伟大灵魂之后,便将他们丢到道路宽阔的大地之下,并用痛苦的锁链绑缚住他们,在大地之下与大地到天空一样遥远的地方;这便是大地到塔耳塔洛斯的距离。……古埃斯、科托斯和大度的布里阿瑞俄斯就住在那里,充当持神盾的宙斯的可靠看守。"③三位百臂神不仅帮助宙斯取得了对提坦们的最终胜利,而且为宙斯在塔耳塔洛斯严加看守被征服的提坦们,不使他们逃脱。而这一切都源于那个巧计策略。

尽管"在宙斯把提坦们赶出上天之后"④,还有与提丰的战斗,不过这对于宙斯来说已无需巧计策略了,因为他自己就以"雷霆、闪电和可怕的霹雳"⑤征服了他。所以,在这两场浓墨重彩的战争之后,赫西俄德所提及的只有提坦之战并以这样一句话来结束对于战争的叙述,"在佑福之神结束了他们的劳苦之后,在用武力解决了他们与提坦们的荣誉之战之后,他们根据大地女神的提示,要求卓有远见的奥林匹斯山的宙斯来统治和主宰他们。所以,他在他们当中分配了他们的尊严"⑥。触目惊心的战争结束了,不过要是我们考虑到,如前所述,神的本性乃是分裂,那么可能真正重要的事情才刚刚开始。这就是,诸神不会由于战争的结束而在自己的本性上发生任何变化,毋宁相反,他们总是必须永远藉着这本性把自己确立为个体的存在者。也就是说,分裂仍将继续,尽管不一定以公然的争执与作战的方式。在这个意义上,分配尊严和权力比战争更为重

---

① Hesiod, *The Theogony 670-675*, ibid., pp.127-129.

② cf.Plato, *Protagoras 320d - 322d*, in *Complete Works*, Edited, with Introduction and Notes, by John M. Cooper, Indianapolis: Hackett Publishing Company, 1997, pp.756-758.值得注意的是,这个神话接下来还讲道,宙斯派海尔梅斯把正义和羞耻带给所有人,因为这两者作为政治的艺术是人类建立城邦所必需的,并颁布了这样一条法律即"那不能分担羞耻和正义的人将被处死,因为他是城邦的瘟疫"。对于这一点,我们不难做出如下解读:宙斯把他制定的秩序加给人,并使之成为城邦的传统和权威,而且,这个权威是如此之绝对,以至于任何违背它的人都将被剥夺生存的权力。

③ Hesiod, *The Theogony 712-735*, in Hesiod, *The Homeric Hymns and Homerica*, with an English Translation by Hugh G.Evelyn-White, Cambridge: Harvard University Press, 1982, pp.131-133.

④ Hesiod, *The Theogony 820*, ibid., p.139.

⑤ Hesiod, *The Theogony 854*, ibid., p.141.

⑥ Hesiod, *The Theogony 881-885*, ibid., p.143.

要。甚至可以说,权力首先就是战争,至少是战争的延续。这一点在后来的福柯那里得到了明确地指出,他说:"如果从权力是势力关系的具体表现的角度来看待问题……我们是不是应该首先把它看成一种斗争、冲突和战争? …… 这是对克劳塞维茨(Clausewitz)的说法的一个颠倒,他说'战争是政治的延续'。这种颠倒具有三重含义:首先,它意味着我们社会中的权力关系主要是建立在确定的势力关系之上,这种势力关系在一特定的历史时期通过战争得以确立。此外,如果政治权力结束了战争,建立或试图建立国内社会的和平统治,这绝不意味着它悬置了战争的效应或者说抵消了最后决战导致的不平衡。根据这一假设,政治权力的角色不断地通过未申明的战争来重写这种关系……"①如果是这样的话,那么对于诸神来说,战后的分权并非意味着战争效应的取消,而仅仅意味着对未申明的战争的转向;当然,这种转向可以缓解战争这一极端分裂形式所造成的烦恼——我们前面提及了这一点,同时也提及,这种缓解恰恰以分裂的存在为前提。

所以,战后的分权恐怕是一个值得更加认真思考的问题。我们可以结合两个细节来思考。第一个细节是,分权乃是在诸神"根据大地女神的提示"要求宙斯来统治他们之后发生的。这意味着,首先,我们知道,大地女神这位曾向她的儿子普罗米修斯"预言未来以何种方式注定实现"的母亲,乃是一位预见之神,因此,她的提示意义重大——这个提示指向其他诸神都无从明了的未来。其次,诸神的这一要求作为原因所导致的结果就是宙斯"在他们当中分配了他们的尊严",这表明宙斯的统治就是分权,或者如前所述,分权就是宙斯的权威的确立——这是一种与之前的乌兰诺斯和克洛诺斯极其不同的统治方式,即与幽禁在地下和吞食到腹中极其不同的统治方式。这恐怕也正是出于大地女神的预见,即唯有藉着分权这种新的统治方式,一种更牢固的秩序才能得以确立。第二个细节是,赫西俄德在《神谱》开篇之后不久就有几行诗略略提及了他后来要浓墨重彩描述的东西,即在宙斯"用武力战胜他的父亲克洛诺斯之后,正统治着上天,他自己握有闪电和炽热的霹雳;他公平地给不死的诸神分配他们的份额并宣布他们的特权。"②与后面的上百行铺陈相比,这里的提及显然极为简单,但就在这寥寥数语中,更多的词句不是给了战争,而是给了分权——这是耐人寻味的。无论如何,分权的重要意义在以上两个细节中得到了某种揭示。而从另外一个方面也可以说,分权的意义越重要就越是与普罗米修斯的无权形成对照——尤其是考虑到宙斯"公平"分权时。当然,比从这两个细节出发更为重要的是去了解,诗人一再提及的宙斯给诸神所分配的尊严、份额、特权、权力究竟是指什么。只有这样,我们才能明白,普罗米修斯没有得的或者说被剥夺的东西究竟是什么,以及他如何由于他的这个没分

① 福柯:《权力的眼睛——福柯访谈录》,严锋译,上海:上海人民出版社,1997年,第225页。
② Hesiod, *The Theogony 70–74*, in Hesiod, *The Homeric Hymns and Homerica*, with an English Translation by Hugh G.Evelyn-White, Cambridge:Harvard University Press, 1982, p.83.

145

得和被剥夺而成为无权者。

宙斯在他没有赢得胜利之前,曾经昭告诸神,不管是谁只要与他一同对提坦们作战,便可保持其已有的权力或者获得其未有的权力。不过,值得注意的是,在赫西俄德笔下,宙斯的这个昭告是与紧紧追随这个昭告而首先到来的神祇一起得到描述的。这个值得注意主要不是指宙斯的昭告由于立即得到响应而显示出力量,而是指首先到来的神祇与后来的普罗米修斯形成了一种戏剧性的对照——至少埃斯库罗斯使这个对照变得极其明显。赫西俄德的那段描述是这样的,"俄刻阿诺斯的女儿斯堤克斯与帕拉斯结合,并在家中生下了泽洛斯(竞争)和美踝的尼克(胜利)。她还产生了克拉托斯(威力)和比亚(暴力),美妙的孩子。这两位神祇除宙斯那里之外没有家,没有任何居所,也没有道路,除非宙斯引导他们于其中,但是他们总是与大声的雷神宙斯同住。之所以如此,乃是由于斯堤克斯这位俄刻阿诺斯的不死女儿在那一天所实施的计划的缘故。在那一天,奥林匹斯山的闪电之神将所有不死的诸神召至巍峨的奥林匹斯山,并说,无论哪位神祇只要与他一起对提坦们作战,他就不革除他的权利,且每位都保有他之前在不死诸神中的职位。而且,他宣布,在克洛诺斯手下没有职位和权利的神祇,也将被提擢到公正的职位和权利。所以,不死的斯堤克斯通过她亲爱的父亲的智慧,带着她的孩子首先来到了奥林匹斯山。宙斯给予其荣誉,并给了她非常伟大的礼物,他任命她为诸神伟大的誓言监督,并让她的孩子永远与他住在一起。"①我们知道,普罗米修斯正是与宙斯"一起对提坦们作战"的,而我们也同样知道,他并没有,像宙斯允诺的那样,保有他的权利和职位,更不用说分得新的权职——事实上,绑缚在高加索山岩石上的他被剥夺了所有的尊严与权力。

普罗米修斯正是在岩石上向歌队长悲叹,"上天的暴君得到了我如此的好处,他却用如此残忍的回报来报答我;不信任朋友乃是内在于暴政之中的一种毛病。"②与之形成对照的是威力神和暴力神,他们,如方才引文里提及的,随他们的母亲斯堤克斯一起最早来到奥林匹斯山,从而与宙斯同行同住——而我们知道,普罗米修斯同样也是随母亲一起站到宙斯的一边的。事实上,这种对照甚至在埃斯库罗斯的《被锁链锁住的普罗米修斯》的一开场就得到了戏剧性的呈现,即普罗米修斯是被押解的囚徒,而威力神和暴力神则是押解囚徒的差役。就此而言,亦即就这种戏剧性的呈现而言,这两位解差的选角在埃斯库罗斯那里恐怕不是随意而为之的。

到这里,我们发现,之前讨论的人的故事与刚刚讨论的普罗米修斯的故事,一起成为无权者的故事。而接下来,我们将会看到,这两个无权者的故事其实是一个故事。这当然与普罗米修斯"胆敢站出来反对"宙斯的企图并"拯救了会死的人"有关。事实上,

---

①　Hesiod, *The Theogony 383–401*, ibid., pp.107–109.

②　Aeschylus, *Prometheus Bound 224–227*, in *Supplant Maidens · Persians · Prometheus · Seven against Thebes*, with an English Translation by Herbert Weir Smyth, Cambridge: Harvard University Press, 1996, p.235.

普罗米修斯在向歌队长悲叹宙斯对他的残忍回报之后,紧接着就陈述了宙斯的分权及其想要毁灭人族的企图——我们前面已经对此做了援引和分析。不过,普罗米修斯的拯救人族的工作很大程度上并非意味着人获得了某种外在的免遭毁灭的庇佑,而是获得了由以自救的途径,并且,人不是别的而就是这种自救——换言之,不是把已然存在的人带出困境,而是使尚未存在的人得以生成。就此而言,普罗米修斯就置身于人之中,确切地说,置身于人自身的这种生成之中——正如在作为预见者的普罗米修斯那里,被预见的东西并非处在度量时间上的将来,而是置身于当下所发生的这样的生成之中。人藉着普罗米修斯的馈赠或者毋宁说置身于他们之中的普罗米修斯自己,在不敬和违抗神的方向上自己塑造自己,就像年轻的歌德在他那首题为《普罗米修斯》的诗中写道的:

> 我就坐在这里,请按照
> 我的模样造人吧,造出
> 一个跟我一模一样的种族,
> 去受苦,去哭泣,
> 去享受,去取乐——
> 而且不尊重你,
> 也像我!①

---

① 歌德:《普罗米修斯》,绿原译,见《歌德文集:8》,北京:人民文学出版社,1999年,第77—79页。

视觉在古德曼图像再现说中的暧昧处境
——从知觉心理学出发的一次考察

殷曼楟*

内容提要:作为当代图像再现说符号论一派的代表人物,纳尔逊·古德曼批判了以往图像再现说的相似性理论,并将图像与再现对象之间的关系转译为符号学意义上的关系。这一做法集中体现了视觉及图像问题在他理论中的尴尬处境。一方面,古德曼借用了视知觉研究成果来批判相似论,论证了他图像再现观的合理性。但另一方面,他的图像再现方案又搁置了视觉与图像问题。论文也分析了古德曼图像再现方案得以确立的潜在的知觉心理学间接知觉论资源,以及这种间接知觉论理解视觉经验的模式如何被古德曼转化为了他自身的艺术符号学模式。

关键词:古德曼;图像再现;视知觉;知觉心理学

在再现这个传统而悠久的美学范畴上,图像再现与语言再现的关系一直是核心问题之一。一般来说,理解这两种再现之间关系上的变化,体现了此问题上的主导观点的变迁。如果说,最初我们是在柏拉图模仿说外观复制的意义上来看待“再现”与真实事物的关系,那么,随着再现与模仿这两个问题日益区分开来,“再现”通常则被理解为:以特定方式来呈现出一物或一件作品,并用它来指代另一事物。从这种主流理解中我们能看到,“再现”问题中,再现(作品)与其再现对象之间其实已经愈来愈失去了它们的直接联系,而是变成了惯例性关系,这也是再现在当代往往与符号联系在一起的原因。当然,也正是在这一语境下,学者们对语言再现与图像再现作了区分:语言再现体现的是再现符号与再现对象之间任意的惯例化联系;而在图像再现中,图像符号与再现对象的联系则有一定的相似性作为保证。在当代,纳尔逊·古德曼正是对这一主流见解提出质疑的人物,他的质疑开启了当代图像再现与语言再现的新一轮论争,而这也是当代图像再现研究兴起的契机。

众所周知,古德曼是从符号系统来看待图像的一位学者,因此他也是图像再现的符

---

* 南京大学哲学系、艺术学院教授、博士生导师,南京大学当代智能哲学与人类未来研究中心教授。本文为国家社会科学基金一般项目“分析美学视域下的图像再现转向视觉再现研究”(15BZX126)阶段性成果。

号论一脉的代表人物。那么在古德曼的见解里,他对图像再现与语言再现究竟持何种见解? 他在什么立场了上反对了之前主流的图像再现与语言再现看法? 他如何看待图像再现、尤其是图像性、视觉性这些问题的? 这对于图像再现研究来说都是引发辨析的重要问题。甚至于,我们还可继续追踪他在图像再现问题上所持的理解模式的渊源。古德曼批评之前图像再现论,这主要是集中在相似性批判上。值得注意的是,他并非无视了视觉与图像因素而刻板地运用了一种符号学解释,相反,他是受贡布里希的图像再现研究启发,并大量借鉴了当时视觉研究成果来论证其观点的。如此,除了语言学方法,我们还可追踪到对其解释产生影响的另一脉理论资源,即当时的视科学与知觉心理学在视知觉研究方面的贡献。从中,我们或可更深入地思考:古德曼是如何处理视觉经验与其图像再现作为一种符号系统的关系的? 是什么有力地支持了他将视觉问题与符号问题结合在一起解释的思路?

一、古德曼图像再现说中的"视觉"及其知觉心理学资源

在西方美学史上,模仿说奠定了早期图像再现所信任的"复制事物外观"这种相似性,并导致了在很长一段时间里,学者们往往会忽视与这种相似性信任实际抵牾的种种现象,以此为依据来理解图像再现。古德曼在美学史上的一个重要作用,就是推翻了图像再现与相似性之间的天然合法性。尽管当时的语境下,模仿说业已失去其权威性,而依托于语言学范式的相对主义立场也颇为常见,但从符号学体系上打破该共识依然是令人瞩目的,毕竟在一般观念中,图像再现不同于语言再现之处可能就在于其一眼所见的显现形象与再现对象的相似,这种图像再现与再现对象之间的"共享"属性,似乎可以克服因"惯例性"的随意而引发的忧虑。古德曼打破的便是这一依赖。

古德曼指出,图像再现其实不能做到真正"相似",所谓相似只能是选择让再现图像的某一部分特征与再现对象相符合。更重要的是,在古德曼论证此见解时,他并没有单纯采用语言学的方法,而是大量运用了知觉研究的策略。他的"相似性"批判在是从图像问题的内部解构的,也就是说是从视觉经验的性质上来解构的。古德曼批判了传统艺术理论对所见即所得与透视法的信任,是因为他知道:当观看者意识到自己看到了什么时,他其实只是在某种图式(如透视法)的引导下看到了再现对象。在这种理解下,隐藏于图像与再现对象符号关系之下的,是一种对视觉经验的新认识,即我们有关事物的视觉意识本身是不可靠的,它与真实事物之间没有必然关系。而之所以这两者之间不是必然关联的,是因为视觉经验是人的心灵与意识的产物,它不是对真实事物的直接复制,而是可以构造的。① 了解到这一点,我们就能理解古德曼为何能用符号系统

---

① 古德曼对图像再现说的相似论的批判请见拙作《论 N.古德曼相似论及其视觉怀疑主义》,《南京社会科学》2017 年第 12 期。本文仅简要介绍主要观点。

去解释图像再现的根本性质。

然而,古德曼又何以能确认这一主张呢?

第一,从宏观理论语境上看,20世纪下半叶以来,从语言学范式来设想哲学、知觉心理学、认知理论,以及相关的文化相对主义思潮业已成为古德曼当时研究其艺术符号学的主要背景。古德曼非常明确地意识到这一点,"这种现代主流,始于康德用心灵的结构取代了世界的结构,继是之于 C.I.刘易斯用概念的结构取代了心灵的结构,现在则进一步用科学、哲学、艺术、知觉以及日常话语的很多种符号系统的结构取代了概念的结构。"①因此,我们可以在此背景下来理解古德曼的以下观点:

虽然没有知觉的概念只能流于空洞,但是概念如果没有知觉,就是盲目的(完全无效的)。谓词、图画、其他标记、图表在应用的要求中幸存下来,但是,如果离开了形式,内容就会消失。我们可以有脱离世界的语词,但是却不可能有脱离语词或其他符号的世界。②

这段话代表了古德曼对于艺术符号与视知觉之间的一般性认识。古德曼在哲学美学领域注意到了知觉研究的价值,这至少表明,在当时的理论语境下,理解视觉经验的某种模式已成为共识。更具体地说,在哲学美学领域内出现的视觉怀疑主义其实已在知觉心理学中的间接知觉论中得到了一定程度的实证论证。因此,我们可以循此来进一步探索古德曼构想其图像再现说的理论环境,探索其理论与知觉心理学资源的联系。

知觉心理学中的间接知觉论主张:外部事物投射于视网膜,构成了视觉刺激,但这些刺激只是光色信息。观看者所谓的能"看到",其实是将杂乱的视觉刺激转化为了可识别的形体、距离、体积、空间感。这些结果都需要通过大脑来处理获得。而这一处理过程中,观念、概念、图式、推理都会影响到观看者"看到"什么,这就如同著名的鸭兔图那样。早在19世纪中叶,间接知觉论的提出者赫姆霍茨就已用神经科学的成果证明了这一点。但是神经科学的实验能证明的只是刺激信息与视觉意识之间的不对称性,以及一定程度上视觉刺激与快感、情感之间的对应关系。它还未能充分解释此过程是如何发生的,尤其是在艺术欣赏等这类相当复杂的视觉行为下,视觉意识是如果到达这一结果的。因此,对于我们如何能"看到",我们所能做到的仍多少是一种假设性的解释,而间接知觉论便是其中影响最大的一种。并且,从其所理解的视觉意识与真实事物的不对称关系来看,这种解释模式的立场与将世界对象化的观看方式是一致的。

第二,从古德曼分析视觉经验的论述来看,我们也能看到他是了解间接知觉论主要观点的。从《艺术的语言》等文献来看,古德曼主要接受了贡布里希及间接知觉论代表

① 古德曼:《构造世界的多种方式》,姬志闯译,上海:上海译文出版社,2008年,"序言"第2页。严格地说,间接知觉论对视知觉形成的解释并不完全赞同康德等学者的早期观点。他们持经验主义立场,是反对先在形式、先在范畴的,因此,概念、图式、推理介入了大脑的信息加工过程,但这些概念等亦是来自语境影响,来自过往的记忆与经验等。不过,从颅内大脑的建构论角度说,他们是一致的。

② 古德曼:《构造世界的多种方式》,第6—7页。

人物杰罗姆·布鲁纳(Jerome S.Bruner)、欧文·洛克(Irvin Rock)等人的相关研究。

一方面,古德曼的艺术符号说显然受到了贡布里希的影响。在古德曼看来,贡布里希对视觉经验与再现相对性的发现直接启发了他对图像再现惯例问题的理解。视觉是惯例性选择、构建的结果,受到其所处的文化语境诸多因素的引导,视觉不是"所见即所得"观所认为那样是真实而客观的,"它会进行选择、拒斥、组织、甄别、联系、分类、分析、构造。"①而贡布里希对图像再现及视觉经验的理解也显然受到了间接知觉论的影响②,他认为在感官刺激到视知觉形成并被意识到这一过程间,观念参与了知觉的筛选与秩序化,弥合了感觉—知觉之间的断裂,让观看者按照某种观看方式注意到某些对象。因此,不可能存在纯真之眼。

另一方面,诸多现象表明,古德曼的艺术符号学分析注意到了视知觉过程,并运用了一些间接知觉论的成果。在《艺术的语言》中,他运用知觉心理学的实验成果分析了透视等视觉现象,在《构造世界的多种方式》中也专门从运动角度考察了视知觉的特性,而在他的诸多论争性文章中,也多次涉及视知觉问题。在对现实主义图像再现的分析中,古德曼其实已为"相似"提供了另一种理解,这种解释接近于视觉经验上的相似。"这种被提议的现实主义的标准就是将再现与被再现混淆起来的概率。这是复制理论的某种改进;因为这里考虑的不是图像如何近似地复制一个对象,而是在适合于各自的观察条件下,图像和对象引起相同的反应和期待,会达到怎样的程度。"③如果说引起"反应"与"期待"的表述有些模棱两可,那么在古德曼进入再现话题时所列举的"再现"通常定义时,这种倾向则体现得更为明显:"'A 再现 B,当且仅当 A 可感地类似于B。'或者'就 A 类似于 B 的意义上来说,A 再现 B'"④。从这里可见,古德曼不认可相似性,不认为图像与其再现对象之间存在真正的因果关系,但他对图像再现之视觉经验的理解却不与间接知觉论的立场相违。并且,从当时视觉研究的主流观点来看,他也是与这种主流立场一致的。因此,古德曼反对相似论,但这并不会必然让他远离图像再现的视知觉问题。我们只需将对"相似"的严格理解宽松至"经验性相似"就可以回应该问题。而从知觉心理学来说,恰恰是视觉经验、而非物物相似才是他们的课题。

古德曼在讨论图像与雕塑时,也同样体现出视知觉方面的问题意识以及符号学视角的解释思路。古德曼明确意识到了图像"复制"理论的困难在于:"不可能在平面上描绘圆的东西。"⑤这其实一直是知觉心理学与图像再现的知觉主义研究中的核心问题——如何在二维表面呈现世界的三维外观。当然,虽然意识到了这一点,古德曼的解

---

① 古德曼:《艺术的语言》,彭锋译,北京:北京大学出版社,2013 年,第 9 页。
② 贡布里希对图像再现的看法,是基于其艺术实践积累,综合了知觉心理学中间接知觉论与直接知觉论观点。不过他对没有纯真之眼的判断,以及图式投射机制的分析更多接受了间接知觉论的观点。
③ 古德曼:《艺术的语言》,第 29 页
④ 古德曼:《艺术的语言》,第 6 页。
⑤ 古德曼:《艺术的语言》,第 18 页。

决路径却是符号学的。意识到图像再现中视觉问题的存在,这并不妨碍古德曼从一种语言哲学的路径来建构其艺术符号系统,并认为纯视觉不产生结构与秩序。

那么,古德曼的图像再现理论中是如何看待视觉与图像因素的呢?

二、古德曼图像再现中视觉性及图像性的搁置

如果说,上文指出了古德曼的图像再现论中视知觉理论语境的影响,尤其是他的艺术符号学解释框架与间接知觉论的内在一致性。那么总体来说,古德曼的图像再现说仍应归于一种符号学解释,而非视觉解释或图像解释,因为在他的理论中,把图像与视觉经验的这一问题转换为了符号"转译"的问题。"要绘制一幅在这些条件下产生的光线与对象在任何条件观看下产生的光线都相同的图像,即使可能也毫无意义。"①所谓的"复制",其实是"体现一种相似性"②。我们可以发现,古德曼使用"复制"一词带有跨域性质,它一方面有视觉经验方面的意味,但另一方面则有图像描绘技能方面的意味。在古德曼这里,相似性批判引导的方向是把这两个层面的问题转化为了一个问题。在此过程中,视觉经验尽管仍出现在古德曼的分析中,但它作为一个解决图像再现问题的方案却被搁置了。以下引文正揭示了古德曼思路上的这一特征:"根据古德曼的说法,现实主义是一个习惯问题,说一幅画看起来自然,这往往意味着它看起来像自然通常被描绘的样子。"③透视法在古德曼这里也被理解为一种具有权威性的惯例。他是用一种先知后看的读画模式来理解图像再现中的透视法与相似性。这其实也就是用符号层面的"转译"问题转换了视觉经验上的知觉问题。从而,古德曼可以论证图像再现只是指谓对象的符号学观点,并关注于讨论符号系统本身、即符号之间的关系。可以看出,通过这一路径,古德曼回避了二维平面与三维再现空间在视觉经验转换上的困难,把视觉问题转换为了符号问题。这在其图像再现观中体现为将"再现"转化为"再现—为"(represents...as)的做法:"一幅再现了一个人的图像,指谓了这个人;一幅再现了一个虚构的人的图像,是一幅人—图像;而一幅再现一个人为一个人的图像,是一幅指谓了这个人的人—图像。"④

就如他对"相似"的各种分析所显示的那样,图像符号与其再现对象之间甚至可以没有相关性。当古德曼说,"现实主义不是图像及其对象之间的任何固定或绝对的关系问题,而是图像中所采取的再现系统与标准系统之间的关系问题"⑤,我们可以看到

---

① 古德曼:《艺术的语言》,第 14 页。
② 古德曼:《艺术的语言》,第 14 页。
③ Rebecca K.Jones, Edward S.Reed and Margaret A.Hagen,"A Three Point Perspective on Pictorial Representation:Wartofsky,Goodman and Gibson on Seeing Pictures",*Erkenntnis*(1975-),15.1(1980),p.55.
④ 古德曼:《艺术的语言》,第 25 页。
⑤ 古德曼:《艺术的语言》,第 32 页。

视觉问题被排除出其讨论框架的做法。这也体现在当他称图像再现是指谓符号的时候。不管再现对象是真实存在、还是虚构的或类别意义上的,图像再现都需要指向某个所指对象。但是就如吉奥瓦内利所指出的那样,古德曼关心的是"符号如何能以更复杂而间接的方式指谓(denote)、例示(exemplify)或指称(refer)。他不关心指称(reference)的源头或'根源'。"①也就是说,古德曼的再现观实际上核心的仅是符号系统的符号之间的关系,而非其符号与所指对象的联系。②

因此,我们可以从这个角度来看待古德曼对图像再现与语言再现关系的理解,具体从三个方面进行。

第一,图像再现与语言再现的关系首先是同质的,都是遵循某种惯例的符号系统,起到指称对象的作用。"一幅图画如果要再现一个对象,就必须是这个对象的一个符号,代表它,指向它;……再现一个对象的绘画,就像描述一个对象的段落一样,指称这个对象,更严格地说指谓这个对象。"③这将图像再现与语言再现根本上理解为都是用一物代表(stand for)另一物的符号关系。一幅画作为符号,也同样属于某个符号系统。图像、语言同样都是以符号方式指称着世界、参与了世界的建构,它们有助于我们对世界的认识、感知、认知能力的提升,并最终构建我们的生活。就此而言,艺术便很好地被纳入了认识论的框架内去,在根本上与语言无甚区别。

第二,图像再现核心的是指谓问题,他将之区别于例示等指称形式。古德曼认为,用一个符号指称另一事物可采取多种方式,重要的有指谓与例示。其中,例示是一种更复杂的指称,它可以用一符号指称对象的某个或某些属性,比如用一个样本。与图像再现联系在一起的则是指谓。一幅画指谓一个对象,它作为符号起到的是将对象分类的作用。就如一个标签或语言指谓中的名称,一幅画对事物进行记录与归类,从而构建起事物之间的联系,或是将不同的事物加以区分,"再现或描述,通过其如何分类和被分类,而可以做出或者标出联系、分析对象以及组织世界。"④而这背后所遵循的分类原则是惯例——"习惯为标记挑选出来的类别,或者习惯由标记挑选出来的类别。"⑤在这一点上,图像再现与语言再现是一致的。古德曼因此把指谓视为再现的核心。

古德曼从符号指谓的功能来看待图像再现,这意味着他其实选择从符号学角度来解决图像再现、尤其是艺术模仿说的一个本体论难题,并以此路径来克服了相似性批判为图像描绘与图像观看带来的二维/三维视觉意识如何转换这一视觉难题。在古德曼的方案中,"一幅画"不仅可以指称具体的主题或个体,也可以指称类的对象,比如用一

---

① Alessandro Giovannelli,"Goodman's Aesthetics",*The Stanford Encyclopedia of Philosophy* (Fall 2017 Edition),Edward N.Zalta(ed.),URL = <https://plato.stanford.edu/archives/fall2017/entries/goodman-aesthetics/>.
② 参见古德曼:《艺术的语言》,第174页。
③ 古德曼:《艺术的语言》,第7—8页。
④ 古德曼:《艺术的语言》,第28页。
⑤ 古德曼:《艺术的语言》,第28页。

幅女性肖像指称一个时代的女性,甚至也可以指称虚构对象,比如独角兽。当然,这种解决方案其实是以削弱图画的视觉性为代价的。因为,古德曼将图画与对象的关系简化为了一种符号指谓的关系。即使在讨论图像符号系统的审美征候时,古德曼讨论到了描绘与图像性方面。他的理论也没有为图像再现的图像性与视觉经验留下很多的空间。

一方面,由于古德曼没有兴趣回答一幅画为什么指谓某个特定对象,而非另一对象的问题,他根本上对符号与其指称对象的关系并不关注。这些问题在传统图像再现理论中是由相似性回应的,而古德曼的相似性批判不但质疑了表层的相似关系,其实也搁置了相似性问题背后所牵涉的再现对象与图像再现的视觉外观及相关经验等问题,他只是将观看者观画的视觉经验简化为了符号转译的经验。另一方面,这种理解方式也搁置了再现中颇为重要的心理图像问题。而从知觉心理学的讨论来看,即使图像符号不可能"复制"真实对象,但它也可以是某种抽象化、一般化、形式化的心理图像的投射,它会影响观看者或描绘者的视觉经验。保留"心理图像是"很大程度上可以保留图像再现问题中的图像性与视觉性因素,并涉及描绘中重要的图像再现图式。不过,这在古德曼的论述中则被绕过了。

第三,如果我们关注古德曼是在何种层面上讨论了图像再现的"图像性"?那么,需要承认,他确实有意识地讨论了图像再现与语言再现的差异何在,提出了他著名的图像系统的审美征候分析。古德曼意识到:同样是指谓,图像符号系统与语言符号系统起作用的方式是不同的,图像符号以某种符合图像性的方式在符号系统中起作用,即以描绘(Depiction)而非描述(Description)的方式来实现其功能。

视觉的和非视觉的对象和事件,可以被视觉的符号或非视觉的符号所再现。图像可以在其中起作用的系统与我们随意认为是常规的那种系统非常不同……图像如果仅仅被当作战报上的标记,或者被用作某种其他清楚表达的概型中的符号,那么它就不能起再现的作用。就像我们早先看到的那样,在再现系统中,自然主义是一种习惯问题,但是成为习惯并不会让我们超越描述与再现之间的界限。不管怎么熟悉,也不能将段落转变为绘画;不管任何程度的新异,也不会使图绘画变成段落。[1]

这样说来,图像性在古德曼的分析中是有所体现的。不过,结合笔者所关切的图像再现中的图像性与视觉经验,还有一个值得继续追问的问题:古德曼讨论的"图像性"是何性质,与视觉经验是何种关系?对此,古德曼的分析主要体现在他对图像系统的审美征候的考察上。可以看出,古德曼所理解的"图像"是较为局限的。

古德曼将图像符号系统的审美征候总结为句法密集、语义密集、相对充盈、例示、多重复杂指称,他根据图像符号的句法特征与模拟形式特征来区分图画与其他类型的符号。其中,前四个审美征候是在《艺术的语言》中提出的,而第五个审美征候则补充于

---

[1] 古德曼:《艺术的语言》,第 176—177 页。

《构造世界的多种方式》一书中。① 这些征候都与意义生产有关,只是他更强调了图像系统中意义生产的歧义性、模糊性、互文性和枝蔓性等特征。这些特征对于理解图像性很重要,但其视觉因素并未得到很好的关注。或许些许涉及视觉问题的讨论出现在古德曼对句法密集和例示的分析上。句法密集关注的是不同符号之间的区别,而非符号所指对象上的区别。因此这强调了图像系统的每个图像符之间能在审美上被敏感捕捉到的微妙差异。这样,古德曼应该是注意到了图像描绘的形式特征会带来的影响。古德曼也看到了例示系统在展示、显现方面区别于语言表达的功能,尽管例示不是图像再现的特征,但这仍是图像系统可能具备的一个重要特征。

但总体上说,古德曼用句法与语义上是否密集与是否相对充盈来区分图像符号系统与其他符号系统。这种解释考虑到了图像符号的图像性、不精确性。但鉴于该思路的立足点是图像符号与其再现对象是否相关并不重要,而且图像符号系统的审美征候最终也落实在"意义"上,从而笔者以为古德曼并未深入视觉经验问题本身。

阿维赛·马加利特(Avishai Margalit)的以下一番话可以说很好地概括了古德曼思路的特征,"古德曼通过特征症状来诊断美学领域。因为他认为这个领域是一个符号系统,它的所有特征都是句法或语义的,而不是诸如作品对观察者的影响这样的因果特征"。② 而洛佩斯的总结中,他也指出了古德曼图像研究的主要工作是以下四个问题:如何定义图画;区别图画符号与其他类型的符号;区分图像描绘与语言描述;区分图像与图表、地图等这类易混淆的符号。③ 并且,在图像再现的视觉性与图像性问题上,洛佩斯对古德曼分析框架的一次衍生亦可以作为一个反向的理论参照。他提到,"当我们正确地查看一幅画并理解它们时,我们典型地有'对象—展示的经验'(object-presenting experiences)——我们在图画中看到它们所再现的场景。"④ 洛佩斯此处所指出的"对象—展示的经验"对于观画经验而言是重要的,我们也明显地可以看到相关考察在古德曼分析框架中的缺席。"古德曼必须做的是把图画的形式特征与他们生产对象—呈现经验的能力联系起来。问题是,模拟性和相对充盈性似乎既不是必要的,对于对象—呈现经验也不充分。对象—呈现经验的最佳解释当然是,我们对图画所再现之物的把握是以一种特殊方式基于知觉活动的。"⑤ 洛佩斯在文章中基于古德曼的框架提议

---

① 古德曼也指出,这五个审美征候并非艺术品及审美经验的充分必要条件,在具体情况下,其中的一些征候可能是缺席的,其中的某些特征也可能为其他符号所具有。

② Avishai Margalit, "Goodman, Nelson: Survey of Thought". *Encyclopedia of Aesthetics*, ed.Michael Kelly, Oxford: Oxford University Press, 1998, Vol.2, p.321.

③ See Dominic M.McIver Lopes, "From Languages of Art to Art in Mind", *The Journal of Aesthetics and Art Criticism*, 58.3(2000), p.227.该文中,洛佩斯认为这四个问题又涉及一个问题:什么决定每个图像符号所再现的场景及对象,不过笔者认为,在搁置了图像再现与其再现对象内在相关性的情况下,这个问题是被古德曼所搁置的。

④ Dominic M.McIver Lopes, "From Languages of Art to Art in Mind", p.228.

⑤ Dominic M.McIver Lopes, "From Languages of Art to Art in Mind", p.229.

了上述方案,并认为这种让步并不会损害古德曼的观点。该方案显然因此是带有一定局限的。但即使如此,这也仍需要一种图像及其再现对象内在相关性的支持,毕竟如洛佩斯所说的那样,对图像的现象学解释需要一种知觉技能的锻炼,而图像诱导了对象——展示经验。①

无论是马加利特所揭示的古德曼无意于作品及其对观看者影响这一方面,还是洛佩斯对古德曼图像再现说的概括与评论,这两位学者都揭示出了一点:古德曼尽管也考虑了视知觉问题,但他很大程度上仍是在搁置视觉经验的立场上来解释图像性的。因此,即使古德曼意识到了视知觉问题,他的符号学解释所能引导的在视觉经验与图像性方面的推进也是相当有限的。

三、潜在的视知觉理解模式

古德曼的图像再现说是涉及视觉问题的,但从他的图像再现方案来看,他又搁置了视觉与图像问题,从而"视觉"与"图像"在其理论中便处在了一个多少有些尴尬的位置上。参照洛佩斯的意见,"对象——展示的经验"难道不是观看图像再现时的一种基础经验吗?它为何会被古德曼搁置?又为何往往也被我们一般经验所忽视?为何这种忽视在多数人看来是自然而然的?这一疑问与古德曼选择艺术符号论的理由其实颇为相关。从中,我们可以看到他所接受的一种视知觉理解模式是如何渗入在了他的符号学解释中。

在分析"描绘"参与进世界的构造时,古德曼认为描绘、描述、知觉与知识是互动影响的。② 而在以公路、海面红灯的不同意义来举例说明相同刺激会因不同的先在信息与经验而引导至不同的知觉内容时,古德曼认为,"决定我们看见什么和如何观看的东西就不仅是接受到的光线,而且包括伴随条件;就像心理学家喜欢说的那样,对于视觉来说,有比与目光相遇更多的东西。"③古德曼显然意识到了先在经验与视知觉之间的关系,先在的某些经验与观念介入了知觉,并影响了我们最终的知觉意识。这同样也鲜明地体现在了古德曼赞同无"纯真之眼"时,对视觉经验的描述:"就其观看对象来说,眼光总是老早就有了,受到其过去的迷惑,受到耳朵、鼻子、舌头、手指、心脏和大脑的新旧暗示的迷惑。它不是像一架自动而孤立的仪器那样运转,而是作为复杂而多变的有机体的一个恪尽职守的成员而起作用。不仅它如何去看,而且它所看到的东西,都要受到需要和偏见的制约。它会进行选择、拒斥、组织、甄别、联系、分类、分析、构造。"④古德曼在这里固然指出了纯粹观看是不可能的,但他也指出了"什么"因素介入了我们的

① See Dominic M.McIver Lopes,"From Languages of Art to Art in Mind",p.229.
② 参见古德曼:《艺术的语言》,第33页。
③ 古德曼:《艺术的语言》,第13页。
④ 古德曼:《艺术的语言》,第9页

视觉经验中,以及这一视觉经验的结果:选择、组织、分类、构造等。洛佩斯点评古德曼时认为,"古德曼的理论不是一种关于图像如何再现的惯例理论。它包容顺应甚至邀请了一种对描绘的自然化的说明,这利用了知觉心理学。"①这一论证思路其实一直出现在古德曼对图像再现的分析中。

古德曼分析图像再现时这一若隐若现的思路其实是契合间接知觉论理解视知觉进程的解释模式的。毕竟,从一种符号论模式来构想从感觉到知觉形成的神经系统过程恰恰是间接符号论的方案。但古德曼的图像再现观之所以更偏向于语言哲学的框架,而非间接知觉论的框架,其实是由于他搁置了视知觉研究中的一个核心环节,即视知觉过程是如何进行的? 在人们的视网膜刺激通过视神经传至大脑,并最终形成了我们有关观看对象的视觉意识之间,发生了什么? 间接知觉论者提出了他们的构想,而古德曼则因该过程仍处于假设而搁置了它。哲学家肖恩科克在讨论古德曼的唯名论时也注意到了这点,"当然,古德曼把解释为什么我们选择一个事物、而非另一事物的担子留给了其他人,因为冒险给出一个答案将会侵入意图和抽象对象的领域,而我们对这些对象没有证实,也没有替换的规则。"②大卫·布林德在谈到图像再现中的模仿论及现实主义相似性的争论时,也从另一角度指出了艺术符号学解释模式的背后话语逻辑,"符号学理论家反驳说,图画相似性主要是基于有关观察者的那些事实:图画和现实之间的相似不是给定的,而是'获取的';这是一个观看者如何解释他面前的图案标志的问题。因此,现代符号学在艺术世界中引发的危机不是植根于二维和三维现实之间的'不相似',而是因为广泛接受了一种视知觉理论,这种理论认为观看不能脱离所知。"③从古德曼在质疑了相似性之后转向图像再现的符号学解释来看,他其实是认同了一种基于符号学与间接知觉论的一种解释模式的。当然,这一切多隐藏于他对图像符号系统的探讨之下,并在对图像再现与语言再现根本上是同质的指谓符号的理解中淡化了。

尽管古德曼质疑了相似性并在美学领域扩大了视觉怀疑主义的影响,但我们同时也能看到,古德曼的相似性批判推动了分析美学领域的图像再现研究向视觉经验及图像性分析的转向。对此,《斯坦福哲学百科全书》对"描绘"(Depiction)概念史的梳理颇有参考性。20世纪60年代,哲学领域的主导思潮还是语言、而未曾意识到图像问题。该导向的一个后果便是,虽然皮尔斯等哲学家或其他领域的研究成果已经发现相似性不可能满足严格对称的相似,但学者们并没有认为在图像再现问题上,用"(部分)相似"来解释是不合理的。而自1960年贡布里希《艺术与错觉》与1968年古德曼的《艺术的语言》问世后,相似性才成为一个问题。这在很大程度上说明,正是通过贡布里希

① Dominic M.McIver Lopes,"From Languages of Art to Art in Mind",p.227.

② Dena Shottenkirk, *Nominalism and Its Aftermath*:*The Philosophy of Nelson Goodman*, Heidelberg/New York:Springer,2009,p.117.

③ David Blinder,"In Defense of Pictorial Mimesis",*The Journal of Aesthetics and Art Criticism*,45.1(1986),p.20.

与古德曼研究,"相似性"与图像、视觉经验的复杂关系进入了讨论的议程,图像性与视觉问题才得以突显。① 这在很大程度上,便为图像再现研究关注图像观看经验提供了理论准备。我们因此可以理解,为什么恰恰基于同样的疑问,知觉主义的图像再现研究者挖掘出了另一截然不同的答案。他们更关注知觉心理学提出的视觉问题,将相似性纳入视知觉的视域下,认为所谓的"相似"其实涉及两种视觉经验之间的关系:观看现实对象的视觉经验,以及看到二维平面所构建的再现内容的那种经验。

---

① See John Hyman and Katerina Bantinaki,"Depiction",*The Stanford Encyclopedia of Philosophy*（Summer 2017 Edition）,Edward N.Zalta（ed.）,URL = <https://plato.stanford.edu/archives/sum2017/entries/depiction/>.

【博士生论坛】

亚里士多德论一门普遍的存在科学

王明磊[*]

内容提要:亚里士多德试图在《形而上学》Γ.1—2 中确立一门普遍的存在科学。一般的观点认为他创造性地引入了"作为存在"(ἡ ὄν)的表达式,将"作为存在的存在"视为该科学的研究主题,而前者直接地等同于"实体",并且"核心意义"理论使得所有存在者都相关于实体,因而一门普遍的存在科学就相当于一门关于实体的科学。但是,本文将指出,"作为存在"不是对"存在"的限定,而是对研究方式的限定;同时,这门科学具有一种把所有种属都包含于其中的普遍性,但是它并不与专门科学的研究相冲突,相反,这个普遍性在于它为所有专门科学奠基。之所以能够如此,恰恰在于它特殊的研究方式:它并不分割对象描述中的任何部分,专门科学则预设其中的部分,并以之为科学探究的本原。

关键词:作为存在;存在;核心意义;实体;第一哲学

一、导　言

亚里士多德的形而上学探究首要的本原和原因,把握这种本原的认知品质是"智慧",而本原总是某个对象的本原,那么"智慧"所关乎的对象是什么呢? 亚里士多德在《形而上学》A.2 中,借用关于"有智慧的人"的意见来表明,他们应当具有普遍的知识,关于万物的知识。因而,首要的本原是关于万物的本原。前人的哲学探索似乎也印证了亚里士多德的这个论断,比如,前苏格拉底哲学家就用某个或者某些永恒的质料解释万物的生灭[①],毕达哥拉斯学派和柏拉图分别以"数"和"存在""一"作为万物的首要本原[②]。

但是这一门以万物作为考察对象的普遍科学如何可能? 按照亚里士多德在《后分析篇》中对科学所作的刻画,一门科学探究属作为其主题,预设对象的本质,以此推论

---

[*]　中国人民大学哲学院博士生。
[①]　《形而上学》A.3,983b6—16。
[②]　《形而上学》A.5,985b25 以下。

出在其自身的偶性作为科学探究的结论。但是,并不存在一个关于万物的属,因为存在在多种意义上被诉说,它并不是一个属,因而似乎并没有一门关于"存在"的科学。所以,这就形成了一个疑难,如果不存在特定的探究对象,那么考察该对象的本原将是不可能的。正是面对这个困境,亚里士多德批评柏拉图错误地寻找存在者的元素①。然而,亚里士多德在《形而上学》Γ 卷开篇的确宣称存在某一门科学,它研究"作为存在的存在以及在其自身地属于它的事物",不同于其他专门科学,该科学普遍地研究"作为存在的存在"。同时,他也依然将那些考察"存在者的元素"的哲学家视为同道,认为他们同样是在探究最高的本原和原因。如果 Γ 卷接续了 A 卷第 1—2 章的研究计划,那么,亚里士多德如何克服这个疑难,使得一门关于"存在"的普遍科学得以可能? 一般的观点认为他创造性地引入了"作为存在"($\widehat{\eta}\grave{o}\nu$)的表达式,将"作为存在的存在"视为该科学的研究主题,而前者直接地等同于"实体",并且"核心意义"理论使得所有存在者都相关于实体,因而一门普遍的存在科学就相当于一门关于实体的科学。但是,本文将指出,"作为存在"不是对"存在"的限定,而是对研究方式的限定;同时,这门科学具有一种把所有种属都包含于其中的普遍性,但是它并不与专门科学的研究相冲突,相反,这个普遍性在于它为所有专门科学奠基。它之所以能够如此,恰恰在于它特殊的研究方式:它并不分割对象描述中的任何部分,专门科学则预设其中的部分,并以之为科学探究的本原。

二、"作为存在的存在"的含义②

亚里士多德在 Γ.1 中宣称有某一门考察"作为存在的存在"的科学,他说,

(1)存在某一门科学,它思考作为存在的存在($\theta\epsilon\omega\rho\epsilon\widehat{\iota}\tau\grave{o}\nu\ \widehat{\eta}\grave{o}\nu$)以及那些在其自身地属于这个的事物。(2)但它并不和任何一门就部分而言的科学相同,因为没有任何一门普遍地($\kappa\alpha\theta\acute{o}\lambda o\upsilon$)考察作为存在的存在,而是分割它的某些部分,并考察它的偶性,就像数学科学那样。(3)但是既然我们探寻本原和最高的原因,显然这些必然是某个本性($\varphi\acute{\upsilon}\sigma\epsilon\omega\varsigma\tau\iota\nu o\varsigma$)的[原因],在其自身地。(4)因此,那些探寻存在者的元素的人也探寻,这些存在者的元素必然不是根据偶性,而是作为存在。(5)由此,我们要把握作为存在的存在的诸多第一因。(1003a20—32)

---

① 《形而上学》A.9,992b 17—23。
② 本章主要的论证目标是要说明没有"作为存在的存在"的本性,应当在副词意义上理解"作为存在",它是对"思考"的限制,而不对"存在"的限制。所以按照这样的解释,Γ.1 开篇应该如此翻译:"存在某一门科学,它作为存在地思考'存在'"。但是出于表述上的方便,当前我依然使用"作为存在的存在"这样的表达。

亚里士多德在首句引入"作为存在的存在"之后,并没有对它做进一步的说明,相反,他在(2)中,把它和专门科学做了对比,指出后者分割了存在的部分,而并不是以普遍的方式研究"作为存在的存在"。因而通过对比,至少能够间接地对"作为存在的存在"有一个初步的把握:专门科学分割"作为存在的存在"的一部分,把这个部分作为研究的主题;当前寻找的科学则普遍地考察它们。但是专门科学所分割的"部分"应该指什么? 根据亚里士多德在 Δ.25 中区分出的"部分"的多种含义,这里"部分"似乎只能够在"种"上被理解①,并进一步推论,在(2)中的"普遍"(καθόλου)似乎是某种意义上的"整体",在 Δ.26 中,亚里士多德认为"普遍者"也是一种"整体"。因而他在(1)和(2)中似乎想表明,专门科学和第一哲学所探究的科学之间的区别是在研究对象的范围上,专门科学研究的只是存在的一个种,而第一哲学有其确定的研究对象,这就是诸种之上的更普遍的属。但是,这显然不是亚里士多德的观点,因为 Δ.26 中的"普遍者"是种属意义上的同名同义的普遍者②,但是正是由于"存在"不是一个属,才使得对亚里士多德来说,一门普遍的存在科学不如专门科学那样自明,所以,他不可能把这样一门科学建立在一个错误的前提之上。或许有研究者认为,如果带入 Γ.2 中存在是核心意义的观点,因而"存在"在某种意义上是"依据一",进而在某种意义上是一个属③,但是这反过来导致我们无法很好地理解所分割的"存在"的部分应当是什么样的种。

更重要的是,如果"部分—普遍"在种属意义上被理解,专门科学按照种属去划分"存在",现在假设"存在"被划分为 5 个种,那么如果一个人同时把握了关于"存在"的 5 种专门科学,他是否就穷尽了所有,因而有具有一门关于"存在"的普遍科学呢? 如果是这样,那么亚里士多德根本无需这门科学,因为它可以被专门科学的合取所取代。或许有人会指出,亚里士多德的"普遍"不仅仅是"在其自身",而且是"作为自身"④,比如三角形内角和为两直角尽管"在其自身"地谓述等腰三角形,但它不是"作为自身"地谓述它,只有对"三角形"来说,这个属性才是"作为自身"地谓述。所以,对三角形的研究不能被对其之下的种的总和的研究取代;所以同样地,第一哲学也不能被具体科学的总和所取代,因为它具有其"作为自身"的属性。但是,我认为这个类比并不成立,因为专门科学和第一哲学的关系不同于三角形的情况,因为我们并不拥有一门关于"等腰三角形"等的科学,它们都从属于关于"三角形"的科学,进而从属于几何学。

通过上述分析,我们能够看到,试图在"种属"意义上去理解第一哲学的普遍性的方式并不可行,这一尝试失败的原因根本上在于,这种解释认为"作为存在的存在"具有它自身的本性,但是这和亚里士多德"存在不是一个属"的观点相矛盾,第一哲学所

---

① 《形而上学》Δ.25,1023b16—17。

② 《形而上学》Δ.26,1023b28—31。

③ 比如 E. Halper 就是这样理解的,参见 E. Halper, *One and many in Aristotle's Metaphysics. Books alpha-delta*, Las Vegas:Parmenides Pub,2009,p.313。

④ 《后分析篇》1.5。

面对的不是一个被称为"作为存在的存在"的普遍对象,就好像动物学探究的是"动物"这个属那样。

为了正确理解第一哲学的普遍性,我们首先需要澄清一门科学统一性的标准以及是什么造成了一门科学不同于另外一门科学。亚里士多德在《后分析篇》卷一第 28 章中区分了科学的相同和相异,他认为"科学是一,它是关于一个属,它所关注的是从最初者中衍生出的任何词项以及部分或者它们的在其自身的属性。一门科学不同于另外一门科学,如果它们的本原既不是从相同的词项而来,亦不是一门科学的本原来自于另外一门科学"①,同时结合《后分析篇》2.13,96b15—25 可以看到②,这里的"最初者"指的是在形式上的不可分割者(我把它称为 S),S 的定义提供 S 之下所有事物的本原,而当前一门科学所关注的属(我把它称为 s),它的特征因 S 的定义而被澄清,但是尽管 S 的定义是所有事物的本原,但它们未必是 s 的在其自身的属性,所以这门关于 s 的科学,需要探寻专属于 s 的在其自身的属性,这也就是为何亚里士多德在《后分析篇》中对科学构成要素的说明时,他说"在证明中包括三个事物,第一,被证明的事物,或者说是结论(这是在其自身属于某一个属的);第二,公理(公理是那些证明由以进行的词项);第三,主体性的属,它的属性(亦即在其自身地属于它的词项)由证明去阐明。③因而,S 的定义只是提供了关于 S 的在其自身的属性,而一门关于 s 的科学,首先要假设的是 s 的存在以及与 s 相关的名义定义,s 科学着手探究的则是它是在其自身的属性,只有在这个意义上,才能够说是针对 s 的一门科学研究。另一方面,对于科学的差异来说,亚里士多德只是在本原的差异上指出科学的差异,亦即 1. 并不存在某一个共同的本原,诸种科学的本原从其中推演出来或者;2. 一门科学的本原并不推出另外一门科学的本原。那么,这样就容许一种可能性,不同的科学可以研究相同的一个属,只要它们的本原不同。这就意味着,不同科学之间的区别,不仅仅由于科学所研究的属的不同,而且也可以由于不同的属性,换言之,同一个属可以分属于不同的科学研究,如果它们所关注的属性是不同的。

基于上述分析,我们重新回到 Γ.1 前两句话,我们认为在(2)中专门科学分割出"作为存在的存在"的部分,不是"存在"的某一个种,相反,"部分"应当被解释为 Δ.25 中"部分"的第五种含义:"能够让事物得以澄清的描述中的东西也被叫做整体的部分④"。所以,专门科学分割的不是"作为存在的存在"本身,而是"作为存在的存在"中的"作为存在",也就是说,专门科学之所以既独立于第一哲学也独立于其他专门科学,原因在于,它们研究"存在"的独特的方式。对 S₁ 和 S₂ 的研究分属不同的科学,但是同样可以有不同的科学研究相同的对象 S₁,这是由于专门科学分割了 S₁ 或者派生 S₁ 的 S

---

① 《后分析篇》1.28,87a37—87b2。

② 《后分析篇》2.13,96b15—25。

③ 《后分析篇》74a42—75b2;也可参见《后分析篇》1.10,76b12—16。

④ 《形而上学》Δ.25,1023b21—23。

中的不同的描述,这样就造成了对于同一个 S_i 将有若干组不同地在其自身的属性,它们从不同的本原中推演出来。

但是,这是何以可能的? 问题的关键就在于"作为"($\tilde{\eta}$),在"探究'作为存在的存在'"中,与其说"作为存在"限制了"存在",不如说前者是对探究的限制,因而"作为存在"应当作为副词修饰"探究"。① 也就是说,探究"作为 A 的 y"标示出的是 y 具体是如何被研究。所以,如果 y 的描述由 ABC 构成或者某一个能够派生 y 的首要者 Y 的描述由 ABC 构成,那么一门专门科学通过分割 y 或者 Y 中的描述的一个部分(A),构成了一门自足的科学,这门科学所考察的对象就是 y,但这是在作为 A 的意义上被限定的。亚里士多德在《形而上学》K.3 中谈及数学和物理学之间的差异时,很好地阐明了这一点。② 一般地说,物理学和数学都考察"存在者",但是差别在于"他[数学家]通过去除所有感觉属性来研究事物(比如,轻重、硬及其相反者,以及冷热和其他感性的相反者),剩下的只有量和连续,有的在一个方向,有的在两个方向,有的在三个方向,在这里所有的属性都是作为量和连续的,而不考察任何其他方面的属性。③"

三、存在的本原

通过以上的分析,(1)中前半部分就可以重新被翻译为"存在某一门科学,它作为存在地思考存在($\theta\varepsilon\omega\rho\varepsilon\tilde{\iota}\tau\grave{o}\nu \tilde{\eta}\grave{o}\nu$)"。专门科学通过分割出所考察对象中的描述中的部分,限定了探究该对象了研究方式,因而也就划分出特定的在其自身的属性,有待这门科学去揭示。而第一哲学,它并不分割描述中的任何部分,而是作为存在地思考存在。所以,对存在者做"作为存在"($\tilde{\eta}\grave{o}\nu$)的限定不是为了限定存在者的范围,而是限定研究存在者的方式。通过这种方式,亚里士多德就能够使第一哲学在研究方式上和专门科学相区别,而 Γ 卷承接了亚里士多德在 A 卷中所规定的这门科学的研究目标,亦即考察首要的原因和本原。所以,他紧接着就说:

> (3)但是既然我们探寻本原和最高的原因,显然这些必然是某个本性的[原因],在其自身地。(4)因此,那些探寻存在者的元素的人也探寻,这些存在者的元素必然不是根据偶性,而是作为存在。(5)由此,我们要作为存在地把握存在的诸多第一因。(1003a25—32)

---

① 对"作为"做副词性的解读,"形而上学研究那些是'作为存在'的事物不是关于任何形而上学研究所研究的事物的本质,而是关于这个'研究'的本质。"参见 C.Kirwan, *Aristotle, Metaphysics: Books Gamma, Delta and Epsilon*, 2nd Edition, Oxford: Clarendon Press, 1993, p.77。亦可参见 M.Wedin, "The Science and Axioms of Being," *A companion to Aristotle*, Georgios Anagnostopoulos (eds), Chichester/Malden, MA: Wiley – Blackwell, 2009, p.126。

② 类似的区分亦可见《形而上学》M3, 1077b16—1078a4。

③ 《形而上学》K.3, 1061a26—35。

在这里,亚里士多德设定了两个研究目标,第一个是对某个本性的最高的原因、本原的考察,这也就是研究的最终目的。但是这个"本性"是什么？亚里士多德在 Γ.2 中给出了一个名号:"实体",但是这里的实体仅仅是一个名号,而不是专业意义上的实体,而且他也没有在 Γ 卷中考察"实体"的是什么（τίἐστι）。这就是第二个研究目标,即通过考察存在者（在作为存在的意义上）,来把握这个"本性"。照此理解,(3)—(5)论证可以这样重构为:第一哲学考察的是最高的本原、原因,不同于专门科学以其他方式考察存在者,第一哲学按照"作为存在"的方式考察它们(1)(2),这个最高的本原是关于某个本性的,我们考察的是关于这个本性的最高原因(3),而我们首先需要存在者（当然是在作为存在的意义上）的本原,以标识出这个"本性"(5)。亚里士多德在 Γ.2 的前半部分完成了(5)。

但是在考察 Γ.2 之前,我们需要反驳一种对(3)(4)的错误理解。当亚里士多德说:"显然这些必然是某个本性的［原因］,在其自身地（φύσεώςτινος ἀντὰςἀναγκαῖον εἶναι καθ᾽ αὑτήν）",可以有三种方式理解"在其自身（καθ᾽ αὑτήν）",它可以去修饰原因,这样表达的含义就是"在其自身的原因属于某个本性"[1];或者,去修饰本性,那么该句就被理解为"原因属于某个在其自身的本性";最后,它还可以被解释为"原因"和"本性"之间具有的一种在其自身的关系。第一种解读很容易反驳,因为对亚里士多德来说,任何一门科学总是探究首要的、切近的原因,因而排除了并非在其自身的原因,所以不需要再用"在其自身"限制"本性"。在第二种解读中,结合《后分析篇》"在其自身"的第三种含义（在其自身和偶性相对比）[2],就将在其自身直接理解为"实体",因而,"作为存在的存在"就被理解为是实体,那么(5)就成了对(3)(4)的总结,亦即(3)—(5)仅仅表达需要研究作为存在的存在（实体）的本原和原因一层含义。然而,照此解读,很难解释为何亚里士多德会用"某个"（τινος）这样的不定代词刻画"本性",因为"作为存在的存在"已经在 Γ.1 开篇被引入,而任何关于对象 X 的科学就是追问 X 的原因,所以亚里士多德在(3)中本可以用一个确定的代词,而不必用不定代词去指代上文的"作为存在的存在";此外,这种解读将 Γ.1 试图表达的研究计划压缩为一种,即寻找实体的最高本原,但是在 Γ.2 中无论是段中（比如 1003b15—17,1004b1—16）还是结尾,亚里士多德都区分了两种探究:一个是作为存在地考察存在,另一个是考察实体和实体的本原。

所以,一种较为合理的解释只能该是"原因"和"本性"之间在其自身的关系,用亚里士多德的谓述关系来表达则为:原因在其自身地属于本性。这就使得(4)中的偶性和"作为存在"之间的区分变得易于理解了。亚里士多德认为那些考察存在者的元素

---

① 参见 W.D.Ross,*Aristotle' s Metaphysics*,*A Revised Text with Introduction Commentary*,volume 2,Oxford University Press,1924,p.253。

② 《后分析篇》1.4,73b5—9。

的哲学家确实探究这个相同的本原,但是他含蓄地批评他们只是因偶性考察存在者的本原,换言之,前人同样试图考察最高的本原,但是它并不是在其自身地属于一个本性₁,但是有另外的本性₂,正是这个本性₂才使得最高本原属于本性₁,因而最高本原和这个本性₁之间不是在其自身的关系①。但是如何才保证两者的关系是在其自身的,亚里士多德认为需要"作为存在地"研究存在者而不是以其他方式,这就是他将"作为存在"和"因偶性"对立起来的原因。

目前我们已经明确了作为存在地考察存在的本原和考察特定的"本性"的本原是两种探究,现在我们就来考察 Γ.2 的相关文本(1003a31—1003b22 和 1004a2—7)。

在 Γ.2 的 1003a31—1003b17 中,亚里士多德考察了存在的本原,但更深的意味在于,通过这个本原,使得一门存在科学得以可能;并且在 1003b17—22 和 1004a2—7 中刻画了这门科学的形式特征。因为在 Γ.1 开篇,亚里士多德似乎只是以一种不确定的口气宣称存在某一门(τις)科学,因而需要充足的理由支持这个论断。

在 Γ.2 开篇他就指明,虽然"存在"是多义的,但是它并不是完全同名异义的,相反,存在相关于一个本性,这个本性就是实体。在"健康的"的情况中,所有健康的事物都相关于"健康",比如我们可以说事物是健康的,因为它们能够产生"健康";气色好是健康的,因为它表明健康。同样,其他范畴被称为存在,由于它们都相关于一个核心存在者,这就是实体②。实体作为诸种存在者中的首要存在者,由于实体出现在其他存在者描述之中,因而它们在逻辑上依赖于实体。但是,我们并不能因而就推论出关于"存在"的科学就是关于"实体"的科学。如果按照此种方式去理解《形而上学》Z.1 和 Z.4 中的相关文本③,这样的解读无疑是正确的。但是,在 Γ.2 的语境中,我认为该解读则是不必要的。原因在于,首先,引入"核心意义"不仅仅意味着所有存在者都相关于实体,因而在某种意义上"依据一"(καθ'ἑν),而"依据一"是同名同义的另外一种表述,人和马都依照"动物"而被述说,它们都属于同一个属,因而满足一门科学研究一个属这样的条件;"核心意义"同时是统一"一""多""相同""相异"等概念的手段(它们是"存在"在其自身的属性)。例如,存在者也在多种意义上被诉说为"一""相同",但是它们都相关于一个首要的"一"和"相同"。其次,Γ.2 中的"实体"容许在非亚里士多德的专业意义上被使用,也就是说,它并不一定指称在范畴意义上的"实体",它仅仅是作为万物(所有存在者)所指向的一个本性而被引入,无论这个本性是亚里士多德自身学

---

① Γ.3 提供了一个佐证,在 1005a30—1005b1 中,他指出自然科学不是首要的智慧,因为自然物不是首要的实体。

② 学界把统一存在的多种含义,并使得一门存在的科学得以可能的方式称为"核心意义"。参见 G.E. L.Owen,*Logic and Metaphysics in Some Earlier Works of Aristotle*,I.Düring and G.E.L.Owen(eds),*Aristotle and Plato in the Mid-fourth Century*,Göteborg,1960,p.169;亦可见聂敏里:《存在与实体——亚里士多德〈形而上学〉Z 卷研究(Z1—9)》,上海:华东师范大学出版社,2011 年,第 100—105 页以及 M.T.Ferejohn,"Aristotle on Focal Meaning and the Unity of Science",Phronesis xxv,1980,p.117-28。

③ 参见《形而上学》Z.1,1028a34—35;Z.4,1030a27—1030b5。

说中的"实体"（即范畴意义上的实体），还是柏拉图的"存在""一"抑或是前苏格拉底哲学家的"质料"。事实上，在阐明存在者相关于实体的例子中，除了"量""性状"属于范畴之外，其余所有的例子并不和十范畴相契合①。最后，通过"核心意义"，对存在的考察就被聚焦到了对"实体"的考察上，尽管亚里士多德在 Z.1 中最终确实做了这样的等同②，但是没有文本表明在 Γ.2 中，亚里士多德就已经完成了这个过渡。相反，他借用"相关于一"（πρòς ἐν）仅仅意在说明，有这样一门"存在"的科学，而在其中，关于"实体"的科学是在最充分意义上（κυρίως）的科学，但是这并不排除在这门"存在"的科学中可以包括级次的科学，比如，亚里士多德在 1003b17—21 中就表明"对作为存在的存在的所有种的思考属于一门在属上为一的科学，并且对于它的种来说，［这同一门科学也思考它们］，③"并且在 Γ.2 总结性的段落中，他也指出有一门以作为存在的方式考察存在的科学以及在其自身的属性，同时，这同一门科学也考察实体及其属性。所以显然在当前的论证中，亚里士多德并没把"存在"直接地等同于"实体"，因而对存在的本原的探究并不等同于对存在的最高本原的探究。

此外，如果将"健康的"和"存在"做类比，那么就会产生一个疑问，拥有一门健康知识的人，他对由健康派生的意义以及相对应的事物也由充足的知识，但是关于"存在"的科学似乎不能以此方式类比，因为哲学家应当考察实体，但未必有关于"存在"的派生含义的知识（亦即偶性的知识）④。在我看来，这显然误解了亚里士多德使用"健康的""医术的"例子的用意，他使用这两者来澄清"存在"多种意义中的核心意义，但是这

---

① 《形而上学》Γ.2,1003b5—11。在解读 Γ.2 时，绝大说数学者都想当然地将亚里士多德的范畴理论带入其中，而忽略该文本和范畴学说的差异。E. Halper, *One and Many in Aristotle's Metaphysics. Books alpha-delta*, Las Vegas：Parmenides Pub, 2009, p.319 以下和 Heike Sefrin-Weis, "Pros Hen and the Foundations of Aristotelian Metaphysics", *Proceedings of the Boston Area Colloquium in Ancient Philosophy*, p.275 以下，是为数不多的例外。前者认为 Γ.2 种存在的意义不仅仅是十种谓述，而且还可以包含 Δ.7 中其他三种含义；后者区分了存在的意义和该意义所指称的对象，她认为核心意义所指向的"实体"仅仅是在意义层面，所有"实体"与其说是范畴意义上的"实体"，不如说是"实体性"，因而自身不是实体。T.Irwin 发现 Γ 卷作为导论卷，其中涉及的实体不应当在专业术语的意义上被使用，但是在理解 1003b5—11 时，他依然认为其中的实体表示的是"实体"范畴，参见 T.Irwin, *Aristotle's First Principles*, Oxford University Press, 1990, p.157。

② Z1, 1028b5。还有一点值得注意的是，"存在是什么"的问题被转化为"实体是什么"的问题，还需要论证上的过渡，即 1.要在诸种存在者之间建立其程度上的差异，这个论证是通过 1028a20—31 来完成的，在那里亚里士多德区分了三种层次的存在，说明只有实体才是在最高程度上的存在；2.要进一步阐明实体在何种意义上是优先的。但是这些论证步骤都没有在 Γ.2 中出现。此外，Z.1 中追问"X 是什么"的问题，已经是追问 X 的原因，然而，在 Γ.2 中，讨论的重点在于存在科学的对象，以及它能否是一门科学考察的对象，但并未触及存在者的本原问题，这个转变是在 E 卷中完成的。

③ 隐含在文意中的内容补充在括号中。但是这段引文本身基于不同的手稿，容许不同的解读，参见 W.D.Ross, *Aristotle's Metaphysics*, *A Revised Text with Introduction Commentary*, *volume* 2, Oxford University Press, 1924, p.257 中的另一种理解，按照这种理解的翻译，见聂敏里：《存在与实体——亚里士多德〈形而上学〉Z 卷研究（Z1—9）》，第 379 页；以及 C.Kirwan, *Aristotle*, *Metaphysics*：*Books Gamma*, *Delta and Epsilon*, 2nd Edition, Oxford：Clarendon Press, 1993, p.82。

④ See C. Kirwan, *Aristotle*, *Metaphysics*：*Books Gamma*, *Delta and Epsilon*, 2nd Edition, Oxford：Clarendon Press, 1993, p.81.

样的类比并不是平级的,换言之,亚里士多德并不是通过分析"健康的"的核心意义是"健康","医术的"的核心意义是"医学技艺",来类比地推论出"存在"的核心意义是"实体"。相反"健康的""医术的"例子揭示的是对于任何一门并非"依据一"($\kappa\alpha\theta'\grave{\varepsilon}\nu$)的科学,它们都是这样的结构:这门科学中的所有存在者都是相关于一个首要存在者($o\grave{v}\sigma\acute{\iota}\alpha$),其中的所有存在者因此能够构成一门独立科学的探究对象①。所以,由"相关于一"($\pi\rho\grave{o}\varsigma\grave{\varepsilon}\nu$)所表示的"核心意义"可以应用于除"同名同义""同名异义"之外的所有情况,它们分享由相同的结构:"存在者"相关于"实体"。那么,Γ.2 中的"实体"就不应该在亚里士多德自己的专业用法上被理解,也就是说,不能被理解为范畴意义上的"实体",而只能在宽泛意义上某个存在者 X 的本质或者自然②,所以,我们可以把一门关于健康的科学中的"健康"称为"实体"③,尽管"健康"本身是一种品质因而属于"性质"范畴;我们可以把"医学技艺"称为"实体",尽管它也属于"性质"范畴;同理,我们可以把"数"称为"实体",尽管它是一种"量"范畴④。按此解释,就不存在上文所述的疑问。

但是,"健康""医学技艺"的例子所表达的不仅仅如此。我们看到,在"健康的"意义中,有一种意义是"造成健康",这一点恰好就是"医学"的研究对象,因为"医学"是为了健康,以健康为目的⑤。在这个意义上,我们可以说,关于"健康"的科学先于"医学",因为对"健康"的描述在"医学"的描述中,反之则不然。如果对 1003b20—22 的理解是正确的,那么,作为存在地研究存在将研究所有的属,同时也属下的种也属于这门科学。而在"健康"和"医学"的例子中可以看到种属之间存在者先后关系,因而亚里士多德才会在 1004a2—7 中说,

> 存在着和哲学的部分($\mu\acute{\varepsilon}\rho\eta$)一样多的实体,所以必然地其中就存在着某个第一的和随后的。因为存在和一直接地划分为属,因此各门科学就跟随($\acute{\alpha}\kappa o\lambda o\upsilon\theta$ $\acute{\eta}\sigma o\upsilon\sigma\iota$)这些[属]。因为哲学家就像是所说的数学家;因为数学也具有部分,在数学之中有着第一、第二以及其他相继的知识。

Kirwan 把此段中的"哲学"解读为一般意义上的"理论科学",因为在他看来,不同科学

---

① 这种解读能够成立,需要将"存在"理解为具体的存在者,而不是作为一种"属性"或者集合意义上的存在。See W.D.Ross,*Aristotle's Metaphysics*,*A Revised Text with Introduction Commentary*,volume 2,Oxford University Press,1924,p.251 和 C.Kirwan,*Aristotle*,*Metaphysics*:*Books Gamma*,*Delta and Epsilon*,2nd Edition,Oxford:Clarendon Press,1993,p.76.

② 参见《形而上学》Δ.4,1015a11—13。

③ 这就是为何亚里士多德会把"健康"称作"疾病"的实体,因为"疾病"是缺失,它相关于"实体"。参见 Γ.2,1003b7 和 Z.7,1032b4。

④ 《形而上学》M.3,1077b31—1078a4。

⑤ 《欧德谟伦理学》8.3,1249b9—11;《物理学》2.1,193b12—14。

研究不同种类的实体,这并不可能总是第一哲学的任务。此外,他还认为将第一哲学与数学类比并不恰当,因为亚里士多德没有告诉我们实体如何在优先性的等级上有先后顺序①。但是,我们认为如果把数学中的先后问题理解为学科的精确性,进而理解为一种描述上的优先性的话②,那么,在数学的情况中,首要的数学是算术,因为它不包含"大小",其次是几何学,再次是天文学,因为后者包含了运动。而"数""大小""运动"分别在描述的优先性上递减,因为前者的描述不包括后者,后者通过增加而得以界定③。这里我们可以对"部分"保持融贯的理解,当亚里士多德"数学的部分"时,他并非意味着一门普遍数学按照种属被划分为不同的分支,而是指通过明确描述中的不同部分来确定研究的主题,比如,如果明确存在者描述的中"数"(当然这里的存在者全部属于"量"范畴),那么就可以划定出"算术"作为一门科学。因而亚里士多德有理由把第一哲学和普遍数学相类比,因为它们都基于描述上的优先性。一旦普遍数学和第一哲学之间类比能够成立,那么"哲学的部分"就不等同于"理论科学",进而认为专门科学处理不同种类的实体。相反,所有"随后"的科学都被包含在第一哲学之中,第一哲学因而具有一种普遍性,但是这种普遍性应该如何理解呢?

四、作为存在地考察存在的普遍性

通过以上分析,我们明确了一门存在科学普遍地研究存在,同时,尽管存在本身不是一个属,而是直接划分为各个种属,但是这同一门科学把握其下的所有属、所有随后的科学。那么如何理解这种普遍性?第一哲学似乎侵占专门科学的领地,要么专门科学丧失其自足性,要么两者的关系就变成了从属关系的关系,类似于光学从属于几何学,和声学从属于算术学④。

事实上,理解第一哲学普遍性的关键依然是"作为存在"这个独特的表达。Kirwan试图在此基础上理解第一哲学的普遍性。他对"作为"的理解与本文的观点类似,都将它作副词理解,并将之解释为关于"研究的本质"。当进一步追问这门被"作为存在"所限制的科学研究具体的本质是什么时,他首先区分"作为存在"和"因偶性",认为对所有存在者的偶性的知识并不考察事物的真理;相反,第一哲学的探究范围应该是纯然地跨学科的或者是主题内容上中立的问题,只有这样,它才能够在研究主题上有全面性,同时,并不其他专门科学的具体内容有所把握。⑤ 但问题是,为何对第一哲学的探究做了"作为存在"的限制之后,它就会以"主题中立"的问题为研究对象。

---

① C.Kirwan, *Aristotle, Metaphysics: Books Gamma, Delta and Epsilon*, 2nd Edition, p.83.

② 《形而上学》M.3,1078a9—13。

③ 《形而上学》Z.4,1030a26—1030b5。

④ 《后分析篇》1.10,75b15。

⑤ C.Kirwan, *Aristotle, Metaphysics: Books Gamma, Delta and Epsilon*, 2nd Edition, p.77.

我们认为,第一哲学包含的普遍性在于:通过"作为存在"的限定,亚里士多德就把前人探究关于万物的本原,这一个对象层面的普遍性转为"对对象的处理方式上的普遍性"。如果我们对Γ.1中的(1)(2)两句文本的解读是正确的话,那么第一哲学将提供专门科学所研究的对象的本质属性(描述中的部分)作为后者的悬设,由于第一哲学并不分割存在者描述中的任何部分,因而专门科学可以选取其中的部分以建构自身,这是第一哲学在为专门科学奠基意义上的普遍性。

在此,我们首先借用专门科学对待"公理"的方式来说明这一点。在亚里士多德看来,第一哲学所考察的公理不仅仅对某一个特殊的属有效,而是对所有存在者都有效,因而所有专门科学都会使用到公理,但是"他们使用它们[公理],仅仅就对于他们的目的充足来说,即在这个属中,他们的证明所涉及的范围内,"①我这里仅以普遍数学中的公理为例,"等量加等量仍然是等量"适用于所有作为量的存在者,但是几何学家在运用它时,只需要在"大小"的范围内使用,亦即"相等的大小加相等的大小,仍然是相等的大小"。所以,普遍公理在具体的科学运用中被预设了,专门科学不需要以普遍公理本身为研究对象,而是针对所研究的对象使用它们。

同理②,专门科学也预设了对象的"存在"和"是什么"作为它们科学推理的出发点,正如亚里士多德在E.1中所言,"所有这些科学全都是划出某一个存在、某一个属就此着手研究,而不是关于单纯的存在,也不是关于作为存在,也不就它是什么提出任何理论;而是由此出发,一些凭感觉认为这是显明的,一些则把它是什么接受为前提,这样就它们所关涉的那个种的各种属性本身或者比较严格地或者比较松散地进行证明:因此显然,依据这样一种引导,既不存在对实体的证明,也不存在对它是什么的证明,但是还有另一种显明的方式。类似地,它们也不讨论它们所研究的那个属是否存在,因为表明它是什么以及是否存在属于同样的思维"③(1025b9—19)。需要指出的是,专门科学并不直接以第一哲学所提供的描述为出发点,而是选取完整的描述中的一部分作为悬设,进行研究,因而是以"作为X"的方式,而非"作为存在"的方式考察存在者。这就是为何亚里士多德在E.1,1025b29—1026a6中着手考察自然科学在何种意义上探究"是什么",它们需要探究的"是什么"中包含了质料,因而类似于考察"扁鼻"的描述那样考察"自然物"的描述,而是不考察"凹陷性"本身。

我认为Irwin的如下论断清楚地表明了第一哲学这门科学为其他专门科学奠基的内涵,他将亚里士多德的第一哲学类比于康德哲学,指出康德哲学的首要工作不在于认

---

① 《形而上学》Γ.3,1005a22—25。
② 事实上,如果仅仅依据Γ.1(1)和(2),专门科学只能在广义的"描述"上预设了第一哲学,想要过渡到E.1中的观点(即在"定义"上的预设第一哲学),至少还要有一个论证环节(4),也就是说对第一哲学的考察应当排除掉偶性,换言之,要排除掉描述中的非本质部分,只是就事物的"是什么"来理解描述,这个意义上的描述即为"定义"。
③ 译文转引自聂敏里:《存在与实体——亚里士多德〈形而上学〉Z卷研究(Z1—9)》,第388页。

识对象,而是追问对象能够得以认识的条件;类似地,亚里士多德的第一哲学"研究作为存在的存在,因为它研究那些专门科学的对象的属性,而专门科学自身必须假定这些属性。它询问的是,如果事物是一个实在地、客观地具有本质属性和偶然属性的主体,那么事物必须是怎样的。它也询问是否有某个事物满足我们发现的条件。专门科学并不寻找,而是假设了这些问题的答案。而一门存在的科学确实发现并且证成这些答案。这门作为存在的存在的科学等同于'作为科学对象的科学对象'的科学",与此相对,专门科学"假定它从一个具有属性的主体开始,因为它要区分它所假定的本质属性和它所研究的在其自身的偶性。它并不询问事物为了成为具有本质属性和偶然属性的主体,事物必须是怎么样的……[科学]假定我们对本原有直观的理解,这个直观是对关于在其自身偶性的派生真理的证明之基础"①。

尽管我基本认同 Irwin 的解读,但是需要指出几点。首先,Irwin 对"作为"($\tilde{\eta}$)的理解与本文不同,他首先是在限制属性的意义上理解"作为",把对它的副词性解读理解为派生性的②,但是他始终没有表明"作为存在"所限定的属性是什么,只是含混地指出第一哲学"研究关于它们[存在]的不同属性:通过一种不同的抽象发现这些属性"③。此外,Irwin 有时还把第一哲学和专门科学处理的属性混同起来,两类科学相互区分在于后者预设了这些属性。但是即使这是正确的,当他继续说"作为存在的存在的科学就等同于'作为科学对象的科学对象'的科学",他并没有说明如何能够有这样的过渡。与 Irwin 的整体理解类似,我认为第一哲学提供了专门科学得以可能的条件,但是前者如何使后者可能,本文不同意 Irwin 简单地认为专门科学预设了第一哲学应当考察的属性,而是认为专门科学不是直接预设第一哲学所提供的描述,而是就专门科学的适用范围,来划定描述的部分,以此作为证明的前提。其次,Irwin 进一步把"关于作为存在的存在"的科学刻画为一种"二阶科学",以此界定这种探究的本性,尽管他强调这样一种二阶科学并不意味着"对关于世界的言说比关于世界本身关注地更多",因为"它是以一种特定的抽象的方式关注世界,即询问事物必须是什么样子才能够成为科学的主题"④。然而,尽管 Irwin 试图避免一种缺乏本体论承诺的第一哲学,但是正因为他始终无法进一步阐明以"作为存在"的方式的研究所能给出的具体属性,因而似乎并不比对世界的概念分析具有更多的本体论承诺。而本研究一方面承认第一哲学和专门科学在研究方式上有质的不同,专门科学的可能性经由第一哲学来奠基,因而可以将第一哲学理解为一种"二阶科学",它的普遍性也由此而来;另一方面,第一哲学确实具有其特殊的研究对象,亦即任何存在者的完整的描述,因而自身就承诺了一种本体论。

如果把第一哲学理解为证成专门科学可能性的科学,那么专门科学的自足性不会

① T.Irwin,*Aristotle's First Principles*,Oxford University Press,1990,p.170.
② T.Irwin,*Aristotle's First Principles*,注释 42,p.544.
③ T.Irwin,*Aristotle's First Principles*,p.169.
④ T.Irwin,*Aristotle's First Principles*,p.172.

被第一哲学所取代,两者各自的独立性都能够被保证。一方面,和普遍数学类似,第一哲学囊括了所有关于"实体"的科学,各种实体的描述都由它提供①,并且由于实体之间具有在先、在后的关系,在给定描述的同时,讨论它们的先后也是第一哲学的任务,这就是为何亚里士多德在 Γ.2 结尾把研究"在先"和"在后"等作为任务指派给第一哲学。另一方面,专门科学预设了第一哲学所提供的描述(尽管是就符合各自的研究方式而言的),因而"各门科学就跟随(ἀκολουθήσουσι)这些[属]"。这就符合亚里士多德在 A.2 中对智慧的刻画,亦即有智慧的人具有万物的知识,但是没有对它们的具体的科学知识。②

---

① 它以作为 X 地研究 X 的方式提供关于 X 的描述。
② 《形而上学》A.2,982a8—9。

海德格尔论黑格尔的经验概念

李星原*

内容提要：学界公认，海德格尔对黑格尔《精神现象学》进行了创造性误读。本文围绕意识经验与精神现象的关系、"我们"的问题、绝对精神的判教问题、现象学体系被抛弃的原因、精神现象学演进的动力、绝对之意愿六个具体议题，细致辨析海德格尔解读与《精神现象学》本意的出入。本文认为，海德格尔刻意回避了黑格尔"特定的否定"概念，用绝对之意愿解释《精神现象学》中意识形态演进的动力，从而增加了黑格尔的绝对精神概念的非理性意志色彩，由此把黑格尔哲学解释为不完善的存在追问。本文提出，海德格尔与黑格尔对话的真正基础在于"拯救现象"这一议题。

关键词：*海德格尔；黑格尔；经验；拯救现象*

海德格尔对黑格尔《精神现象学》的诠释向来为人重视，且评价两极分化。研究者普遍认为海德格尔围绕"经验概念，"对《精神现象学》进行了创造性误读，然而细致梳理海德格尔与黑格尔原意之出入的文献并不多见。本文试图围绕六个具体话题辨析海德格尔与《精神现象学》本意的异同，通过参考黑格尔研究专家的意见，为评价海德格尔的解读理清线索。

一、海德格尔的《精神现象学》解读

1. 意识经验与精神现象的关系：为它与为我们

在《精神现象学》中，黑格尔常常区分两类视角，一类是"为我们"（für uns）的，另一类是"为它（für es）"的。《精神现象学》讲述诸意识形态的序列及其中的演进，而每种意识形态都有对自身的理解，出于整体序列立场的理解往往与特定意识形态的自我理解不同，因此在阐述一种意识形态时，就需要区分哪些话是出于整体立场，哪些话出于该意识形态的自我理解。上述两个短语正是用于区分这两个立场："我们"指代的是写

---

* 中国人民大学哲学院博士生。本文由中国人民大学科学研究基金（中央高校基本科研业务费专项资金资助）项目"历史在谢林哲学中的形而上学意义研究"（项目编号 22XNH213）资助。

作与阅读《精神现象学》的作者和读者,"它"指代书中出现的特定意识形态。关于这一对短语,海德格尔认为我们就是关注存在的人,我们按自然意识在绝对之在场中存在①,现象的序列是为我们的②,意识的转化是为我们的③,为我们意味着自在④。真理是为它的,真理性是为我们的。显现者是为它的,显现是为我们的,考察意识的尺度是为我们的⑤。按照海德格尔的诠释,构成《精神现象学》各章考察对象的诸特定意识形态只对自身抱有一种确信,无法理解诸意识形态相续构成的序列与转化,因而任何特定意识形态都无法仅依靠自身力量摆脱"为它"视角,提升为"为我们"的科学知识。唯有打从一开始就站在绝对知识立场上的"我们"才能看到诸意识形态的序列和演进,并通过批判这一序列而超越具有相对性的意识,走向绝对精神。⑥

2."我们"的问题:旁观与额外做法

"为它"与"为我们"的区分立刻带来的问题:凭什么断定"我们"的见解是如其本然地阐明诸意识形态? 如果"我们"的理解并未修改特定意识形态本来面目,那又何必将"为我们"与"为它"区分开? 海德格尔的诠释是,特定意识形态的自我理解恰恰不是如其本然的理解,因而为了如其本然地考察意识,"我们"确实有"额外做法",但这额外做法无非是"纯粹的审视"⑦,是"亲近绝对之绝对性"⑧。这额外做法是"意识之回转",是"跳跃"⑨,是"自失"⑩,让光照。在此海德格尔实际上区分出三种视角。除了"为我们"与"为它",还有一个绝对者的视角。真正如其本然的知识是绝对者的自我理解,然而由于人在认识过程中首先处于有限的人类立场,无法直接站在绝对者立场上,故需要"为我们"的视角将自己逐渐引导到绝对者立场上去。唯其如此,海德格尔才说"为我们意味着自在"⑪。"我们"是愿意放弃身为特定历史处境中人类的有限视角,让本真的存在向我们显现的思想者。显然,借助这种解读,海德格尔把黑格尔《精神现象学》的探索视为借助"绝对精神"概念思考海德格尔意义上的存在。

3.绝对精神的判教问题:自我意识与历史性洞见

"确定性"(Gewissheit)与"真理"(Wahrheit)是《精神现象学》中反复出现的一对概

① 海德格尔:《林中路》,孙周兴译,上海:上海译文出版社,2004 年,第 219 页。
② 海德格尔:《黑格尔》,赵卫国译,南京:南京大学出版社,2018 年,第 121 页。
③ 海德格尔:《林中路》,第 202 页。
④ 海德格尔:《林中路》,第 221 页。
⑤ 海德格尔:《林中路》,第 183 页。
⑥ 海德格尔:《林中路》,第 169 页。
⑦ 海德格尔:《林中路》,第 202 页。
⑧ 海德格尔:《林中路》,第 205 页。
⑨ 海德格尔:《黑格尔》,第 102 页。
⑩ 海德格尔:《黑格尔》,第 121 页。
⑪ 海德格尔:《林中路》,第 221 页。

念。确定性即是确信,一种意识形态起初只对自身抱有确信,随后通过意识形态的演进才获得自己的真理。不同意识形态的确定性与真理各不相同,主要有感性确定性、自我意识的自身确定性与理性的确定性三种,感性确定性是对感性所予的确信,它的真理是自我意识;自身确定性是对自我意识自身的确信,它的真理是理性;以此类推,理性的真理又是精神,直至绝对知识达成确定性与真理的统一。海德格尔则把黑格尔分别讨论的各种确定性统一诠释为自我意识的自身确定性,认为整部《精神现象学》都是对自身确定性的发展,亦即是自我意识的绝对化。他认为在黑格尔的学说中,"真实存在者是以精神为其现实性的现实性,而精神之本质则基于自我意识","思维在它对象无可动摇的确定性中寻求绝对基础","近代哲学的陆地是表象的自身确定性,哲学是自身确定性认识中无条件的认识"。"主体的主体性等于绝对的绝对性,等于无条件的自我意识",笛卡尔的我思缺乏自反性,不是自己建立自己的绝对,而黑格尔追问了绝对性。这些引文表明,海德格尔往往也谈到对象的确定性、表象的确定性等似乎不单纯属于自我意识的东西,但最终都将其解释为自我意识的自身确定性。当然,海德格尔在这里说的自我意识的自身确定性不再局限于《精神现象学》第四章讨论的内容,而是在整体上定位黑格尔乃至笛卡尔开创的近代哲学。换言之,在海德格尔看来,诸如理性、绝对精神这些黑格尔自认为超越了自我意识的自我确信的概念,无非还是把自我意识绝对化的产物,没有超出自身确定性的窠臼。黑格尔哲学因而被定性为自我意识哲学的完成,而且这一自我意识原则是黑格尔预设好的立场。"一切哲学最初和最终都只是其前提的展开"①,这前提是事实内容,是存在之天命在特定历史时期遣送出的东西。

4. 现象学体系被抛弃的原因:畏惧经验

《精神现象学》与《哲学全书》中的"精神现象学"部分所涵盖内容不尽相同。一般认为,写作《精神现象学》时黑格尔构思的哲学体系与写作《哲学全书》时有所区别。于是,黑格尔何以放弃现象学体系就成为问题。海德格尔对此的解答是,黑格尔放弃现象学体系,是因为畏惧彻底的怀疑主义、畏惧经验、不敢于反思绝对之绝对性。

海德格尔认为,"黑格尔用经验指存在者的存在","存在作为经验具有运动特征"。"经验是意识的存在方式","黑格尔借经验思考主体之主体性","经验是绝对之绝对性,是对在其在场中的当前事物的注意"。海德格尔认为,通常人的意识考察的是意识的对象,而黑格尔精神现象学考察的是对象的对象性。如果说对象是存在者,那么对象性就是存在者之存在。② 因此,精神现象学实际上是一门存在学或第一哲学。③ 然而黑格尔借助笛卡尔开创的我思框架理解对象与对象性,于是把对象之对象性、存在者之

---

① 海德格尔:《黑格尔的精神现象学》,赵卫国译,南京:南京大学出版社,2023 年,第 47 页。

② 海德格尔:《林中路》,孙周兴译,第 162 页。

③ 海德格尔:《林中路》,孙周兴译,第 209 页。

存在诠释成了一种无条件的自我意识,亦即绝对知识或绝对精神。在海德格尔看来,《精神现象学》已经提出了一种摆脱自然意识,如其本然地思考存在的方式,但由于我思框架的束缚而没有贯彻到底。经验正是这种运思方式的名字。一般而言,新经验使我们被迫修正自己过往的习见,追随事情当前向我们显现的内容。用近代认识论的话说,这就是唯有经验能够带来新知识。按照海德格尔的诠释,经验之所以能带来新知识,是因为它通过意识形态的运动带来了新对象。而当黑格尔在第一哲学层面谈论经验时,这新对象就不再是随便一个与认知者相对立的日常事物,而是使对象成为对象的对象性,亦即认知者自己的自我意识。这种运思方式是"彻底的怀疑主义",是"自然意识与绝对知识对话"①,它追问每种知识的根据,进而追问根据之根据,直至最后。在海德格尔看来,这种追问最终本应追问到存在之为存在,亦即非根据或虚无②。现象学经验本该是"经验作为绝对在场之本质现身的现象学"③。然而黑格尔却中途停止了追问,满足于"精神"或"绝对知识"。所谓绝对知识,在海德格尔看来无非是无条件的自我意识,因此他批评黑格尔追问了对象的对象性,却没有追问对象性的"性",体系终止于绝对,说明只达到了绝对的确定性,还没有追问其真理。④ 海德格尔认为,正是出于对这种彻底的怀疑主义的畏惧,黑格尔先是在《精神现象学》中用占据全书半数篇幅的后四章虚构了一个绝对精神作为结论,又在成熟期的《哲学全书》体系中干脆抛弃了精神现象学所呈现的经验,成为传统形而上学的维护者。"精神现象学丧失权威地位,说明黑格尔陷入存在之遗忘。"⑤

5. 精神现象学演进的动力:自然意识与实在知识

精神现象学叙述了诸意识形态演进的序列,于是产生一个问题:推动这一演进的动力是什么?海德格尔认为,演进的序列只在"为我们"的视角中出现,其真正动力是绝对之意志。海德格尔区分了自然意识与实在知识,自然意识是诸意识形态的统称,它们仅对自身抱有确信,并不追问自己的根据。与此相对,"实在的知识是对实在的实在性的知识"⑥。自然意识虽然不断变换为诸意识形态,但由于它不追问自己的真理性,因而始终是自然意识。⑦ 要想把诸意识形态演进的序列纳入视野,必须通过一次视角的反转,从自然意识跳跃到追寻实在知识的"我们"立场。要实现这种跳跃,首先必须对自然意识的确信产生怀疑,对自然意识不断变换的形态产生绝望,进而走向彻底的怀疑

---

① 海德格尔:《林中路》,第 216 页。
② 海德格尔:《黑格尔的精神现象学》,第 50 页。
③ 海德格尔:《林中路》,第 220 页。
④ 海德格尔:《黑格尔》,第 123 页。
⑤ 海德格尔:《黑格尔》,第 123 页。
⑥ 海德格尔:《林中路》,第 156 页。
⑦ 海德格尔:《林中路》,第 159 页。

主义。正是怀疑促使特定意识形态转变,怀疑是意识的历史。① 然而按照海德格尔对黑格尔的批评,由于精神现象学中的这种怀疑止步于我思,没有追问存在之为存在,因而错把自身确定性当成了存在②,没有发现推动诸意识形态演进的真正动力。

"自然意识没有不安"③,因而压根不会追问意识形态的演进序列,海德格尔据此断定《精神现象学》不是一门引导自然意识走向精神的导论,"哲学没有导论,导论只用于跳跃"④。"为我们"的实在知识视角虽然实践了这种立场的跳跃,但却是被绝对催迫而行动。"规定了的否定(bestimmte Negation)是被绝对逼迫的"⑤,经验是"意识经受绝对本质之暴力"⑥。"我们"思想者之所以能够思考绝对,是因为绝对向我们施加暴力,使我们产生新经验、对自然意识产生怀疑和不安。这种跳跃之所以可能,根本上又是由于绝对(亦即存在)预先已经进行了一次反转,从而开启了意识向绝对回归的空间。"绝对之外化是其进入绝对性的显现过程的回忆"⑦,这个预先的反转、绝对的显现过程就是存在之遗忘。"自然意识漫游的反转远不如存在之遗忘这一颠倒"⑧。但绝对者不仅预先远离了我们的意识,而且意愿在我们身边存在。"绝对之意志就是意愿在我们近旁"⑨,"在我们近旁存在属于绝对之绝对性,如若没有这种涌现,它就没有生命"⑩。综上,按照海德格尔的诠释,存在先借助存在之遗忘远离我们的意识,从而为我们的意识回归存在开辟空间,随即又在我们近旁存在,通过对我们的自然意识施加暴力使我们感到痛苦,使我们放弃自然意识转而追随经验,走上追问存在之路。

由于黑格尔哲学整体上都被海德格尔理解为一种存在论探索,因而黑格尔哲学也是这样一次由存在驱动的跳跃。对于这种跳跃的发生机制,我们除了说它是由存在之天命主导,就再也无话可说了。因此海德格尔强调,我们无法证明黑格尔之洞见的可能性,"人不能自由决定跳跃与否。因为其本性就是被逼迫着跳跃"⑪。因此,无论是《精神现象学》中诸意识形态的演进,抑或黑格尔哲学整体乃至一切西方哲学发展的动力,都被海德格尔解释成为"存在逼迫我们发问"⑫。

此外,海德格尔着重强调,他所理解的这个诸意识形态演进的动力不在整个序列之中。由于海德格把诸意识形态之演进序列理解为我们思想者所经受的痛苦之旅,因而

---

① 海德格尔:《林中路》,第160页。
② 海德格尔:《林中路》,第161页。
③ 海德格尔:《林中路》,第169页。
④ 海德格尔:《黑格尔》,第64页。
⑤ 海德格尔:《黑格尔》,第78页。
⑥ 海德格尔:《黑格尔》,第88页。
⑦ 海德格尔:《林中路》,第205页。
⑧ 海德格尔:《林中路》,第219页。
⑨ 海德格尔:《林中路》,第170页。
⑩ 海德格尔:《林中路》,第218页。
⑪ 海德格尔:《黑格尔的精神现象学》,第183页。
⑫ 海德格尔:《黑格尔的精神现象学》,第50页。

他反复论证"绝对不经受知识之辛劳和痛苦"①。过程、历史、运动都是在绝对精神近旁的要素,而不是绝对精神本身。② 这个动因自身不经历运动过程,却又能推动整个运动过程,于是它带有了目的论色彩,成为亚里士多德神学所讲的最终目的因,即自身不动而能凭借其完满性感召其他存在者向其完满性靠拢的神。在海德格尔的诠释中,这正是现象学体系中的《逻辑学》要处理的内容。"《精神现象学》是绝对之神学,《逻辑学》是创造之前的绝对之绝对性的神学。"③

6. 绝对之意愿:人的殊胜与拟人论

如果整部《精神现象学》确实是按照绝对者的意愿操办,那么为什么绝对者如此这般意愿? 海德格尔认为,这是由于人本身地位殊胜。海德格尔认为自己要与黑格尔争辩的问题是有限性与无限性的问题。在海德格尔看来,黑格尔已经意识到有限性是一个问题,对这个问题的回答是非有限性。然而非有限性,亦即虚无,尚未获得真理。这种以否定有限的方式获得的无限性只能用于解答它自己带来的有限性,却不能确立一种真无限。④ 这一段话可以理解为,海德格尔认为黑格尔在探讨存在之为存在时仅仅满足于把绝对化的自我意识当作最根本的存在,因而他的方案也只能为自我意识中的有限东西奠基,而不能说明自我意识之外的东西。海德格尔认为,人之所以重要,不是因为绝对者或存在与人一样是自我意识,而是因为人可以承担追问存在的工作。

围绕人的殊胜地位,海德格尔探讨了拟人论(Anthropomorphism,通译"神人同形同性论")。无论是说绝对者是大写的自我意识,抑或说绝对意愿在人的近旁存在,看起来都是无端把人摆在过高位置,给绝对者编造了属人的属性。这种指责通常认为上述做法是拟人论。海德格尔扩写了谢林对这种指责的反驳,提出两点辩护。首先,事物无法个别地被阐释,阐释个别事物的存在,恰恰意味着阐释其在神中(亦即总体中)的生成,因此,对拟人论的指责未经审查就把一些属性当作仅仅属于人的属性,犯了孤立地谈人的错误。⑤ 其次,这种武断的做法同时意味着未经研究就预设绝对者在一切方面不同于人。

海德格尔认为,更契合事情本身的理解应当是,存在不能从绝对者出发来言说,一切存在的本质都是有限性,唯有有限的实存者才拥有特权和痛苦,来存在于如其所是的存在中。⑥ 因此,唯有作为有限的思想者的人才能通过经验诸意识形态演进的痛苦,追问存在之为存在。然而由于这一切的最终动力都仅仅是存在本身的开显,因而追问存

---

① 海德格尔:《黑格尔》,第 120 页。
② 海德格尔:《黑格尔的精神现象学》,第 43、35 页。
③ 海德格尔:《林中路》,第 217 页。
④ 海德格尔:《黑格尔的精神现象学》,第 49 页。
⑤ 海德格尔:《谢林:论人类自由的本质》,王丁、李阳译,北京:商务印书馆,2018 年,第 230—234 页。
⑥ 海德格尔:《谢林:论人类自由的本质》,第 321 页。

在的人能做的是"对其最高的必然性确信无疑","借此成为历史性的人,与命运照面,接纳命运,承担命运,超越自己"。① 这就是说,黑格尔最终把存在理解为绝对化的自我意识,是因为他的时代的存在之天命只允许他如此这般理解存在,而1931年的德国学生若要与黑格尔争辩,就需要"代言自己的时代"②,按照1931年存在之天命开显出的历史性阐明存在。

二、黑格尔研究专家的意见

只要逐一比较黑格尔研究专家在上述议题上的意见,海德格尔与黑格尔原意的出入一目了然。

关于"为我们"与"为它"的区分,争论的关键在于诸意识形态的自我理解能否把握自己的转变。如果诸意识形态无法把握意识形态的转变,那么归根结底在《精神现象学》中就只有一次意识形态转变,只有两个立场。我们只需要从自然意识跳跃到实在知识立场,随即停留在这个"为我们"的立场上把诸意识形态编排成诸意识形态实际上没有经历,只是方便我们理解和顿悟的序列。反之,如果诸意识形态的自我理解能够把握自身形态转变,那么我们就需要多次立场转变,例如从感性确定性立场变为知觉立场,从意识立场变为自我意识立场,等等。大多数学者都主张一种既是又不是的观点,认为诸意识形态或多或少能把握一点自身的转变,只是无法达到绝对的真知。霍尔盖特认为"任何意识形态都不会自身转变为新形态,意识是在'我们'的过渡中转变",但同时又说这种转变的必然性"来自前一意识形态,而由我们积极造成过渡"。③ 泰勒认为普通意识能够经验到矛盾与意识形态更迭,只是不知道其间联系。④ 主张《精神现象学》是引导自然意识走向绝对知识的导论的学者则更为立场鲜明。邓晓芒认为诸意识形态的演进序列是"自然意识的自我否定历程",海德格尔讲的这种"一次到位"的现象学方法不是黑格尔的精神现象学,而是20世纪的现象学直观。⑤

如果诸意识形态能够把握自身转变,亲身经历了演进的序列,那么写作与阅读《精神现象学》的"我们"反而成问题。我们与诸意识形态有何不同?何以能在全书叙述中反复抱有与"为它"见解不同的"为我们"见解?图尼森(Brendan Theunissen)认为这是由于黑格尔在写作时使用了一种继承自古希腊怀疑论的元哲学方法,即"等效"(isosthenia,equivolent)。这种方法即指出辩论各方观点都有同等有效的依据,因此全

---

① 海德格尔:《谢林:论人类自由的本质》,第323页。
② 海德格尔:《黑格尔的精神现象学》,第40页。
③ 霍尔盖特:《黑格尔导论:自由、真理与历史》,丁三东译,北京:商务印书馆,2013年,第92页。
④ 泰勒:《黑格尔》,张国清、朱进东译,南京:译林出版社,2002年,第207—208页。
⑤ 邓晓芒:《海德格尔在〈黑格尔的经验概念〉中对辩证法的扭曲》,《哲学研究》2007年第12期。

都应当放弃①。据此,图尼森认为《精神现象学》中的辩证法并非自指称否定而是更高立场阐明较低的对立双方立场同等有效——因而同等无效。最终,唯有绝对知识立场与其他立场不同等有效,因为在绝对知识这里,知识与真理不再是对立的立场,而是融合为一,这个最终立场的内涵无非就是"知识要自己审查自己"②。显然,这种解读把诸意识形态从历时性序列转变为共时性并列结构,比较容易为海德格尔所用。哈里斯则措辞激烈地断言"'我们'的问题是一个伪问题,这个问题只对那种人而言才存在,他们认为海德格尔不自然的说话方式能恰当表达哲学意识"③。哈里斯认为,"黑格尔明显用'我们'概括任何想要分享这本书将呈现的'绝对'的人;而且他假定这样的人已经通过自身的教育具有了自己该有的知识"④。这就是说,任何意识形态都可以从自己的自我理解出发,按照自身发展的必然性被《精神现象学》引导到绝对知识立场,"我们"是向他们示范正确理解的教育学话术。较为温和的观点认为,"为我们"的立场与"为它"的立场之前确有差别,但属于意识内部的差别。耶施克和马特捷科娃都认为意识与其对象构成一对意识结构,每种意识形态都必定将自己区分为这两者,并在自我理解中把意识自己摆在意识的那一极。"为我们"的理解无非是把这种自我理解从结构中的一极提升到结构整体层面,变成认为意识—对象的意识结构才是意识。⑤

关于"绝对",多数学者认为,《精神现象学》中的"绝对知识"与黑格尔哲学的最终答案"绝对精神"并不完全等同。哈里斯指出,现象学只负责解释"什么是知识",因此这部书只需给出"绝对知识"的概念,就无法继续前进了,想要探讨完满的绝对精神本身,只能由《逻辑学》重新开端。贝特兰(Georg W. Bertram)则认为,绝对知识找到了一种形式,可以让人在不创造新的对象见解(Gegenstandsauffassung)的情况下获得经验。⑥亦即,绝对知识的含义就在于意识可以通过自己审查自己而获得新知,不需要再向外寻求对象。

关于现象学体系被放弃的原因,不少学者并不认为《精神现象学》与《哲学全书》之间存在不相容的矛盾。在那些主张黑格尔放弃了现象学体系的学者中,亨利希的观点较为有趣。他认为《精神现象学》属于反思体系,《逻辑学》以及此后的《哲学全书》属

① Theunissen, B., *Hegels Phänomenologie als Metaphilosophische Theorie*. Hamburg: Felix Meiner Verlag, 2014, p.258.

② Theunissen, B., *Hegels Phänomenologie als Metaphilosophische Theorie*. Hamburg: Felix Meiner Verlag, 2014, p.259.

③ Harris, H.S., *Hegel's Ladder: A Commentary on Hegel's Phenomenology of Spirit. V.1. The Pilgrimage of Reason*. Indiana: Hackett Publishing Company, 1997, p.201.

④ Harris, H.S., *Hegel's Ladder: A Commentary on Hegel's Phenomenology of Spirit. V.1. The Pilgrimage of Reason*, p.201.

⑤ Jaeschke, W., *Hegels Philosophie*. Hamburg: Felix Meiner Verlag, 2020, pp.43-44; Matějeková, T., *Gibt es eine Welt in Hegels Phänomenologie des Geistes?*. Tübingen: Mohr Siebeck, 2018, pp.27-28.

⑥ Bertram, G.W., *Hegels "Phänomenologie des Geistes": Ein systematischer Kommentar*. Stuttgart: Reclam, 2017, p.305.

于思辨体系。写作《精神现象学》是黑格尔最后一次试图弥合这两个体系。所谓反思体系,即是自康德批判哲学发展而来的对认识能力的考察,它意味着从批判有限事物的有限认识出发。思辨体系则自始就立足于绝对立场。亨利希认为,黑格尔起初确实试图把《精神现象学》当作导论,阐述反思体系的自然发展结果是思辨体系。但这次尝试失败了。《精神现象学》在各个章节总是难免预设最终的绝对知识立场,这意味着它并非纯粹的反思体系,因而也就谈不上反思体系自然发展为思辨体系。于是,从《逻辑学》开始,黑格尔就舍弃了反思体系,把自己的全部哲学建立在思辨的第一哲学之上,精神现象学因而失去独立地位。① 可以看出,这种解读的思路与海德格尔有相似之处。只要侧重强调"为我们"的视角,就难免使诸意识形态的演进序列丧失意义,进而使《精神现象学》丧失意义。

关于精神现象学演进的动力,多数学者都激烈反对海德格尔的解读。这里的关键在于海德格尔一笔带过的"特定的否定"(bestimmte Negation)概念。所谓特定的否定,具体而言就是在《精神现象学》否定每种意识形态时,都仅仅是否定了该意识形态独有的规定性,而没有否定全部意识。新的规定性正是非—旧规定性,是上一个规定性的逻辑否定。例如,"感性确定性"章的结论可以表述为"意识的真理不是感性确定性",但这个结论同时具有肯定意义,即"意识的真理是一种非感性确定性的东西",而"非感性确定的东西"所具有的规定性无非就是感性确定性之规定性的反面:感性确定性的规定性是"这一个"或个别,因而"非感性确定性的东西"的规定性是普遍,而普遍性正是下一章的研究对象"知觉"的规定性。黑格尔说,"非实在的意识具有一些形式,这些形式的完整性将通过一种必然的进程和联系体现出来……由于真正的结果被领会为一个特定的否定,于是直接出现了一个新的形式,并通过否定而造成一个过渡,而在这种情况下,整个进程就通过完整的一系列形态自己表现出来"②。可见"特定的否定"在《精神现象学》中的功能正是推动诸意识形态演进。对辩证法心怀好感的学者大抵很容易看出"特定的否定"的这种意义。哈里斯指出,"哲学洞见在于认出否定的'特定'特征"③。更为重要的是,特定的否定是源于特定意识形态内部矛盾的一种自否定。哈里斯指出,"特定的否定只必然包含在经验的概念自我批判中"④。邓晓芒同样一针见血地指出,海德格尔解读的一大问题就在于废掉了意识自身矛盾性所具有的主体能动性⑤。然而也应当承认,《精神现象学》中的概念自身矛盾究竟是什么仍存在争议。泰

① 亨利希:《在康德与黑格尔之间:德国观念论讲座》,乐小军译,北京:商务印书馆,2013 年,第 478—480 页。

② 黑格尔:《精神现象学》,先刚译,北京:商务印书馆,2013 年,第 51—52 页。

③ Harris, H.S., *Hegel's Ladder: A Commentary on Hegel's Phenomenology of Spirit. V. 1. The Pilgrimage of Reason*, p.178.

④ Harris, H.S., *Hegel's Ladder: A Commentary on Hegel's Phenomenology of Spirit. V. 1. The Pilgrimage of Reason*, p.205.

⑤ 邓晓芒:《海德格尔在〈黑格尔的经验概念〉中对辩证法的扭曲》,《哲学研究》2007 年第 12 期。

勒认为这是诸意识形态各自真正的意图或标准与关于意图或标准的不恰当观念之间的冲突和分裂①,贝特兰认为是对知识的要求与不能满足要求的对象之间的矛盾②。大体而言,矛盾双方是概念与对象、自为存在与为他存在。③ 由于矛盾双方都在特定意识形态之中,多数学者认为推动精神现象学演进的是每个特定意识形态各自独有的内在矛盾,而非海德格尔讲述的那种外在于诸特定意识形态的唯一的绝对者。

绝对之意愿基本属于海德格尔的发挥,可以确定黑格尔并非主要就意志来谈绝对者。但问题在于,原样照搬绝对唯心主义的绝对精神概念似乎无法满足当代读者,基于"六经责我开生面"的原则,应当允许较为偏离文本字面意思的解读与黑格尔对话。大体而言,创造性解读有四种:承认理论、唯物主义理论、规范性理论与海德格尔的存在理论。承认理论的重心并不在于认识论与形而上学,因此本文存而不论。唯物主义解读的经典判词是黑格尔哲学"体系闷死了辩证法",阿多诺指出,《精神现象学》有内在矛盾,"唯心主义的经验内涵与它的认识论—形而上学立场的经验内涵根本就不相符合"④。阿多诺认为,黑格尔哲学中真正有价值的内核是对社会现实中具体矛盾的揭示,与之相比,绝对精神仅仅是一个并未实现的化解一切矛盾的理论允诺。因此阿多诺认为诠释《精神现象学》应当侧重揭示其中暴露的诸意识形态的内在矛盾,而非强调绝对知识带来的最终和解。规范性解读主要由皮平和匹兹堡学派开创,如今也已为一些欧洲学者采纳。他们把《精神现象学》理解为一部反对"所予",寻求规范性,阐述社会认识论的著作。皮平问道,"黑格尔那里活的东西是精神一元论,还是精神对自身的经验理论,即'哲学人类学'"? 显然,规范性学者与海德格尔都认为是后者,因此都重视《精神现象学》所谈的"经验"概念。皮平认为意识与对象的关系取决于意识预设的规范,而这预设的规范就是概念。有意识的经验就是用自己预设的潜在概念与经验中出现的对象相比较⑤。在意识形态转变时新概念取代旧概念,意味着新的规范取代旧规范。然而新概念 B 并不必然比它所取代的旧概念 A 更好,它允许反对者提出新方案⑥。据此皮平认为,我们可以满足于这种不断对新概念新规范开放的认识规范变迁过程,不必终结于绝对知识。在这种诠释中,真的东西(das Wahre)虽然不是朴素自然意识所理解的外部对象,如桌椅,但也不是某种纯粹意识形态,而是"成功的主张必须满足的标尺、好的理由、根据"⑦。施特克勒(PirminStekeler)则认为,从"为它"到"为我们"的视角转换是从个别主体的意见转变为集体的知识的自我反思。"我"是主观辩证法,"我

① 泰勒:《黑格尔》,第 203 页。

② Bertram,G.W.,*Hegels "Phänomenologie des Geistes"*:*Ein systematischer Kommentar*. Stuttgart:Reclam,2017,pp.50-51.

③ Jaeschke,W.,*Hegels Philosophie*.Hamburg:Felix Meiner Verlag,2020,pp.43-44.

④ 阿多诺:《黑格尔三论》,谢永康译,上海:上海人民出版社,2020 年,第 47 页。

⑤ 皮平:《黑格尔的观念论:自意识的满足》,陈虎平译,北京:华夏出版社,2006 年,第 147 页。

⑥ 皮平:《黑格尔的观念论:自意识的满足》,第 150 页。

⑦ 皮平:《黑格尔的观念论:自意识的满足》,第 157—158 页。

们"是客观辩证法①,《精神现象学》讲述了知识从主观变为客观的历程。当书中说旧意识形态 A 实际上是 B,意思是旧的解释 A 被其未曾解释的实践修正为解释 B。在施特克勒看来,黑格尔所谓绝对知识,无非是在实践中绝对成功的知识。②

三、黑格尔与海德格尔对话的问题域:拯救现象

比较海德格尔与黑格尔研究专家对《精神现象学》的解读,可以看出黑格尔哲学体系的确实存在阿多诺所言的内在矛盾。辩证法是解释运动的学说,然而特定的否定与绝对者都承担了这一解释任务。一方面,概念的辩证演进每一步都是向终极目的因绝对精神复归;另一方面,辩证法不是偶因论,绝对精神并未单独出现在演进历程中推动演进,而是概念各自由于自己当前规定性的内在矛盾而演进到下一个概念。如果强调绝对的作用,就会得出海德格尔式解读,认为诸意识形态使人沉迷于自然意识,唯有抛弃诸特定意识形态才能思考绝对。既然抛弃诸特定意识形态各种的内部矛盾,那么余下来的绝对就是一个虚而不屈,动之愈出的无,把它命名为海德格尔意义上的"存在"也无伤大雅。反之,如果强调单凭特定的否定就足以解释概念的辩证运动,那就会迈向经验主义与实证主义之路。规范性诠释者和唯物主义诠释者已经示范了这一诠释思路可以拯救出哪些"活的东西"。最后,弥合这一矛盾也同样可能,但唯有在黑格尔体系内部才能成功,而这意味着坚守黑格尔的绝对唯心主义立场,进行"忠于黑格尔文本"的解读。

海德格尔对《精神现象学》的解读的最大问题不在于歪曲黑格尔的观点,因为想要与这个理论上如此完备的体系对话,就必定在某些方面破除这个体系,进行"外在批判"。海德格尔解读的最大问题毋宁说是简化了黑格尔哲学,把黑格尔拉进自己擅长的问题域中分析。海德格尔说自己与黑格尔争辩的问题是"有限性与无限性的问题",如前所述,这个问题实际上意指黑格尔在多大程度上符合海德格尔哲学的存在之思。这种做法并未把黑格尔摆在平等的对话者位置上,而是用自己的哲学体系对黑格尔哲学进行判教,其作用在于给黑格尔哲学安排一个内在于自己哲学体系的位置。如果这不是真正的对话,而只是判教,那么黑格尔哲学同样可以对海德格尔哲学判教,说由于他轻视特定的否定,故而是"一种在结果中总是只看到纯粹虚无的怀疑主义,它不知道这是一个特定的虚无,是某个东西的虚无,是那个东西的结果。作为某个东西的虚无和结果,它实际上是一个真正意义上的结果"③。

大哲之间的争论往往落入此亦一是非,彼亦一是非的境地。仅仅更加如其本然地

---

① Stekeler, P., *Hegels Phänomenologie des Geistes: Ein dialogischer Kommentar*. Hamburg: Felix Meiner Verlag, 2014, pp.366–367.

② Stekeler, P., *Hegels Phänomenologie des Geistes: Ein dialogischer Kommentar*, p.399.

③ 黑格尔:《精神现象学》,先刚译,北京:商务印书馆,2013 年,第 51 页。

阐明双方哲学,是不足以促进对话的。对话需要在同一个问题域中进行,而既然双方问题域都会形成单方面判教的局面,那么自然的结论是寻找第三个问题域供双方对话。①本文认为,黑格尔与海德格尔对话的一个恰当问题域是拯救现象。

　　所谓拯救现象,在这里涉及三个话题:实践、所予、他者。实践是人为自己给出所予的活动,所予是人的生命中出现的新内容,他者是人所追认的所予的来源。海德格尔不满近代哲学的自我意识原则,因而拒绝承认人的自我意识可以给自己制造出新对象。《精神现象学》讲述人的意识扬弃自身,变为绝对知识的历程,其本意恰恰是阐明意识可以依靠自身内部矛盾的推动而变为现实的知识。但海德格尔在字里行间发现了"经验"范畴,借助这个范畴把《精神现象学》解释成依靠外在于意识的东西提供新内容的认识实践历程。如前所述,规范性诠释者也是如此这般将经验主义的观察假设理论引入《精神现象学》。于是这里紧接着出现了所予问题。规范性诠释者认为黑格尔是"所予的大敌",他们把精神现象学约束在认识论的规范性领域内,放弃了对所予之存在论来源的独立探讨,因此可以说是停留在社会认识实践的立场上。海德格尔却恰恰要借助所予问题,把人的意识变迁的动力全部归于存在。然而这个存在却不是绝对唯心论的世界本原,而是一个无法被理性体系一劳永逸地认识,只能在不同时代展现不同面向的东西。伽达默尔指出,海德格尔晚期以天命、命运代替历史和历史性,意在表明并非某种历史意识或人类意识,而是别的东西支配人的存在境遇。② 实践、所予、他者共同组建的正是人所生活的现象领域,人在这个"周围世界"中反复面临一对矛盾张力,这就是渴望同一性的理论认识诉求与对被给予物的独立性的尊重之间的矛盾。③ 海德格尔方案与黑格尔方案之得失,恰如当年费尔巴哈与黑格尔方案之得失。那在具体问题上有所得的,失诸本体论;那在本体论上有所得的,失诸具体问题。黑格尔方案的绝对唯心主义一元论如今已经门庭冷落,但它对许多人类社会历史现象的解答至今引人注目,承认理论正是其中翘楚;海德格尔方案在存在论上允诺了一个无比深邃而丰富的存在,却为了维护这个形而上学结论而疏远了众多具体现象。按照海德格尔对他者的尊重,非同一性本应在各种具体现象中显现,然而海德格尔却反而认为诸意识形态之演进没有实质意义,唯有静待存在之天命整个改变现象领域。例如,技术座驾无论在存在论上如何浅薄与片面,终究占据着实践中巨大的现象领域。如果存在之思不能以"特定的否定"的方式阐明这些现象的内在运行机制,那么思考存在的思想者必定活在分裂的精神之中,一方面在存在之思中追求本真性,另一方面在实践中接纳技术座驾。为了在理论与实践两个方面拯救现象,黑格尔与海德格尔各有可取之处,能够进行一种平等对话。

①　庄振华:《从〈黑格尔的经验概念〉看海德格尔的黑格尔阐释》,《哲学动态》2022 年第 1 期。
②　伽达默尔:《伽达默尔论黑格尔》,张志伟译,北京:光明日报出版社,1992 年,第 148 页。
③　谢永康:《经验的客观内涵——阿多诺对黑格尔唯心主义的阐释》,《哲学研究》2021 年第 7 期。

诗境与道境:论释道玄理于诗言中的朗现

高语含*

内容提要:除却儒家名教语境下的"诗言志"与陆机《文赋》首唱的"诗缘情"两种传统外,以诗作为传达、参悟、体证至高本原之媒介的传统亦可谓古代诗学中的蔚然一大宗,而其根柢则在于肇兴于魏晋的玄学美学及对其进行了吸收转化的禅宗美学。从魏晋时期嵇康、支道林等辈以玄言入诗,到南朝谢灵运以山水诗寄寓佛理,再到王孟韦柳笔下的冲淡超逸之美、唐宋高僧高道们偈颂中空明莹彻不可凑泊的妙悟,以诗言道的境界日趋高卓,技法也日趋成熟。本文将依托玄理诗演进的历史及其类型谱系,揭示其背后所蕴涵的美学理念,指出玄理诗的创作实践无妨被认作一种另类的心性工夫实践。

关键词:玄理诗;庄禅美学;玄言诗;山水诗;工夫论

就诗的创作意图与表达功能而言,传统诗学中存在着两条影响广泛的大传统:其一是以《诗经》为代表的"诗言志"说,如《尚书·舜典》谓"诗言志,歌永言",《左传·襄公二十七年》载赵文子谓叔向语曰"诗以言志"等。所谓"志",在此侧重的并非志趣或理想的个体化表达,而是儒家经学意义上淳风化俗、君臣民各正其位的社会政教理想,具有强烈的以社会理性、道德理性约束情感之色彩。汉代经学性诗论《毛诗大序》中有"诗者,志之所之也,在心为志,发言为诗,情动于中而形于言"[1]的提法,这里仿佛有意令抒情性占据了一席之地,然而由后文可见,此处所谓"情"仍是限于经教体系下受到严格辖制的"温柔敦厚"之情,需要满足"发乎情而止乎礼义"的价值规范,并以昭明或归附先王之教为最终鹄的,其所乐所哀大都围绕国家之治乱,逢美政而颂之,逢苛政而刺之,个性化、日常化的喜怒哀乐之抒发并未获得独立空间:"正得失,动天地,感鬼神,莫近于诗。先王以是经夫妇,成孝敬,厚人伦,美教化,移风俗"[2]。

魏晋以降,伴随着中央统治的削弱与官方意识形态的相应松弛,如《世说新语》等文献所显明的那样,个体意识觉醒与感性解放在社会上蔚然成风,文学"为艺术而艺术"的纯粹审美价值逐渐从其社会功能中剥离,另一条与经学传统相对的、重视个体情

---

* 高语含,图宾根大学哲学系博士研究生。

① 郭绍虞主编:《中国历代文论选:第一册》,上海:上海古籍出版社,2001年,第63页。

② 郭绍虞主编:《中国历代文论选:第一册》,第63页。

感之真实与自由抒发的诗学传统遂应运而生，学界一般援引陆机《文赋》中"诗缘情而绮靡"的说法，称为"诗缘情"。两条传统间的差异是显而易见的：一重理一重情，一重群体一重个体，后世许多不同的诗论主张都可视作此二传统的流裔，如清人沈德潜论诗主"格调"，翁方纲主"肌理"，均强调诗应以"诗教"即符应于经学义理为本位，应归于前者；明代公安三袁则主"性灵说"，强调"诗者，心之声也，性情所流露者也"，以抒情为本位，当归于后者。然若换一更广阔的视角观之，无妨说二者间又存在相当显著的共性，甚至可以说二者根本处于同一层次上：它们所描绘的无非是我们耳闻目击的现实世界与人类寓于其中的世俗的喜怒哀乐，无非是有形有象、有物有我的"形而下"之域，而并未关涉到超言绝象、泯灭形声的"形而上"者，没有将目光投向超越于周遭世界之外的、万物之所以存在的根据或本原，而这一本原，或者说对这一本原的认识、把握及由此而产生的种种体验，却恰恰是所谓"玄理诗"意在表现的对象。

就此而言，"玄理诗"与一般意义上所说的"哲理诗"有所区别。我们常说宋诗尚理，宋人作诗富有理趣，这个"理"包括许多社会生活中的经验性反思与常识，如王荆公的"不畏浮云遮望眼，自缘身在最高层"是讲立足够高就不会为现象所惑，朱元晦的"问渠那得清如许，为有源头活水来"是讲持续摄取知识对于维系思想鲜活的必要性，它们确实都在"讲道理"，但此一道理止步于生活经验，尚非对宇宙本原、人生归宿这些根本性问题的反思，因此只能算作"哲理诗"，而尚不能算是"玄理诗"。学者所喜用的"玄言诗""佛理诗"等名相亦不足以穷尽"玄理诗"的内涵；如我们后面将要谈到的，前者往往特指魏晋时期玄学思潮影响下产生的玄理诗，而后者则于南北朝以降为佛教信仰者所大量创作；然而事实上，非但释道二家之诗多涉玄理，吸收了二家玄义的宋明儒学家（尤其是心学家）们，乃至并无明确教门归属的世俗文人们也为我们贡献了大量反思、体悟宇宙本原与人生极诣的诗作。因此思来想去，似乎仍唯有"玄理诗"这一稍显笼统的名目能够摒除门户之见而最为精准地揭示这一传统下各类诗作的共性。

一、玄理诗何为？

然而问题在于，诗为何要表现玄理呢？诗的本职工作难道不在于或则走所谓"现实主义"路线——反映、揭露社会现象，或则走"浪漫主义"路线——描绘个人的心绪与襟抱吗？宇宙人生一类"大问题"交给哲人处理即可，何必以此为难诗人呢？对此，一种可能的回答是，诗人原不必自我设限，他对题材的选择应当是自由的，一切能够纳入韵律中的内容都能够成为吟咏的对象。然而更内在、更深层的原因或许在于，哲学本身对于完备地表述宇宙人生的本原与真理而言尚是不充分的；换言之，诗体在表现玄理时具有某种无法为哲学思辨所取代的优势。何出此言呢？在中国传统思想中，对本原的哲学性追索开始得不可谓不早，它起初是由先秦道家所提出的。在《老子》中，万物所由以产生的最高本原被冠以"道"的称谓:"道生一,一生二,二生三,三生万物"(四十二章)①;人既由道而生,则其日常的生活践履亦不应背离此道,因而宇宙的本原同时也就构成了人生的极则,能够获得最高幸福与长久愉悦的生存方式就是与道合一的生存方式,毕竟"同于道者,道亦乐得之"(二十三章)、"归根曰静,是谓复命。复命曰常,知常曰明,不知常,妄作,凶"(十六章)。《庄子》追随《老子》的步伐,同样将与道合一的生存视作人类所能达到的最高理想境界:正如大道乃是超越于万有之上而生化万有的"物物者"(《知北游》)②——"使物成其为物者"那样,与道合一的至人所达到的乃是"物物而不物于物"(《山木》),也就是役使万物而不为万物所役使,从而"泛若不系之舟"(《列御寇》),无所系缚、无所牵挂地自在浮游于人间世的逍遥无碍之境。

现在,新的问题出现了:人们要如何才能认识此道,如何才能抵达这种与道遨游的美妙境地呢? 遗憾的是,我们习以为常的诸般认知手段在至高本原面前似乎是徒劳的。《老子》开门见山地指出:"道可道也,非恒道也"(一章),就在我们开口言说的一刹那,道体就已然隐没于语言背后深不可测的渊薮中了。在论述的进一步展开中,我们发现道非惟"视之不见""听之不闻""搏之不得"(《十四章》),远离一切感官的把握,甚至是《庄子》所谓的"意之所不能察致者"(《秋水》)、"无思无虑始知道"(《知北游》),一切理性的思虑与推蔽并不能比感官更为切近地将我们带向道。由此看来,感官与理智足以助我们把握有形有象的形而下者,但在面对超越万物的形而上者时则显得苍白异常。职是之故,道家认为我们唯有通过某种特殊的心性修养手段——哲学上亦称为"工夫",才能够超出感性直观与理智思辨的界限,从而借助内心深处的某种直觉性体验以领悟之、体认之。道家文献中对此一工夫存在大量描述,如《老子》所言"致虚极,守静笃"(十六章)、"为学日益,为道日损"(四十八章),《庄子》所言"心斋"(《人间世》)、"坐忘"(《大宗师》),粗略言之即令心灵处于虚澹静默、不为耳目感官与闲思闲虑所干扰遮蔽的澄明状态。这一状态无疑是某种极端微妙而私密的心理体验,哲学的思辨性陈述或许能够在有限的意义上对道体,乃至我们通向道体的种种可能途径进行说明,但却很难使观者对这一境界产生共情,从而直接作用于其内心,起到传达体验、促进证悟的功能,而引发共情恰恰是诗的胜场。甚至连道家哲人在试图描述进一步这种玄妙的直觉性体验时,都不得不采取了颇富诗性的言说策略,使用丰富的隐喻和状态语词:"沌沌兮! 俗人昭昭,我独昏昏;俗人察察,我独闷闷。澹兮其若海,飂兮若无止"(《老子》二十章)、"游心于淡,合气于漠"(《庄子·应帝王》)、"与物为春"(《庄子·德充符》)。相比于小心翼翼、迂回曲折地绕着道体兜圈子的哲学思辨,诗的语言仿佛能够

---

① 本文帛本《老子》文句据高明《帛书老子校注》引用,王本文句与王弼注文据楼宇烈校释《老子道德经注》引用,兹不一一标注。参校高明:《帛书老子校注》,北京:中华书局,1996 年;王弼:《老子道德经注》,北京:中华书局,2011 年。

② 本文《庄子》文句与郭象注文据曹础基校释《南华真经注疏》引用,兹不一一标注。参校郭象注,成玄英疏:《南华真经注疏》,曹础基、黄兰发点校,北京:中华书局,1998 年。

更为直截了当地使我们默会于看似杳不可及的道境,使得"无言"的"天地之大美"(《庄子·知北游》)明明白白地呈现于诗性的敞亮里。

就此而论,不妨说后世"玄理诗"存在的最突出之价值,就在于其也可以作为一种广义的"抒情诗"而得到应用——它一方面旨在抒发与深化创作者的体验,另一方面亦有助于引导其读者产生共情而获得相似的体验,只不过这里所传达的体验并非日常性的喜怒哀乐之情,而毋宁说是《庄子》笔下超越于七情六欲之上的"无乐"之"至乐"(《至乐》)。① 进一步讲,若说道家文献中介绍的各种以致虚守静为本质的心性养炼之法乃是求道之工夫,而人们在玄理诗的创作、吟咏与赏玩中也可以达到类似的洗心涤虑、澄怀契道之效用,那么无妨断言,玄理诗本身也可以被理解为一种借助语言文字、托体于歌诗形式而实现的工夫践履。②

二、玄理诗的早期形态：魏晋玄言诗

最早的一批玄理诗集中出现于魏晋时期——准确地说是肇兴于首唱魏晋玄学(亦称"魏晋新道家",以《老》《庄》《易》"三玄"为其根本经典,由此敷扬义理)、清谈析理开始于士大夫群体中蔚然成风的曹魏正始年间,于西晋逐渐积蓄力量,并于东晋时抵达创作高峰。《文心雕龙·明诗》有"正始明道,诗杂仙心"③的说法,后来严沧浪以"正始体"称谓"嵇阮诸公之诗"④,都表明古人已对此一文学现象有所认识。当今学界沿用萧望卿、朱自清等前辈学人的术语,将这类诗作统称为"玄言诗"。⑤

玄言者,玄远之言也,有道之言也。《老子》首章有"玄之又玄,众妙之门"的说法,而在当时人的理解中,"玄"与本原之"道"基本是可以互换的同义语,如大玄学家王弼在《老子指略》一文中指出:"'道'也者,取乎万物之所由也;'玄'也者,取乎幽冥之所出也","道"侧重根据义,"玄"侧重深远义,二者不过是对同一形上本原的不同称谓。总而言之,玄言诗即运用魏晋时期盛行的玄学思辨方法对道家玄理(在东晋时期也开始包括佛教义理)进行探讨与体悟的诗作。从古至今的文学史家对玄言诗的评价普遍不高,如钟嵘《诗品》即称玄言诗"理过其辞,淡乎寡味",认为东晋玄言诗大家孙绰与许

---

① 参较李冬梅:《庄子"至乐无乐"论的美学阐释》,《海南师范大学学报(社会科学版)》1997年第4期。袁琳:《道家"至乐"观的形成与建构》,《长治学院学报》2014年第1期。

② 相关论述亦可参较杨儒宾:《山水诗也是工夫论》,《政大中文学报》2014年第22期。不过在杨氏眼中,作为"工夫"的山水诗所证成的乃是气化主体与作为审美对象的山水物象间流连婉转的审美境界,而非心如明镜,物来斯照的宗教解脱境界,这实际上扩展了中国哲学内"工夫论"一语的内涵,与本文将山水诗与释道心性工夫所证成的境界视作同一有所差异。

③ 范文澜:《文心雕龙注》,北京:人民文学出版社,1958年,第65页。下文所引皆出此本,不另行标注。

④ 何文焕:《历代诗话(下)》,北京:中华书局,1981年,第689页。下文所引皆出此本,不另行标注。

⑤ 关于作为文学史术语的"玄言诗"一词之形成与应用史,可参较张廷银:《魏晋玄言诗研究》,北京:商务印书馆,2008年,第3页以下。

洵的作品"平典似《道德论》",卒令建安风力颓靡断绝。章太炎在《国学概论》中对玄言诗明言指责:"东晋清谈过甚,他们的'清谈诗',和宋时的'理学诗'一般可厌"。朱自清数次语带不屑地谈及玄言诗与诗人:"玄言诗……抄袭《老》《庄》,落了套头"(《陶渊明批评》序)①、"东晋有'玄言诗',抄袭《老》《庄》文句,专一歌咏人生义理"(《诗言志辨》)②、"……他们作诗,只是融化《老》《庄》的文句,抽象说理,所以钟嵘说像《道德论》"(《经典常谈》)③,今人张廷银亦于其《魏晋玄言诗研究》中将玄言诗的"致命缺陷"概括为"情感稀释"与"比兴削弱"两点。④

要之,学者对玄言诗的批评基本围绕两点:其一,重说理而轻言情,从而失却了诗之为诗的抒情本性(毕竟连讲求焕扬王化的"诗言志"传统也强调诗首先要"发乎情");其二,重用典而轻原创,从而沦入"诗必柱下之旨归,赋乃漆园之义疏"(《文心雕龙·时序》)这一对经书亦步亦趋的尴尬境地,失落了艺术之为艺术的独立性。

愚见两点批评固然均有所切中,但又均失于偏颇。就第一点而言,玄言诗中一味说理,缺乏形象性与抒情性的作品诚然为数不少,这类作品在严格意义上确是难以称其为"诗"的,充其量只能算是"有韵之论文",试观庾蕴的兰亭诗:"仰想虚舟说,俯叹世上宾。朝荣虽云乐,夕弊理自因"⑤,孙绰亦有诗云:"野马闲於羁,泽雉屈於樊。神王自有所,何为人世间",二诗皆用《庄子》事寄托超世之想,全用理语铺陈,遣词造句寡淡乏味,确然无甚值得赏玩之处,但我们必须注意,这类作品绝无法囊括玄言诗的全部。事实上,意象纷呈、辞气条畅而富于美感的玄言诗同样不在少数,试观被《诗品》讥为"理过其辞"的孙绰所作的另一篇什:

> 萧瑟仲秋月,飂戾风云高。山居感时变,远客兴长谣。疏林积凉风,虚岫结凝霄。湛露洒庭林,密叶辞荣条。抚菌悲先落,攀松美后凋。垂纶在林野,交情远市朝。澹然古怀心,濠上岂伊遥。

一二句由景物起兴,三四句转出诗人感时生心、浩然长歌之姿,此下四句状景,得空灵萧散之致,再顺理成章地转出离世之想,末二句以庄子典收束,结出恬澹忘机之志趣,然因上文铺垫到位,遂不觉其突兀枯涩,而能有点明全章精神之功,通篇造语工稳、章法井然。再观东晋高僧支道林的《八关斋诗其三》:

---

① 朱自清:《朱自清古典文学论文集》(上),上海:上海古籍出版社,1981年,第90页。
② 朱自清:《朱自清古典文学论文集》(上),第223页。
③ 朱自清:《朱自清古典文学论文集》(下),上海:上海古籍出版社,1981年,第694页。
④ 参较张廷银:《魏晋玄言诗研究》,北京:商务印书馆,2008年,第310—327页。
⑤ 若无特别标注,本文中玄言诗原文均引自胡大雷:《玄言诗研究》,北京:中华书局,2007年,附录二"东晋玄言诗选注"部分,后不另注。

靖一潜蓬庐，悟悟咏初九。广漠排林筱，流飙洒隙牖。从容遐想逸，采药登崇阜。崎岖升千寻，萧条临万亩。望山乐荣松，瞻泽哀素柳。解带长陵坡，婆娑清川右。冷风解烦怀，寒泉濯温手。寥寥神气畅，钦若盘春薮。达度冥三才，恍惚丧神偶。游观同隐丘，愧无连化肘。

此篇以记游为线索，以清寂之景致与诗人洒然之风致相映带，并于景物的切换中渐次表现出诗人随之而趋于超然无碍的心境，最终抵于"恍惚丧神偶"这一物我齐谢的体验高峰，并同样使用《庄子》典作结。此二首诗作的意象使用与篇章铺排在东晋玄言诗中算得上典型，诚如论者所言，此类诗作在题材上多为记游等作（王右军等人的兰亭诗亦是典例），罕涉兴亡荣辱等人间之事，而在审美趣向上偏好展现冲泊宁和、闲定洒落的心境，其少纵横跌宕之笔，然而"无俗情"或"无大起大落之情"自不可与草木土石般枯槁寡味的"无情"画等号，前者无疑向读者传达了某种深刻而充实的内心体验，只不过这种体验并不产生于与外界事物与诗人自身的张力或冲突之中，并不以某些特定的事物或事件为对象，而是恰恰发生在一切张力都被消弭、一切与对象的系缚都被解除后的优游自得中——诗人在疏林凉风、虚岫湛露之间将诸般思虑与功利之情荡涤殚尽，翛然默契于古贤之心：只要心灵常葆其虚静湛然之体而不受遮蔽，所行无不在濠梁之上。此种心境即为《庄子》所言"至乐无乐"之至情，亦即玄学家所谓"体冲和以通无"（王弼语，见何劭《王弼传》）之圣境。要之，玄言诗中自不乏抽象说理之什，但亦有不少诗人能领会"道不可言，言而非也"（《庄子·知北游》）的困境，进而跃出思辨理性的桎梏，通过自然形象与诗人心绪的交互直接传达出自己与至高本原相冥合的切身体认。

若对另一重涉及原创性的批评略加反思，不难发现它与第一重批评具有逻辑上的相关性：玄言诗的说理性质越强，其不可避免地蹈袭老庄熟语的场合就越多，原创性也就相应越差；反之，其体验性越强，便自然要引入越多于当下拾得的鲜活经验，原创性也就会相应提升。值得注意的是，玄言诗中始终未能出现全然脱略理语的作品：重说理者往往罕谈或不谈体验，而重体验者则无不需要在篇中某处掺入理语。说理与体验比例均等地夹杂于同一首诗中的情形也很普遍，典例如嵇康的《四言赠兄秀才入军诗》十四章："息徒兰圃，秣马华山。流磻平皋，垂纶长川。目送归鸿，手挥五弦。俯仰自得，游心太玄。嘉彼钓叟，得鱼忘筌。郢人逝矣，谁与尽言"。[①] 前六句为体验，后六句为理语。这种对于说理的固执不舍一方面显著地标识出玄言诗迥出于其他抒情诗或叙事诗的高蹈姿态，但另一方面也的确对道境的自如朗现构成了阻碍：理性论述的视角总是反思性与间接性的，总是难免令人产生"雾里看花终隔一层"的观感——它始终抽身于物我冥然不分的当下体验之外，因而始终要面临"道可道也，非恒道也"的诘难，也就始终无法使得契入的悟境臻于圆融。接下来我们便会逐渐看到，构成后世山水诗蓬勃发展

---

① 嵇康：《嵇康集校注》，戴明扬校注，北京：人民文学出版社，1962 年，第 15—16 页。

之主要动力的正是这一玄言诗所具有的内在缺憾——唯有立足于对理性困境的反思与超克,玄理诗才有可能取得进一步的发展。

三、玄理诗的进阶形态:南北朝山水诗

《文心雕龙·明诗》将晋宋之际诗体的变迁概括如下:"宋初文咏,体有因革,庄老告退,而山水方滋。"在传统的文学史叙事看来,仿佛是魏晋后庄老清谈之风的颓势引发了玄言诗的退场,而新近兴起的山水诗则以其形象语言的丰赡与对抒情表达的开掘广为流行,最终取代了偏于说理、枯涩寡淡的玄言诗。然而,近年来已有越来越多的学者开始注意到,实情并非如此简单。一方面,正如我们前面所谈到的,尽管尚未臻于后世山水诗中繁复细密的程度,但玄言诗中已然存在相当丰富的景物描写,而这些景物往往具有清疏空灵的特性,从而作为诗人洗心驰神、体认道体的背景与媒介而构成了诗章中不可或缺的一部分;另一方面,南北朝山水诗中玄言诗的影响远未消退,尽管其使用确已明显少于魏晋时期,但谢灵运等人的山水诗作品极少能够全然脱略玄言,试观其名篇《登池上楼诗》:

> 潜虬媚幽姿,飞鸿响远音。薄霄愧云浮,栖川怍渊沈。进德智所拙,退耕力不任。狥禄反穷海,卧疴对空林。衾枕昧节候,褰开暂窥临。倾耳聆波澜,举目眺岖嵚。初景革绪风,新阳改故阴。池塘生春草,园柳变鸣禽。祁祁伤豳歌,萋萋感楚吟。索居易永久,离群难处心。持操岂独古,无闷徵在今。①

篇末以理语作结,显持操遗世之怀。再观其《从游京口北固应诏诗》:

> 玉玺戒诚信,黄屋示崇高。事为名教用,道以神理超。昔闻汾水游,今见尘外镳。鸣笳发春渚,税銮登山椒。张组眺倒景,列筵瞩归潮。远岩映兰薄,白日丽江皋。原隰荑绿柳,墟囿散红桃。皇心美阳泽,万象咸光昭。苗。工拙各所宜,终以反林巢。曾是萦旧想,览物奏长谣。②

起结均用理语,中段以景物铺陈,完全与孙绰、支道林等人玄言诗的结构一脉相承,而写景笔法亦颇似前修。与此同时,我们发现南北朝山水诗的另一显著特点在于,着重描绘山水景物的形态本身,而几乎不会站在人类的视角为其赋予额外的象征意义。这种处理方式在魏晋以前的文学中是尤难想象的:《论语》有"仁者乐山,智者乐水"之说,按照

---

① 谢灵运:《谢灵运集校注》,顾绍柏校注,郑州:中州古籍出版社,1987年,第63页。
② 谢灵运:《谢灵运集校注》,第157页。

"诗言志"重寄托的传统，描摹自然事物的意义多在于将其目为仁义礼智等名教价值的正面或负面象征，如《诗经·关雎》以"生有定偶而不相乱，偶常定游而不相狎"①的雎鸠(依朱熹《集传》解)喻符合礼制的夫妇关系，《硕鼠》篇以硕鼠喻剥削者，《楚辞》以香草美人寄托理想政治，自然并没有作为其本身而被发现。在"诗缘情"的传统中，自然虽然没有成为抽象的价值符号，但却被化为创作主体内心喜怒哀乐投射的对象，如《古诗十九首》的名句"白杨多悲风，萧萧愁杀人"，自然本身的意义在这种移情活动中仍处于遮蔽状态。统言之，两条传统中的诗人都是站在自然的对面观看自然，将自然目为自己所认识、把握，乃至为自己的理想与感情而服务的对象，其结果当然便是"物皆着我之色彩"(王国维语)。

由此进行反思，一些论者指出山水诗的文学史价值就在于发现了作为"独立审美对象"而存在的自然。这诚然是有见地的说法，然而恐怕尚不能穷尽自然景物在山水诗中的全部意义：山水诗人并未仅仅将景物作为观看的"对象"，或者说仅仅止步于景物的曼妙形态所带来的感官愉悦；事实上，在名教礼制与主体情感所强加的意义得以扫荡的背后，真正被扫荡的恰恰是那个在"赋义"，在"移情"，乃至在"观看"的主体本身：在"池塘生春草，园柳变鸣禽"的世界中，诗人自我的狭隘视角悄然退场，事物因此也不再作为站在主体对面的"客体"而被观看，所剩下的只是自然生发、朗然兴现的事物本身，诗人由自然的"对面"走向自然"之中"，其性灵在与自然本身的照面中彻底激发，在远离俗尘搅扰的粹然澄明中与春草、鸣禽融浃一体，优游无碍。② 这种与自然相处的方式无疑超越了对象化的感官把握与理智分辨，具有工夫论意义上追求遣荡烦虑私欲，洗练虚静之心的特质；我们唯有于玄言诗"目送归鸿，手挥五弦。俯仰自得，游心太玄"的物我两丧之境中可以窥见这种美学境界的端倪。

由此看来，玄言诗与山水诗间的递嬗与其说是两种异质性诗体的更迭，倒不如说更像是同一种诗体的进一步演变，其演变标志则是理语的减少与模山范水之言的显著增加。这种变化的内在原因何在呢？ 我们在《庄子》中可以发现这样的说法："物物者与物无际，而物有际者，所谓物际者也""道在矢溺"(《知北游》)，作为使万物成其所是的"物物者"，道一方面高蹈于万有之上，另一方面却悖论式地内在于万有之中：只有事物与事物之间才存有种种界限，道体却与任何事物之间都不存在分际，因而能够遍在于一切事物之中，即便是矢溺这等污秽卑下的事物也不例外。道的这种内在性在魏晋玄学中得到了更系统的阐发："在方法方，在圆法圆，于自然无所违也"(王弼《老子注》)、"无所不在，而所在皆无也"(郭象《庄子注》)。进一步讲，既然至高本原就完满地存在

① 朱熹：《诗集传》，赵长征点校，北京：中华书局，2011 年，第 2 页。
② 此一证成之境界可谓中国古典道禅美学之核心主题，参较朱良志：《一花一世界》，北京：北京大学出版社，2020 年，第 44 页以下。当然，这一描述绝非适用于南北朝后全体以山水为其描摹对象的诗人，事实上将山水作为单纯审美对象、移情对象，乃至作为比德与讽喻之载体的仍然大有人在，本文所论之"山水诗人"及"山水诗"仅限于谢灵运、王维、皎然等一众诗僧之类刻意以山水诗形式呈现玄理者及其作品。

于事物当中,离开事物也就没有道体,那么甚至可以说万物本身就是道的"形体":山河大地、草木虫鱼,每个独立存在的个体都是完满自足的,都具有不可取代的无上价值,处处迸散着内在的辉光。玄学家郭象在注释《齐物论》中的"天籁"一义时说道:"物各自生而无所出焉,此天道也",天籁并非与作为"众窍怒号"的"地籁"与作为箫管丝竹的"人籁"不同的什么东西,至高本原的希声之大音就鸣响于万物依其本性的自然生发之中。由此可见,将道看成是某种高远而抽象的虚无缥缈者,妄图离自然而别寻道体,恰恰是固执于理性所制造出的幻象之表现,可谓作茧自缚而尚不自知。东晋以后大乘般若学渐盛,佛教虽不似道家那般承认某个生化万有的本根,但同样相信作为诸法实相的空性并非外在于作为幻有的诸法本身:"非离真而立处,立处即真也。然则道远乎哉?触事而真。圣远乎哉?体之即神"(僧肇《不真空论》)①,后来大乘有宗乃至禅宗在论述如来藏或真如自性与万法间的关系时也始终秉承了这一基本立场:彼岸就在此岸,一旦我们试图对诸法与诸法实相作理智的分辨,试图于物象"之外"或"背后"别寻一抽象之自性,那便再也不可能抵达真实,因为实相只在目前,只存在于真切直截的当下体验中。禅语所谓"空山无人,水流花开""万古长空,一朝风月",都意在向学者昭示此理:生灭而外别无真常,倏忽之外别无万古。

当我们由此视角回观玄言诗到山水诗的转变时,或许便不难理解其背后的发展逻辑了:这一转折正是由对实相的理性把握—外在反思,向性灵契会—内在体认的过渡,或者如张君梅等学者所概括的那样,由"玄解"到"证悟"的过渡。② 诗中杂入概念辨析与逻辑推论的成分越少,与山水景物的直观冥会越多,就越能臻于"目击道存"(《庄子·田子方》)之境,其所能容纳的证悟体验也就越发纯粹与完满。在此意义上,陶渊明诗也颇能体现这种由理性到超感,由概念到经验的过渡,试比较其《形影神》神释一章结尾部分与《饮酒》其五:"纵浪大化中,不喜亦不惧。应尽便须尽,无复独多虑"③"采菊东篱下,悠然见南山。山气日夕佳,飞鸟相与还。此中有真意,欲辩已忘言"④,前者虽论理精当辞气洒落,但仍不免微有说教之隔阂感,而后者则是朗然一片神行,将读者代入纯而又纯的无言默会之境。苏东坡以为"见南山"一语优于别本所载之"望南山",因其得"境与意会"之妙,诚哉斯言。我们姑不考究两个本子的真伪,但文言中"见""现"通用,故"见南山"既可解作"我见南山",亦可解作"南山昭昭自尔现前",极得主客双遣、物我一如之致,确要优于"望南山"之句。这里涉及玄理诗或曰山水诗创作中的一个重要手法,即通过对景物之间关系或诗人与景物间之关系的适当模糊化处理,使得观看逻辑与观看视角变得游离不定,进而起到破除日常思维的线性逻辑框架、最大限度地让物象摆脱观看者主观性之束缚、还原其自然兴现之本然情状的效用,我们

---

① 僧肇:《肇论校释》,赵长征点校,北京:中华书局,2010 年,第 58—60 页。
② 张君梅:《从玄解到证悟——论中土佛理诗之发展演变》,成都:巴蜀书社,2015 年,第 3 页以下。
③ 陶渊明:《陶渊明集笺注》,袁行霈撰,北京:中华书局,2003 年,第 67 页。
④ 陶渊明:《陶渊明集笺注》,第 247 页。

在后面进一步分析总结山水诗的创作技法时还将重新提及此节。

四、玄理诗的成熟形态：唐代山水诗

前面提到，以谢灵运为代表的南朝山水诗人并未完全脱略理语的影响，故而虽间或而有"池塘生春草""明月照积雪""虚舟有超越"一类妙句，但就整体而言，其对体验的呈现仍然未臻纯粹。除此之外，愚见阻碍这类山水诗做到以圆融诗境呈现道境的因素还有两点：其一，状景有时过于细碎，且措语过分藻丽：细碎则易耽溺于对物象细节的刻画，将事物牢牢固定在观看者的主体之眼前，从而失却空灵无碍、优游共适之妙；藻丽实为修饰过重，修饰过重一则流于曲折而少直觉，二则不免过度羼入诗人的主观视角与偏好，从而失却其天趣盎然之机。比较前引谢诗中的"潜虬媚幽姿，飞鸿响远音"与后世贾浪仙的"孤鸿来半夜，积雪在诸峰"①，谢诗的"乘月听哀狖，浥露馥芳荪"与王摩诘的"明月松间照，清泉石上流"，其高下庶几可知。其二，南北朝山水诗从整体上看篇章较长，这往往意味着必须在诗中铺设大量游赏的时间地点、前因后果等逻辑性信息以撑起篇幅，而对景物的描述也容易随之限于烦琐冗杂；不必多说，这对于强调刹那性直觉体验与超时空、超逻辑感受的道境而言自然也是颇为不利的因素（这在一定程度上亦是唐后山水诗五言多于七言的原因之一）。唐代以降，律体的肇兴使得以精简短小的篇幅刻画一时之情景成为了诗歌创作的常态，越来越多的山水诗人选择以律诗乃至绝句形式进行歌咏，而在辞藻的选择上也越发倾向于清简质实的审美，这对山水诗所能承载、彰显的超越性经验发挥进一步的提纯之功。

鉴于语言越发简洁质朴（实即越发剥落"强名""强称"的主观性对于言道的不利影响），所能凸显的"言外之意""象外之意"也就越发隽永这一玄理诗之特性，一般而言，唐后山水诗篇什中五言的表达效果易胜于七言，绝句易胜于律诗，且句佳易于篇佳：举例言之，大历才子钱起的"曲中人不见，江上数峰青"一句自然"风致超脱"（《唐风怀》）、令人"咀味不尽"（《增订评注唐诗正声》）②，但这首排律中的其余语句都只平平。王摩诘的《过乘如禅师萧居士嵩丘兰若》一律风姿闲淡，意趣高古，自是佳制："无着天亲弟与兄，嵩丘兰若一峰晴。食随鸣磬巢乌下，行踏空林落叶声。迸水定侵香案湿，雨花应共石床平。深洞长松何所有，俨然天竺古先生"，但与其"坐久落花多""渔歌入浦深""坐看云起时"等五律名篇相较，亦终嫌铺陈过密，略输远致。下面举出几首耳熟能详的王维五绝，以期管窥令山水诗语句空灵有余韵之法："空山不见人，但闻人语响。返景入深林，复照青苔上"（《鹿柴》）、"木末芙蓉花，山中发红萼。涧户寂无人，纷纷开

① 如无特别标注，本文唐诗均引自陈贻焮：《增订注释全唐诗》，北京：文化艺术出版社，2001年，后不另注。

② 钱起：《钱起诗集校注》，王定璋校注，杭州：浙江古籍出版社，1992年，第348页以下。

且落"(《辛夷坞》)、"人闲桂花落,夜静春山空。月出惊山鸟,时鸣春涧中"(《鸟鸣涧》)。

前二首皆写无人之境,无人则无彼此是非之纷乱,则能使得物象最大限度地剥落感官的分割与理智的评价,从而呈现其本貌,易得点埃难到之致,故易工。三首皆有鲜亮之近景(青苔、红萼、山鸟),有空阔之远景(空山,洞户,春涧),可谓动寂互衬、有无相发,宛然有实相与自然不即不离、体用贯通融彻之妙,此即前引禅语"万古长空,一朝风月"之境,物象如风月云烟般瞬刻显现,作为背景的太虚则终古寂寞无为,未有丝毫改易,或如苏轼《送参寥师》诗中所点出的:"欲令诗语妙,无厌空且静。静故了群动,空故纳万境"①,唯其背景空虚无所增减,故能使刹那闪过的物象如其本身地昭昭现前,森然到眼。孟浩然诗则言"东林精舍近,日暮但闻钟",祖咏诗则言"寥寥人境外,闲坐听春禽",妙皆大抵类此。

又第一首"空山不见人,但闻人语响",言人虽无形而有声,则使人之形象入于非有非无、有无不定的虚灵之境,而这一虚灵之境恰与道体或真如非有非无,既超越又内在的特征相通,造语遂令人生起玄微之感,摩诘诗谓"江流天地外,山色有无中",常建诗谓"曲径通幽处,禅房花木深",宋赵师秀谓"流来桥下水,半是洞中云",皆得此有无不定之机。

又《鸟鸣涧》一诗虽写有人之境,但人仅仅作为"闲"者而默立于万象之间,与静夜春山、月出鸟鸣调适一如,极尽万类无尔无我、共成一天的从容浑化之妙,与陶诗"采菊东篱下"句一机。韩翃"僧腊阶前树,禅心江上山",僧无可"听雨寒更彻,开门落叶深""步步入山影,房房闻水声",司空表圣"客来当意惬,花发遇歌成"等句为能曲尽其奥。

又此诗将"人闲"与"桂花落"、"夜静"与"春山空"相并置,二语间似非全无逻辑关系,但似又无法限定为某种特定的逻辑关系:是人闲"之时"刚好遇到桂花落下?是"因为"夜深人静而致使春山空寂?不难发现,一旦将理解固着为某种逻辑联结,诗的言外不尽之意、袅袅余情便立刻丧失殆尽了(古典诗词的现代汉语翻译必遭此劫,几乎无一例外),因为恰是这种逻辑的模糊与视角的游离造成了对人类感知与思虑的遣荡,进而在不同物象的各自发生间构造出一种如出无心的冥合之感:此一"闲人"于其身处的当下超越于耳闻目见的樊笼,忘情遗虑,圆融无碍地契入风月花鸟的本相,性灵与天地相周游。值得一提的是,限于句式的短小,省略逻辑连接词乃是律体(尤其是五言律)的常态,但并非只要省略就一定能造成这种微妙表达效果,而是必须同时考虑到物象的适宜选用与搭配,如郑鹧鸪诗"风高群木落,夜久数星流",前因后果一目了然,虽属对造境俱工,却难有此致;而温庭筠的名句"鸡声茅店月,人迹板桥霜"则堪深味;若解作"鸡声响于茅店旁之月下""人迹印在板桥上之霜上",便顿然大失其旨。②

---

① 苏轼:《苏轼诗集》,孔凡礼校注,北京:中华书局,1982年,第905—907页。

② 参较叶维廉:《道家美学与西方文化》,北京:北京大学出版社,2002年,第1—20页。

当然,我们切莫忘记山水诗作为玄理诗的一种,其落脚点最终仍在于涤荡情识、澄怀契道,因此其创作的关窍终归不在于文字末技,而是正如《世说新语》所载孙绰之言所说:"方寸湛然,固以玄对山水"(玄言诗与山水诗血脉相连的特性又得一证!),也即在对山水景物的游览与山水诗的创作中恢复虚静澄明之心,证成"上下与天地同流"的体验境界——诗境为悟境之呈现,故诗境之佳最终仍以悟境之深为其依据,因此玄理诗大家如嵇康、支道林、谢灵运、王维、贾岛、唐末宋初一众诗僧,乃至宋明心学家与南宗画家等等,无不曾于心性修持上用功,这一传统甚至直接影响到了《文心雕龙·神思》的创作论,学界一般称其为"虚静说":"寂然凝虑,思接千载;悄焉动容,视通万里""思理为妙,神与物游""玄解之宰,寻声律而定墨;独照之匠,窥意象而运斤",居然佛老二氏之语。后世山水诗作手中屡有不刻意为诗者,其辞句不免欠于锻炼,而有"质胜文"之弊,然因其性情脱洒闲淡,为能翛然于山水之间,故其落笔而成之诗其意也自佳,终为瑕不掩瑜,如宋邵康节《清夜吟》:"月到天心处,风来水面时。一般清意味,料得少人知",明心学家陈白沙《漫兴》其一:"风洒数茎白雪,月临一丈青筇。余事归试卷里,残年放酒杯中",明画家沈周题画诗云:"江上扁舟斜日,亭中浅水微波。自把《南华》高读,人人错认渔歌",如此等等。总而言之,山水诗的创作技法可约略分三层次,其末技为字句章法,其极则为心性养炼,前者不须特意讲,后者在此无法讲,故本文主要仍在中层次的造境问题上做解说。

五、玄理诗的多重形态:三教示道诗

唐代以后,玄理诗中最为精妙出彩的部分泰半来自山水诗,经由前面对山水诗与体道经验二者间天然契合性的解说,这一节当不难理解,不过理语的使用却从未因此而彻底消灭,其独有价值也不应被轻易否定:一方面,适当的理性反思与性灵实证未必尽然是对反关系,不执着于说理不代表弃绝说理,真正空灵无滞的心境应是无所谓说不说理的,白乐天对此可谓颇有会心:"梵部经十二,玄书字五千。是非都付梦,语默不妨禅"(《新昌新居书事四十韵因寄元郎中张博士》)。事实上,若果为性情之偶至,理语的掺入不见得必然会使得空明澄澈的悟境多出渣滓,如王摩诘《过香积寺》诗"不知香积寺,数里入云峰。古木无人径,深山何处钟。泉声咽危石,日色冷青松。薄暮空潭曲,安禅制毒龙",似难说尾联对于全诗而言构成败笔。再如陈白沙的这首和陶诗,理语景语更是呈现出打并一片,难割难舍之态势:"游目高原外,披怀深树间。禽鸟鸣我后,鹿豕游我前。泠泠玉台风,漠漠圣池烟。闲持一觞酒,欢饮忘华颠。逍遥复逍遥,白云如我闲。乘化以归尽,斯道古来然"。

另一方面,山水诗所彰显的道境固然粹然清绝,但对于学者而言并无义理上的指导作用,难免令欲体悟其境者知其然而不知其所以然,产生落入虚玄的流弊。因此我们看到,唐宋后的儒释道三教大德在借助诗体立言述教时,虽不乏以山水诗式的隽语引发悟境、启沃学人之做法,但同样也撰写大量以理语为主的篇什,这些诗作中相当一部分甚至采用比较俚俗的口语,旨在方便学人理解与记忆。前者的实例在《五灯会元》等禅宗语录中可谓俯拾即是:"问:如何是佛法大意? 师曰:落花随水去。曰:意旨如何? 师曰:修竹引风来"①"僧问:如何是佛法大意。师曰:春来草自青",又如灵云见桃花而悟道,祖心晦堂以岩桂木樨香点化黄山谷,等等,不一而足,所谓翠竹黄花皆是般若,佛法大意正存在于抖落了人我分别之见、洗荡掉种种人为规定与尺度后自然朗现的物象本身之中。再如临济宗佛鉴慧勤作"四料简",用于针对求学者的不同执着为其对症施药,或空却其人,或空却其境,亦颇能得山水诗之情致:"瓮头酒熟人尽醉,林上烟浓花正红。夜半无灯香阁静,秋千垂在月明中"(夺人不夺境)"莺逢春暖歌声歇,人遇平时笑脸开。几片落花随水去,一声长笛出云来"(夺境不夺人)②。又如《十牛图》第九颂开显自空返有,空有一如之极境:"返本还源已费功,争如直下若盲聋。庵中不见庵前物,水自茫茫花自红"。

后者则如著名的永嘉玄觉禅师《证道歌》,兹摘引如下:

> 君不见:绝学无为闲道人,不除妄想不求真;无明实性即佛性,幻化空身即法身,法身觉了无一物,本源自性天真佛,五阴浮云空去来,三毒水泡虚出没。证实相,无人法,刹那灭却阿鼻业,若将妄语诳众生,自招拔舌尘沙劫。顿觉了,如来禅,六度万行体中圆,梦里明明有六趣,觉后空空无大千……不求真、不断妄,了知二法空无相;无相无空无不空,即是如来真实相。心镜明、鉴无碍,廓然莹彻周沙界;万象森罗影现中,一颗圆光非内外。③

语言通俗浅畅,于佛理大谈大谈,但通篇一气下贯略无壅塞,声韵铿锵朗朗上口,自有其独特之审美价值在,老僧洒脱泼辣、纵横恣肆之狂意隐隐如在目前,如禅语所谓"神剑一挥千里血""独坐大雄峰"。药山惟俨的法嗣船子德诚作《拨棹歌》数十首,随分设教,灵活机动地在两种模式中切换自如,或专于说理:"有一鱼分伟莫裁,混虚包纳信奇哉。能变化,吐风雷,下线何曾钓得来",或专于造境:"千尺丝纶直下垂,一波才动万波随。夜静水寒鱼不食,满船空载月明归",或造境说理浑融:"苍苔滑净坐忘机,截眼寒云叶叶飞。戴箬笠,挂蓑衣,别无归处是吾归"④。如前所述,道教徒乃至心学家的此类表述亦不在少(唯道教徒喜用丹学隐喻,遂落下乘),要皆以钱宾四言"体道悟真,日臻精微……以日常人生之洒落恬淡为归宿"⑤,限于篇幅,在此不做进一步展开,姑留来日详论。

---

① 普济:《五灯会元》,苏渊雷点校,北京:中华书局,1984 年,第 288 页。
② 智昭编撰:《人天眼目》,尚之煜释读,上海:上海古籍出版社,2020 年,第 13 页。
③ 《禅师的心法》,妙安编著,北京:中国藏学出版社,2005 年,第 36 页。
④ 引自释德诚:《船子和尚拨棹歌》,上海文献丛书编委会编,上海:华东师范大学出版社,1987 年。
⑤ 钱穆:《理学六家诗钞》,北京:九州出版社,2014 年,"自序"第 1 页。

【我们的哲学年轮】

回忆哲学实验班

周桂钿[*]

一、从哲学实验班说起

1964 年我从福建长乐一中毕业,考上中国人民大学哲学系。按原来规定,学制 5 年,上 33 门课,合格毕业,安排工作。毛主席 1964 年上半年在浙江省有个讲话,说哲学要从课堂上解放出来,上山下乡滚一身泥巴。我校领导响应毛主席的号召,将哲学系一年级我们这个班和工经系三年级都作为试验班。

如何试验? 具体做法:我们 40 名同学和 6 名老师都住在张自忠路铁狮子胡同一号,一周在这里学习,一周到第一机床厂劳动,半工半读。我在四米龙门刨那里当学徒。其他同学工作各不相同。

上课的课程也做了重大改革。教材是《实践论》和《矛盾论》,文章不长,要背下来也用不了多少时间。首先李秀林老师作开题报告。讲了 4 小时,以后就是同学自己看书、思考、做笔记。有时分组讨论,有时全班讨论。老师也都参加讨论。有的老师插话对我们有启发、引导作用。有一次,老师插话,给我留下很深的印象。有一位同学看到报纸上报道我国制造出万吨水压机,其中讲到用小机器加工大零件,蚂蚁啃骨头。同学自己发挥,说我们无产阶级就是聪明,值得自豪。资产阶级没有这个本事。肖前老师插话:那么,他们的大机器是天上掉下来的,还是地下冒出来的? 我想所有大机器都只能是小机器加工出来的。我当时体会到,我们要坚持无产阶级立场,同时要坚持实事求是。

有一次小组讨论,重型车间小组最大,16 人,我是其中之一。一位老师作辅导,他说,辩证法也有发展过程,开始是朴素辩证法,后来是形而上学,再后来是唯物辩证法。我当时表示怀疑:形而上学与辩证法是对立的,怎么会成为一个发展阶段? 我认为那是辩证法落后了,让形而上学这个对立面占了上风。开始支持老师说法的有八九个,支持我的只有六七人。经过一个小时的争论,我只剩下自己,其他同学都支持老师,我一直没想通,我最后说,我现在保留意见,课后再慢慢思考。因为争论这个问题,吃午饭的时间都被耽误了。午饭后,我回来,那位老师在他宿舍门口向我招手。我过去。他问我:

---

* 北京师范大学哲学学院教授,中国人民大学哲学系 1964 级本科生。

你最近怎么学习的？我就说没什么特别,只是读书思考,记笔记。他说今天我的意见是对的,他说李秀林老师支持我的看法,下午开全班会,他肯定了我的说法。当时我对他印象很好。

二、哲学问题的答案

哲学的问题很多,要做出回答,就很困难。在哲学试验班里,有的同学向老师提出一些问题,老师也很难回答。老师去问他的老师,他的老师最后到中央党校去问党内权威的哲学专家艾思奇,艾先生也回答不了。什么问题呢？为什么说矛盾的对立是绝对的,统一则是相对的。对立转化后还是对立的,统一转化后也还是统一的。对立的方式与统一的方式都发生了变化。我们从此引申出去,宇宙本原是物质的,意识怎么产生的？物质会运动,运动会发展、变化,在漫长的过程中产生了反应,然后产生感应,再产生意识。说了许多,物质产生意识仍然不好理解。科学在实验中可以求出答案,但哲学无法在实验中求答。因此,哲学问题可以讨论,可以一直讨论下去,没有最后结论。中国有一个习惯,由政治权威来下结论,这个权威没有,再找一个权威来。学术权威也可以下结论,但学术也要不断发展,后来的学术权威可以重新得出结论。中国几千年有记载的历史,有过许多结论,至今仍在讨论中。

三、为什么要学哲学

学习科学,努力寻求答案,哲学没有最后答案,那么学哲学有什么用处？

恩格斯说:人的理论思维是天赋的,但要锻炼和发展,锻炼的唯一办法就是学习以往的哲学,迄今为止,还没发现别的什么办法。（此为大意）总之,学习哲学可以锻炼理论思维水平,提高人的智力。

每个人最宝贵的是智力(包括智慧和品德)和体力,体育运动是为了锻炼体力,学哲学为了锻炼智力。打篮球不会产生物质成果,学哲学也不会产生物质成果,我几十年以前曾写文章,说要把哲学系办成理论思维的集训队。就是这个意思。一些人太贪利,对哲学不感兴趣,不知智力的重要性、珍贵性。

四、哲学实验班的影响

我们那个哲学实验班是初创的、探索性的,不是很完善的,但是影响相当大。它的影响有远近之分。

实验一个学期,同学自己选读一些书,在老师指导下,结合实践,思考一些问题,撰写一些论文。一学期,40 名同学,发表了 30 多篇文章,高年级同学不服气,说一年级同学哪有那种本事,都是老师帮着写的。这些文章都发表在《人民日报》《光明日报》《北京日报》《工人日报》上,没有深入思考和实践经验,老师也写不出来。我是听老师的话,深入思考,认真写笔记。有一天,看了笔记,从中整理出一篇文章,交给李秀林老师。过半小时,李老师召集全班开会,他读了我的文章,并说这是我们最好文章之一。后来,他将此稿推荐给《北京日报》发表。他对文章没做任何修改,许多同学的发表文章也都不经老师修改。高年级同学在 5 年中上了 33 门课,看了讲义,增加了很多哲学知识,没有深入思考、讨论,消化吸收不够,理论思维水平提高不多,我想可能是他们与我们的差别。

经过实验班一个学期的锻炼,我对富有哲学智慧的中国文化大感兴趣,我也养成思考问题的习惯。在“文革”中不上课,我在思考周围社会环境的实际问题。在下乡的 8 年中,对不熟悉的环境有新鲜感,仍然思考,并与周围各种人探讨实际问题。

1965 年实验班一学期打下哲学基础,又经过 10 多年运用锻炼,理论思维水平有了明显提高。1978 年恢复高考,我报名了。初试成绩各科平均 72 分多,达到 60 分的都可以参加复试。我参加复试时抽的题目是“董仲舒哲学的现实意义是什么?”我的回答:马克思说真正的哲学就是那个时代的时代精神的精华。如果董仲舒哲学是真正的哲学,那就是西汉时代的时代精神的精华。因为我答的不符合当时中哲史教科书的说法,我被淘汰了。因为中国社会科学院研究生院没有自己的房子,要借用北京师范大学的房子,北京师范大学提出要代陪几个研究生作为交换条件。研究生院就将淘汰的八名考生作为北京师范大学代培生录取。我在其中。我们 10 月报到,1979 年 1 月,我在《光明日报·哲学专栏》发表一篇文章《王充反孔吗?》。那几年流行的说法是:王充是大法家。写了《问孔》《刺孟》之类的批儒文章。我在儒法斗争的那几年,仔细读了《论衡》,认为王充是尊孔的,批评汉代儒者神化孔子。被淘汰是一种挫折,但不一定是次品。刚入学 3 个月,我就发表文章。研究生院后悔了,两次派人到北师大想把我要回去,北师大不同意。我后来出版《董学探微》,对董仲舒有较高评价,送一本给当年主考官,他看了,说我分析不错。1991 年研究生毕业 10 届,2700 多人。选出 27 人,授予“做出突出贡献的硕、博士学位获得者”荣誉称号。我是其中之一。北师大代培生 8 名,毕业留在师大只有 2 名。

总之,哲学实验班近的影响,当年就发表了一批文章。远的影响就多了,就以我个人的体会就很多。我考上硕士研究生才 3 个月,就在《光明日报·哲学》上发表文章。第二年就带论文参加全国中哲史会议,论文得到张岱年先生的好评。硕士毕业后在北师大,不久就被破格提为副教授,第一次破格提文科副教授,全校只有 2 名,我是其中之一。在以后的教学和指导研究生中,我比较重视利用各种机会锻炼学生的理论思维,提高他们的智慧,简单地说,就是孔子提倡的启发式教育。

人大伦理学的"黄埔四期二班"

肖群忠[*]

拙作《中华传统美德的时代价值》由人民出版社出版,拿到书后,我自觉向本中心与院里资料室各呈交两本样书,去资料室时,与资料室主任邢老师谈及前几天她发给我的院庆 65 周年系友征稿函事,我告诉她已经发到班群,她给我看了 60 级校友寄回的照片和别的稿件,我突然觉得自己有责任写一下,因为我们班的同学毕竟只有我和温金玉教授现在院里工作,况且,我们班是哲学系(院)办学历史上一个非常特殊的现象,记述我们班并延及"黄埔四期"之事,对于人大伦理学甚至中国伦理学学科建设都是一件有意义的事,况且,今年又是中国伦理学会成立 40 周年,本人也已经是年过花甲之人了,也要步入老人的行列了,当事人的回忆录作为一种历史叙事,是最真实的文献记录,如果不把它写下来,时间久了就会遗忘了,因此,自己有责任也有兴趣今天即兴写下这个回忆文字。

一

中国人民大学是当代中国马克思主义伦理学的母机单位,先师罗国杰先生是当代中国马克思主义伦理学的奠基人之一,这是一种客观的历史。伦理学作为一门现代学科,虽然在中国诞生于 20 世纪初年,一般认为刘师培先生撰写的《伦理学教科书》是当代中国第一部伦理学教科书,蔡元培先生的《中国伦理学史》则是中国人自己写的第一部中国伦理学史著作。1959 年苏联召开了全苏第一次伦理学大会,之后,中国受其影响,也开始建立马克思主义伦理学科,先师罗公受命在中国人民大学建立了新中国第一个伦理学教研室。1978 年改革开放后,我们迎来了"科学的春天",1980 年中国伦理学会成立并在无锡召开第一次学术大会。先师罗公被选为三位副会长之一,之后的几届,罗公曾长期担任会长长达 20 多年。

随着伦理学学科的复建,科研机构特别是高等学校急需要伦理学的科研教学人才,中国人民大学哲学系受教育部委托,由罗公负责,曾先后于 1982—1985 年举办了两期"伦理学教师进修班"(学制一年),两期"伦理学研究生班"(学制两年)。由于这四期

* 中国人民大学哲学院教授、博士生导师。

学员后来成为当代中国伦理学的中坚和领军人物,他们发挥的作用有点类似于现代中国军事人才培育的母机单位"黄埔军校"的作用,因此,往往被戏称为人大伦理学或者中国伦理学的"黄埔四期"。前两期是教师进修班,中国伦理学界的一些长辈甚至与罗公是前、后届同学的人都曾是这两期班的学员。我1981年大三时,立志学习并从事伦理学教学研究事业,当时曾给罗公写信求教,罗公不仅复信于我,还给我寄了当时校内油印本上、下册《马克思主义伦理学》,这是我与先师的首次结缘,当时我上学的本科学校政教系的伦理学老师也要去上首期伦理学教师进修班,我竟然主动把这个书送给老师了,从版本学的收藏价值,以及与罗公的结缘这个意义上讲,这本书是不应该送人的,当时作为学生的我还是比较实在的人,送了也就送了,也不后悔。两期研究生班分别是84级、85级共三个班,84级只有校内一个班,当时同时也有导师制的为数不多的几位研究生。校内84级研究生班学员如本教研室的龚群教授就曾是这个班的学员。85级校内有一个班,如李建华教授(后来上博士时他也与我同级,在同级6名同学中,按自然年龄排序,他是三师兄,我居四)就是这个班的,另外还有我们沈阳班,我今天写此文时临时将其称为四期2班,那意味着校内班就是1班。两个班同级两地,虽然也有校内班的同学代表来沈阳交流联欢,但毕竟大多数同学交谊不多。

"沈阳班"以今天的眼光与标准来看,毋庸讳言,是人大哲学系最早的合作办学和扩招的产物。其基本学制是两年,成绩合格者在四至六年内保持申请硕士学位的权力。在《光明日报》发了招生广告,并经过了严格的考试程序,最后录取了28名学员,还有校内班转过去3名同学全班共31名同学。实际上哲学系在沈阳市委党校同时还办了哲学班和逻辑班加我们伦理班共3个班。

当时,我作为78级大学生,82年毕业后曾经在陕西、甘肃两个团省委机关工作两年,一心想从事学术工作,于是就于1984年7月由甘肃团省委调入西北师范大学政教系任教了,由于我已经发表了数篇伦理学论文,因此,以一名本科生身份就调到大学任教职了,这在现在是不可能的。到了大学,不考研究生肯定是不具有合法性的,因此,当在《光明日报》上看到招生广告后,没多想就报考了,记得是在兰州市委党校参加的人大统一命题的考试,但考务组织监督估计是由沈阳市委党校委托兄弟省会城市党校组织实施的。

我们沈阳班是当时"黄埔四期"中唯一一个办在北京校本部之外的研究生班。其基本模式就是沈阳方面负责教务行政组织工作,授课老师则全部由人大组织选派。虽然没办在北京校本部,但这个班的教学组织管理和教学质量在我看来一点不差甚至更好,从教学组织上看,由时任人大哲学系伦理学教研室主任的许启贤教授担任我们的班主任,教务行政方面则由沈阳市委党校一位年长的宋老师(名叫什么我都忘了)担任我们三个班的组织员,负责行政管理。沈阳市委党校提供的食宿、教室等教学条件也都是挺好的,教学计划和时数也是非常充分的,我们师生同吃同住在一层楼里,接触交往密切,使我们这个班的师生、同学之间结下了更为深厚的情谊。

哲
学
家

二

教学活动是以教师为主体的,一个班的教学质量自然首先取决于师资力量的配备。也许因为是办在外地校外,据本部班的同学说,我们班讲课老师的配备比他们本部班还要强。罗公作为人大伦理学的领导者,我记得在我们班开班时,罗公已经当了人大副校长了,由于工作忙,他是没有给我们班上课的,只是开班时来讲了个话,至于讲没讲一个讲座我都记不清了。此文初稿在我们班群里核实史实、征求意见时,有的同学记忆说是讲过中伦史序论,有的同学说是讲的伦理学原理序论,看来,不管是讲了哪门课的序论还是讲座,我的印象还是讲了一次课,这一点看来是没错的。人大哲学系派出了这个班需要支持的别的学科的老师来为我们上课,我记得为我们班上过课的马哲的老师有肖前、李淮春、乐燕平、夏甄陶等老师。我们的专业老师自然记得就比较清楚,一一道来吧!

伦理学原理,由马博宣、王伟老师前后两段分工担任,中伦史前半段聘请中国社会科学院的陈瑛研究员担任,后半部分由焦国成老师担任。西伦史则由宋希仁老师独立担任,而马伦史则由许启贤老师担任。现代西方伦理也专门开了课,并聘请中国社会科学院的石毓彬研究员担任。石老师是一位女先生,是当代中国现代西方伦理这个研究领域的首位开拓者,可惜英年早逝。但这门课也有同学记忆说是姚新中老师上的而且还发了一个自编的讲义,现在也记不清了。经过与姚老师本人核实,他说是以石老师为主,他做助手,发的不是讲义,而是把他和戴扬毅老师等正在翻译的《伦理学百科全书》的某些辞条印发给了大家。之后,姚老师长居英国 20 多年,因此,就产生了一个疑问:姚老师当时究竟给我们班上过课没有? 看来是上过但不多。北京至沈阳坐火车需要12 个小时,老跑也不可能,老师们来沈阳讲课是在此住两个月到一学期的,和我们同吃同住在一层楼里,晚饭后又一起散步,因此,师生情谊深厚。

罗公虽然曾有前述情谊,后来也成为我的博士导师,但在沈阳班时期,他位高忙碌,因此,交往不多,结缘并不深。

马博宣老师给我们讲原理课时间比较长,感情挺好的,可是他以后由哲学系书记后调离人大了,也与伦理学界基本脱离了,虽然他退休后长期住在人大校园里,我们也很少去看望他,每每想起这些,作为为人弟子,总觉得心有不安。

陈瑛老师虽然是中国社会科学院的,但也是我们系的系友,只比罗公低一级,他与伦理学界的唐凯麟、刘启林、温克勤、徐少锦等前辈老师都是人大哲学系同班同学,他们五位同学合作写出了新中国最早的一部《中国伦理思想史》,成为我们最初学习中国伦理学史的教材。我和陈瑛老师之后的交往是比较多的,他曾经担任我的博士论文的评审与答辩委员,我们都搞中伦史,常常在开会、论坛、演讲时会聚在一起,我自己培养的博士生毕业答辩时,也曾经请他担任答辩主席。虽然不是本系的老师,但在我心中他却

"沈阳班"同学在马博宣老师授课期间师生合影留念

一直是我的老师,我自己感到我们感情一直很好。有时在京开会结束后,我总是执弟子礼,大多会开车送他到家。想起他上课时的一件我自己比较搞笑的逸事,在他的课堂上,有一次是讨论课,我发言,讲的题目是"孔子后儒的道德至上论及其影响",也许是因为有一篇写好的万余字长文,怎么不知不觉讲了快50分钟了,陈老师提醒我说:"群忠,这是课堂讨论,不是报告会。"哎呀,我马上意识到不对了,脸红了,马上停止了发言。似乎在以后的学术会议发言中,我再没有超过规定时间而多是节省时间。

王伟老师也和我的感情很好,他当时鼓励我,说我已经是一名准伦理学家,我知道这是鼓励学生的笑谈,当然我在读研究生期间,曾经在一年内上过三篇《新华文摘》文章,都是前面的全文摘要大文章,因此,也算有点小影响。他以后也调离人大了,但我也是一直执弟子礼的,我调入人大工作后,有一年,中国伦理学代表团访问韩国,王老师以中国伦理学会副会长的身份担任团长,我是秘书长,围绕团员联络、经费收取、订机票、会务组织、团员介绍折页、致辞文稿拟定、礼品准备等方面,我也做了一些工作,师生配合默契,感觉良好。常在一起开会,王老师喜欢照相,给我们照了很多好照片。

许启贤老师,既是我们的班主任,又是我们的马伦老师,又是我的陕西老乡,因此,情感上就更多了一些亲切。从沈阳班毕业后,来北京出差最先要去看的是许老师,他老人家为人热情,乐于助人,我记得去他家时,他的通讯录有好几本,到他家,他会给我下面吃,陕西人都爱吃面,他还要我专门用陕西话和他说话,能够理解他常居北京的乡愁和对家乡的思念。在人大上博士时,有时有空就约请许老师,还有我的同寝室同学李建军(现为中国农业大学教授,也是陕西老乡,他家离许老师的家更近)一起去双榆树路的一家陕西面馆去吃陕西面。许老师当时担任中国伦理学会秘书长,让我成为甘肃伦理学会(我当时任副会长)与中国伦理学会的联系人,并担任中国伦理学会理事达15年。我调到人大后,成为许老师担任负责人的我们基地重大课题的助手,可惜,许老师因病于69岁时仙逝,我还曾撰文"德启后贤"并刊发于《道德与文明》纪念许老师。

宋希仁老师是前辈老师中现在健在且已84岁高龄的老师,他治学严谨,在20世纪90年代出差来北京时,也常常去看他,他也比较肯定和欣赏我,本来他希望我成为他博士的开门弟子,但由于各种机缘,我最终还是成为罗公的博士生,但在我心中,都是老师,是一样的。他老人家70多岁时读中国经典一天要读8个小时以上,有时因此而发晕,为我们学生做出了榜样。他退休后一直没有放弃学术研究,还承担了基地重大课题,笔耕不辍,成果颇丰。而且身体一直比较硬朗,常骑自行车从过去住的圆明园家园来学校办事,这一两年较前稍微差点了,我也尽可能地随同学、同事一起去他现在住的"上坡家园"的家中去看望问安。

焦国成老师,虽然自然年龄只比我长3岁,上大学只高我一级,应该是同辈人,且已经同事近20年了,但他却是我在沈阳班时期的授课老师,而且是我在罗门上博士时期的副导师,这决定了我们终生的关系只能是师生关系,我也常常申明这一点并在与焦老师的关系中执弟子礼。焦老师是中国伦理学第一位获得博士学位的人,他对中国文献非常熟悉,开口就来。他不仅学问扎实,思维和智慧也令我心悦诚服,因此,我从内心是非常尊重焦老师的,他当年讲课时,讲至宋代时,所说的应该叫"宋明道学"而非"宋明理学"的观点,还有他关于"君子喻于义、小人喻于利"的位解与德解的观点,都给我留下深刻印象。而且,我之后考人大博士、调入人大工作都是在他的鼓励与支持下实现的,此恩难忘。前两年我出了一个小车祸,他与夫人赵老师一起登门看望的深情更是难忘。他是老师呀,我说就不要来了,没有大碍,可他和夫人还是来了,令我感动。一切道德发生的最初心理机制都来源于"敬畏"与"感恩"这样两种道德感情,焦老师和师母的这份情意我是常存心中的。

总之,沈阳班不仅为我成为一名专业伦理学工作者奠定了基础,而且与人大结缘,与上述各位老师结缘,并与各位老师结下深厚的情谊,师恩难忘,定当铭记。

三

"沈阳班"之所以成为人大哲学系甚或中国伦理学界的一种独特现象,就在于我们班虽然是一个因校外合作办学而成的班,但却是人才相对较多的一个班,在伦理学界活跃的人物和比较有成就的人似乎远远多于校内的84、85班。

我们班30名同学,不知最终取得人大硕士学位的有多少名,我不掌握,因为我毕业后由于忙碌就没再申请硕士学位,这也是我最后必须考博士的理由之一吧,但我知道我们班好多同学都在人大获得了硕士学位,比如同班同学,现在哲学院的同事温金玉教授在上学时就发表了数篇佛教伦理研究方面的论文,之后就在方立天先生指导下做了相关论文并取得了硕士学位,以后其研究方向就逐步转到佛教研究方面去了。以后继续上人大博士的有5位,其中罗门3位(刘光明、肖群忠、王淑芹),宋门2位(张国春、王莹),还有多位在国外取得博士学位者(王中田、许建良、周艳玉等),在高校从事教学研究工作的基本上都是清一色的教授,有"长江学者"1名(王淑芹)。在哲学院任教的,显然本校78级本科毕业的有好几位,但像我们班这样有两位同班同学都供职母系的也并不多。在中国伦理学界比较活跃且有点影响力的教授起码也有10多位,比如王淑芹和我,还有王莹,曾经担任中国伦理学会副会长、中国社会科学院的刘光明,南开大学的伦理学教研室主任王中田,东南大学的许建良教授,云南大学的高力教授,既担任过院里书记,也担任过教务处长,等等。

我们班不仅在学术研究上有好些同学做出了成绩,在政治上,我们班30名同学有正局级领导4名,副局级领导1名,这其中担任高校正副职领导者3人,担任地方和国家部委司局领导的2人,他们是:王莹同学曾任河北经贸大学党委书记兼校长,我们班的班长陈勇教授曾任北京政法干部学院常务副书记兼副校长,李光辉教授曾任西南政法大学党委副书记,我们班的学习委员王仪奎同学曾任大连市委宣传部副部长兼外宣办主任、大连出版集团董事长,张国春同学曾任财政部正局级单位一把手领导和我国驻美大使馆经济参赞。中国政法大学教授曹义孙同学,曾任三届全国政协委员。担任大学院系领导和地方处级领导的同学更有多名。也有同学从事商业、取得卓越成就者,如大连的王天周同学早就成为身价过亿的老板,他是一位大连帅哥,是一位有艺术气质和创新性格的人。虽然我喜欢唱歌几十年,实际上我们班当年的男歌星是王天周同学,他曾经有专业音乐团体的工作经历,唱得非常专业。

总之,我们班同学取得的骄人成绩特别是在伦理学界有影响的同学多,毕竟目前中国伦理学界的6名"长江学者"中,也有我们班同学一位呀,曾经有两位同学担任中国伦理学会副会长,我本人怎么也算是伦理学界唯一获得"全国优秀博士学位论文奖"的人呀!因此,在伦理学界"沈阳班"被看作是一种"现象",自然也是人大哲学系历史上一个有特点的班。如上所述,由于我们整整两年,同学们处于一个相对封闭的环境里(同一层楼、校园也不太大),朝夕相处,因此,同学情谊也比一般的研究生同学情谊更加深厚。我作为这个班的一员,有些事也是难以忘怀。

上学期间,班上的同学相互帮助,记得我爱人来沈阳探亲时,班上的同学合并宿舍,把一间屋子让给我们夫妻住,我和爱人去大连旅游时,就住在王仪奎同学家,嫂子待我们很好,还让其兄弟带我们找熟人去深海区玩。我和班上的任浩明兄合写了《论不朽》一文并入选了"全国中青年哲学工作者最新成果交流会",我也参加了这次在黄山举行的盛会,这次会议是由中国社会科学院哲学所、《光明日报》、中华书局等八单位联合举办的新中国成立后的一次有影响的哲学盛会,入会180余篇论文是从2000余篇论文中经过评审选拔出来的,记得当时参会者如本系的方立天、张立文老师还都是作为中年学者参加的,我本人26岁自然就算是青年学者了,由于和任兄有学术上的合作,自然交流就比较多,关系也比较好,想起来就令我感到亲切。

在班上同学中,和我关系最好的同学还有王中田同学。他是黑龙江人,当年学习特别刻苦,东北师大毕业,班上毕业后不久就去了日本,并获得学位,其论文出了书,还送我一本,学术势头挺好,还曾在北京外国语大学日本学研究中心工作一年多,先后从吉林大学调到南开大学并担任伦理学与宗教学教研室主任,如果在学术上坚持用力,肯定在伦理学界会有比较大的影响。可是不知是由于其婚变还是什么原因,他到南开后,在学术上用力不深,影响了他的学术发展,在很长一段时间里也没晋升教授,但这一切并不影响我们之间的友谊。我调来北京后,交流起来比较方便,他来京肯定找我,他与北大的陈少锋教授关系比较好,我也因他的介绍,与陈教授结缘。他长期独身,似乎逍遥自在,买了一部车,一个人开着玩,曾到过西北。天有不测风云,在2016年冬天,他早上起来在南开宿舍院里洗车时,就突然倒地,脑部大面积出血,好在有邻人及时发现,天津市人民医院就在南开南门附近,抢救及时,当时昏迷了20多天,似乎是在22天时才苏醒,按照出血量,医生认为也许抢救不过来,据说抢救过来也有可能变成植物人,由于他平时身体素质好,竟然醒过来了,我在他醒过来后的第三天专程去天津看他,当时的状况,人的意识是清醒的,但失语了,一侧手还能举,当他看到我来看他时,当我抓握着他的一只手时,我看到他眼里有泪花。我觉得既然能挺过来,那么经过一段时间疗养,应该会慢慢好起来,我准备过一段时间再去看他,但他已经不能接听手机了,打他儿子电话,多次不接,我也因忙就拖下来了,想着我女儿也在南开工作,等再去天津时专门再去看,没承想,焦国成老师的一位博士生入学后,我们互加了微信,我打开他的朋友圈,一眼就看到了中田同学去世的消息(这位同学是中田的硕士),我深感震惊和悲痛,也没能送好友一程非常遗憾。

我们三个同学住一个屋,我们宿舍里老大是张国春同学,我是老二,还有老三是魏军虎同学,是我们班年龄最小的小弟弟。国春兄当时就抽烟,同居一屋,小魏经不住诱惑,有时也就从老张放在桌子上的烟盒里抽一支出来抽,慢慢地不好意思,开始自己买烟,不久把我也诱惑进去了,我们就互相开始让烟了,这样我们都成为烟民了。我自己十年的抽烟史的水平也就是一天三五支吧,毕业十多年后,有一天参加别人的婚礼,讲到抽烟不好时,我竟然当场发愿戒烟了,这之后就基本算是戒了,近年来,似乎偶尔也能抽一支,但估计一个月也抽不了一盒吧!老大国春兄曾经是我在学时的入党介绍人,尽管我入党最后还是毕业以后在西北师大入的,国春兄曾说过我是对他写论文产生过启发性影响的人,我们关系一直也是很好的,我调入人大时,与原单位有一些经济上的纠缠,也是在财政部任职的张兄帮我协调解决的,这个恩情非常大,我一直记着。老三小魏毕业后又回到了他的老家:陕西商洛,也曾经从政,但比较长的时间是在商洛学院任教。

　　班上 30 名同学已经有 3 位同学离世了,最早的是副班长卞大姐,其次是内蒙古大学的老卜,这位老兄具有一点蒙古人豪爽、乐观的性格,得病后来北京治疗,班上有的同学帮着联系医院,我们在北京的几位同学都去医院看望,看着他乐观甚至天真的性格一点都没变,以为没有事,结果也是没过多久,老卜就去世了。我们同学和其妻还有一些联系,叮嘱她如果有孩子上学之类的事或者什么困难都可以告诉我们,我们都会尽力帮忙的。班上同学年龄差距比较大,现在在职工作的年龄比较小的同学可能是少数了,大多数同学都退休了。

　　由于同学当年交往密切,毕业以后联系也就比较紧密,我们北京的 7 位同学前几年的聚会是制度性的,每隔三五个月就各携家属聚会,最初还带孩子,慢慢孩子大了,不愿跟我们了,但男带妻,女带夫,常常聚会,轮流请客,班长陈勇在北京,联络人、秘书长是王淑芹同学,我们都得听她的,这两年她当马院院长了,人忙了,班长老陈也退休了,竟然没人招呼了。我们班更是搞过几次大型聚会,仅在大连就搞过两次,政经资源、协调性和执行力都比较强,也是带家属哟! 还有一次大型聚会是在重庆,由西南政法大学的李光辉同学接待,我本来人大有事,可是王淑芹同学命令我必须去,我也是一个讲义气的人,就乖乖乘飞机过去了,同学们在长江边船上宴饮畅谈甚是快乐。

　　在我看来,这种生活中的情谊叙事才是真正的中国伦理叙事,因为中国伦理学从来都是强调情理、情谊和实践精神的,伦理不仅是一种知识和认知,更是实践、交往和修行,因此,在我看来,这样的家长里短的文字才是真伦理,中国文化的要义就是培养懂情理的人和有情义的人。

　　尽管如此,也该打住了,总之,"沈阳班"是人民大学哲学系办学历史上一个有特点的事件,对于我们从事了大半生伦理学教学研究的人,它是学术和专业的起点,对于从政和经商的同学来说,它也是自己精神成长的摇篮。也是我们结缘人大和老师们的契机,更是同学终生情谊的缘分和美好回忆! 祝愿人大哲学院 65 周年生日快乐,祝愿我们"沈阳班"同学友谊长存,健康、快乐、长寿!

【书评】

星空与大地的辩证法

——评《哲学的星空：前沿问题与研究方法》

冯　庆[*]

2020年秋季学期，"哲学的星空——中国人民大学哲学前沿讲座系列"给全校师生和社会各界留下了深刻的印象。如今，10多位教授的讲座发言业已汇集成书，摆在我的面前。读着这些师长前辈的文字，我不禁回忆起哲人泰勒斯仰望星空却掉进坑里的著名故事。显然，编出这个故事的古人对哲学抱有一定的怀疑：人的注意力是那么有限，为什么不脚踏实地过好世俗生活，却非得抬头思考那些人类可能注定永远无法回答的重大问题不可？同样地，我们时代的多数人，尤其是终将踏入社会的大学生和研究生们，也就难免会问：既然命名为《哲学的星空》，那这本书在何种意义上，又能对我们栖息于大地的现实生活提供"问题"和"方法"？

也许，《哲学的星空》的标题带有另一层更为现代的意涵。康德在《实践理性批判》结尾赞叹"我头上的星空和我心中的道德法则"，认为对二者的探究能让"我"逐步走上使用理性评判自然和自我的正确道路。这指明了现代哲学的基本任务。在前现代的封闭世界逐渐转向现代的无限宇宙之际，"星空"从静态的井然有序转变为动态的纷繁复杂，人类历史与政治秩序的深度和广度也随之发生了巨大的质变，仿佛旋涡般的谜团，等待着有识之士的观察和解释；"仰望星空"的哲学，自此不再是泰勒斯—巴门尼德式的静观沉思，而必然会成为参与历史、探究共同生活尺度的社会性实践。现代人的身体与感性机制当中业已嵌入了历史理性，自然和自我的关系在社会实践的维度获得了理论上的重构。在这一时代语境之下，"哲学的星空"事实上等同于"哲学的大地"，《哲学的星空》的副标题也就必然是接地气的"前沿问题与研究方法"。

于是，我们不难看到，贯穿整本《哲学的星空》的思想主体，并不是形而上学的那些典型代表，而是颠转西方哲学的革命者马克思和恩格斯，是重视历史实践和政治生活维度的中国儒释道三家，是强调科学实验精神与社会建构意义的现代哲人们。进一步说，这些思想主体的共同特征，在于超出传统形而上学以纯然秩序化的框架整饬世界的问题意识，以承认现实状况的复杂且艰难为第一原则，以更为勇敢的态度去直面形式逻辑所无法涵盖的种种实质性的矛盾。

---

[*]　冯庆，中国人民大学哲学院讲师、《哲学家》编辑部主任。

在这个意义上，该书主编臧峰宇教授将他关于晚年恩格斯正义观的讲稿放在全书末尾，在新时代的社会需求基础之上探讨正义观念的历史性与现实性，让我们的注意力最终投向符合无产阶级道义感觉的"实践逻辑"。与这一逻辑构成呼应的，正是张文喜教授在全书开端对马克思主义哲学的深入讨论：马克思继承而又颠转了黑格尔的逻辑学，让历史的必然性获得了更为宏大的及物性描述；感性实践的参与让抽象的逻辑运动拓展为一种具有真正指导意味的实践方法。

在"实践"的基调之上，《哲学的星空》为当代哲学工作者和学习者提供的图景，也就不再是抽象的理念与体系，而是与科学技术、社会公平正义和伦理精神与法制等现代生活核心议题息息相关的行动中的反思。作为"反思"，这些讲座发言的意义，在于促进听众思考的能动意识。譬如，在聂敏里教授的《哲学与实验：实验哲学的兴起及其哲学意义》中，内省哲学和实验哲学之间的张力得到了充分的展现，哲学的科学属性得到了强调，源于亚里士多德的目的论形而上学需要经验的验证，在实证探究中，哲人可以认识事物的原因，从而"获得巨大的精神愉快"，这说明这类探究中也包含着"合目的性的、美的东西"。亚里士多德的辩证法里包含着关于经验的"概念综合"，进一步说，经验探究和思辨工作的严格切分恰恰是对亚里士多德传统的背离。即便是重视内省的现象学和重视概念分析的分析哲学，也要求世界经验的广袤作为恒定的在场标准之一。因此，强调"实验哲学"，意味着更为强劲的"主体性质和自觉性质"的积极提升，换句话说，我们在这种哲学的引导下，才会像康德那样找准方向，去探究如何在现代社会中通过充分考察"公共经验"而生活。

在政治哲学层面，王立教授和周濂教授通过从不同角度对罗尔斯提出的社会公平正义命题的探讨，呈现了相似的经验：罗尔斯的公平的机会平等原则在真正落实为制度的过程中会溢出诸多"应得"的间隙，因此，作为一种规范性原则，机会的平等原则和事实上的应得原则之间必然存在着需要进一步细致分析的辩证过程。而针对基于经济和文化结构的身份认同，或道德心理学层面的"承认"，弗雷泽、霍耐特等学人关于公平正义问题的讨论，也将在事实经验层面禁受更多实践理性的敲打。对共通感的过度强调，或是对差异性的过度强调，其实都或将与"实事"擦肩而过。进一步说，常识会告诉我们，政治生活在索求哲学启迪时，往往需要自下而上的"调节"多于自上而下的"规定"。这也是曹刚教授在讨论《民法典》中伦理精神时试图强调的：风险社会中依然需要依据经验世界中的公序良俗来填补对人之关怀的伦理想象，这也将成为事实性立法的根基。

技术与生命之关系的难题，事实上也会随着这一朝向"大地"的洞见而获得全然不同的回应视域。在书中我们可以看到，刘永谋教授全面检讨了斯金纳的技术治理观念，揭示了单向度的科技主义可能带来的过度理性化危机。斯金纳的心理学立场预设人是环境的产物，基于刺激—反应机制而作出选择；把握人的行为机制的心理学规律，意味着可以借此进一步控制人的行为，甚至可以在文化层面通过"设计"而落实对人类精神生活的控制。在由此形成的整齐划一的乌托邦当中，人事实上被原子化，成为技术调控的对象,这种社会图景看似符合一种理性的完美主义想象,但显然并不为具有肉身的多数人所欲求,因为其中对"人"之生命的理解只"执其一端"。与这一论题相关,朱锐教授通过介绍薛定谔的"大小之辩",阐述了生命同时作为对原子维度的封闭和对物理规律之外维度的开放或"自由"的整全特质:为了维持自身的秩序,生命必须从外界夺取秩序;换句话说,生命的结构虽然封闭,但却在新陈代谢和认知方面开放。进而,生命在定义层面也就出现两难。对于这类难题的回应,必须首先要求哲学工作者回顾生命与认知之不可分割的古老命题,亦即要求我们不断回忆知识探究与生活体验,或者说"仰望星空"和"栖居大地"之间的辩证法。

对于我们来说,中国的历史和土地,就是哲学探究必须首先"辩证"的经验基底。因此,无论罗安宪教授对道家"自然"观念的文本脉络和概念精髓的讲述,还是彭新武教授关于法家的历史渊源的勾勒与评价,抑或张风雷教授对"格义"在佛教中国化历史中的意义流变和积极效应的分析,和杨武金教授在讨论批判性阅读和写作时对墨家语言观的提及,都揭示出"前沿"在某种意义上的"传统"根柢。我们无法在面向永恒问题的讨论当中截断出一个全然迥异于"过去"的"前沿",置身历史现场,回归经典智慧,是做哲学、尤其是做中国哲学的重要法门。因此,追问观念在历史中的呈现方式和思想功能,不仅是为了从学术脉络层面确立知识自身的系统与门类,还为了更进一步明确有智慧的人类、尤其是我们中国人在变动不居的经验世界中"允执厥中"的根本"方法"或者说"道"。

"中国哲学"在吸收西方"哲学"观念时,虽然存在着林美茂教授在《从"哲学"到"中国哲学"》中客观指出的翻译与理解上的纠结之处,但在今天,以"实践哲学"或者说"人生系统的反思"为核心的"中国哲学",或许也可以被理解为某种古典"中道"意识的进一步自我"开放"。这种"开放"中无可避免携带着某种因确认自身而导致的"封闭",但二者未尝不可以"两行"于当代的中国大地。对于谢林德教授而言,中国的形而上学表述方法虽然有自身特性,但通过细致解读文本,分析这些表述方法,现代哲学的概念与问题域也将获得前所未有的补充和拓展。譬如,"时间"在古典中国哲学文本中并未作为主角登场,或者说是一个不需要提出的概念;但这并不妨碍在"化"的语义系统中,肯定与否定交互作用,辩证出变动中的"实事"的双重面相,让"是"的价值确认随之树立。这就是中国哲学的智慧之所在,也是中国人民大学哲学院哲学教育工作秉持立德树人、实事求是精神的根本原因,更是未来"哲学的星空"在中国的大地上持续闪烁的重要理由。

论文英文提要

The Discovery and Promotion of Subjectivity

ZHOU Wenzhang

Abstract:The Sinicization and modernization of Marxist philosophy in the People's Republic of China has spanned more than 70 years in time and covered all areas of philosophy in space.In this process,the discovery and promotion of subjectivity is an important achievement that cannot be ignored.In this article,from the perspective of "the discovery and promotion of subjectivity"and with reference to the research work that the author has experienced since the Reform and Opening,a historical recapitulation and analysis is made.The fruitful achievements and vivid developments in Marxist philosophy in China nowadays are the result of continuous emancipation of the mind, freedom from rigidity and dogmatism, and the courage to seek and pursue the truth;in the future,we should insist on preserving the original,absorbing the foreign and facing the future,and continue to push forward the pace of Sinicization and modernization of Marxist philosophy.

Keywords:Sinicization of Marxist philosophy;subjectivity;subject-object relationship

From Critique on Bureaucracy to Radical Democracy:
Claude Lefort's Thinking Parh toward Post-Marxism

LV Jiayi

Abstract:Claude Lefort is one of the most important political philosophers in contemporary France.Lefort started to participate in the political activities under the influence of Merleau-Ponty.He firstly identified Trotskyism and then critiqued Trotskyism before he collaborated with Castoriadis on"Socialism or Barbarism"and analyzed the nature of Soviet Union uniquely.Afterwards, he concentrated on Totalitarianism, due to which Lefort developed and critiqued Marx's philosophy.In the end,Lefort went towards post-Marxism characterized by radical democracy.Lefort tried to read Marx openly,persisted Marx's critique dimension,and grafted the critique on totalitarianism to Marx's critique dimension,which was one of Lefort's theoretical contributions.The grasp of Marx's"uncertainty"and the"overturn"of totalitarianism constitute the special path of Lefort's understanding of democracy, which is his another theoretical heritage. Generally speaking, Lefort is affected by Marx during calling Marx or Marxism into question, so it's especially important for us to distinguish in Lefort's thoughts which are misreadings of Marx and which are enlightening for us to study Marx or Post-Marxism.

Keywords: Claude Lefort; Post-Marxism; "Socialism or Barbarism"; Totalitarianism; Radical Democracy

What Is Comparative Marxist Philosophy?
Some Methodological Considerations

Roland Boer

Abstract: This study offers a position statement for comparative Marxist philosophy. It does so in two parts. The first part provides some methodological considerations concerning comparative Marxist philosophy, initially in relation to comparative philosophy per se, and then in reply to those may erroneously assume that Marxist philosophy is merely a branch of Western European philosophy. We may trace the initial moment when it ceased be such in the early 1880s, and from that moment it has taken root and developed distinct characteristics in light of regional histories, cultures, and levels of economic development. The second part provides two examples of how comparative Marxist philosophy may work: the differing definitions of a "Communist", whether in existential terms by a freelance intellectual or in collective terms as a Party member; and the definition of socialism, based on different interpretations of the Communist Manifesto itself, in terms of ownership of the means of production and liberating productive forces. The conclusion returns to the question as to how the basic principles of Marxism and its contingent judgements relate to one another.

Keywords: comparative Marxist philosophy; basic principles; contingent judgements; Chinese Marxism; Western Marxism; defining "Communist"; defining socialism

Filial Piety as the Foundation of Virtue and Xiao Jing
as the Fundamental of the Six Classics
——An Investigation Based on Ma Yifu's "*Taihe Yishan Hui Yu*" and
"*The Great Meaning of Filial Piety*"

SHU Dagang

Abstract: From the perspectives of the logic of learning, literature, and history of culture, this article tries to give an explanation of Ma Yifu's idea of Xiao Jing as the fundamental of Six Arts. According to Ma Yifu, Six Arts leads all learning, and Xiao Jing leads Six

Arts. These ideas are very important for our better understanding of the significance of the Confucian classics and the proper order of reading them.

Keywords: Ma Yifu; Six Arts; Xiao Jing; Filial Piety

Establishing a Peaceful Society and Summarizing the Six Classics: Zheng Xuan's Intention Contained in his Explanation of the *Xiaojing*

LIU Zengguang

Abstract: Zheng Xuan's annotation of the *Xiaojing* coming into being was based on the development of thought since the Western Han dynasty, therefore, the view of making distinction between five Emperors and three Kings, the view of considering the *Chunqiu* as the greatest classic and *Xiaojing* as the fundamentalist classics, could be traced back to some scholars before Zheng Xuan. Essentially speaking, Zheng Xuan proposed the idea that Confucius summarized the six classics through writing the *Xiaojing*, with the aim of rescuing disordered society and recovering the great way to peaceful society, this is rightly the core meaning implied in his explanation of the *Xiaojing*.

Keywords: *Xiaojing*; great peace; *Chunqiu*; Zheng Xuan; Six Classics

The Study of Ancient Philosophy

Michael Frede

Abstract: In this paper, Michael Frede examines a variety of approaches to the study of ancient philosophy. Frede emphasizes the significance of seeking "good reasons" in studying a position held by a certain philosopher; when we cannot find the good reason, we need to reconstruct a certain line of reasoning to achieve this; when we have difficulty in reconstructing this line of reasoning, we should appeal to the historical context, in order to understand a philosophical view. In this way, Frede draws attention to the historical perspective of ancient philosophy, arguing that this is crucial for our understanding of philosophy. We should not only understand the thought of a philosopher philosophically, but also analyze the complicated relationship between the thought and its social and historical conditions, in order that we can show how this view was developed, and how it was expressed and defended in a particular philosophical way. Frede concludes that only if the study of history of philosophy satisfies this condition, can it be the ideal study of history of philosophy.

Keywords: ancient philosophy; research approaches; good reason; historical context

The Central Books in *Metaphysics* and Genetic Method

LV Chunshan

(Tianjin Foreign Studies University, Tianjin, 300204)

Abstract: Genetic method on Aristotle's philosophy is questioned, but it cannot be denied. Books ZHΘ in *Metaphysics* is not Aristotle's most mature thought as commonly regarded. On the contrary, Book Λ is. Book Λ added further explanation of the thought which ZHΘ remains to be further explained, and ZHΘΛ constitute the central Books in *Metaphysics* which focus on "being as being". And famous controversy in the tradition on the subject of metaphysics—ontology or theology, is on account of neglect on Λ1 in *Metaphysics*. Actually Aristotle has explained that theology as a science of supreme substance is a part of ontology.

Keywords: Genetic method; Substance; Ontology; Theology

Heidegger's "Translation" of the *Daodejing*: from the Perspective of his Philosophy of Translation

LI Xingyuan

Abstract: This article reconsiders Heidegger's "translation" of the *Daodejing* from the perspective of his philosophy of translation. I first explain Heidegger's idea that is the same as interpretation (*Auslegung*). Interpretation is rooted existentially in understanding (*Verstand*) and is the further elaboration of all the possibilities embodied in understanding. Heidegger insists that translation should guide people to embark on the road toward the peak of the thinking contained in the work of language of a historical people. By emphasizing the connotation of "cross" (*Über*) in the German word for translation(that is, "Übersetzung"), he emphasizes that the work of translation is at the same time a transformation of thought. The words in the sense of linguistics have to be understood in relation to the grounding words of philosophy that bear the originary experience of Being of the Greeks'. After this long detour, I discuss the event of translating the *Daodejing* in 1946.

Keywords: Heidegger; philosophy of translation; *Daodejing*; word; interpretation

The Embodied Shan Shui: An Interpretation of Zong Bing's Preface to the Painting of Shan Shui

KE Xiaogang

Abstract: Zong Bing's "Preface to the Painting of Shan Shui" shows an explicit character of embodiment. There is a kind of deep tactile experience playing an important role in his words like "Keep the Dao in mouth and reflect the things", "Clarifying the heart and taste the images".In this tactile experience, things go into the body and melt into the embodied sense. The images and the things painted are growing together in the tactile based painting.Therefore, painting becomes a way of communication between things and the body.A closing reading of Zong Bing's Preface will be helpful to dredge the communication way between the Heaven and the Human, between the things and the body.

Keywords:Zong Bing;A Preface to the Painting of Shan Shui;body;brush and ink;time;Dao

The Myth of Human Origin and The Figure of Prometheus
——An Investigation in the Clue of Hesiod's Narrative

SUN Bin

Abstract:The theogony began with Chaos in Hesiod's narrative.Chaos could be read as both a jumble of disordered matter and a gap or opening. And the latter made the former, namely, the pure being as nothing become distinct.But this gap which characterized gods did not bring real difference until the human race came into being. Prometheus fashioned man with earth.Man comes from and returns to earth.Thus earth signifies union as the opposite of gap.Prometheus caused the mortals no longer to foreseetheir death as fact of experience and caused blind hopes to dwell within their breasts.Therefore, it is possible for human race to understand its authentic existence and nature from earth.What befell human race was related to Zeus.The order established by Zeus deprived human race of all powers.And Prometheus himself was also powerless because Zeus received good at his hands and with ill requite him wrongfully.Nevertheless, the mortals saved by Prometheus kept improving themselves and defying the immortals.

Keywords:gap;union;death;hope;power

The Ambiguity of Vision in Goodman's Pictorial Representation Theory
—— A Study from the Perceptual Psychology

YIN Manting

Abstract:As a key figure of the semiotic theory in contemporary pictorial representation studies, Nelson Goodman criticized the resemblance theory, and translated the relationship between a picture and its object into a kind of semiotic relationship.This approach shows in the awkward situation of visual and image problems in his theory.On the one hand, Goodman made use of studies of visual perception at that time to disprove the resemblance theory.Then he proved the rationality of his own.But on the other hand, his version shelved the importance of vision and image themselves.This paper also analyzes the potential impact from indirect perception theory of perceptual psychology, and how this interpretation model was integrated into his own theory.

Keywords: Nelson Goodman; Pictorial Representation; Visual Perception; Perceptual Psychology

Aristotle on a Universal Science of Being

WANG Minglei

Abstract: In Metaphysics Γ.1–2, Aristotle tries to establish a universal science of being. The common opinion is that he introduces the expression: "qua being" ($\tilde{\eta}\grave{o}\nu$), and regards "being as being" as the subject of this science. It is the focal meaning that leads all beings related to substance, then this universal science of being is thus equivalent to the science of substance. However, this article will point out that "qua being" does not restrict "being", rather it restricts the way of inquire. Meanwhile, this science is universal which includes all the species and genus, but it does not contradict with other specific sciences, rather this universality grounds the latter. This is possible because of its particular way of inquire, it does not divide any part of the account of objects, while the specific sciences presuppose parts of it and use them as the principles.

Keywords: qua being; being; focal meaning; substance; first philosophy

Heidegger on Hegel's Concept of Experience

LI Xingyuan

Abstract: It is widely agreed by scholars that Heidegger has creatively misread Hegel's *Phenomenology of Spirit*. Revealing the discrepancy between this interpretation and the original meaning of *Phenomenology of Spirit*, this paper analyzes Heidegger's interpretation in detail by focusing on six specific topics: the relationship between experience of consciousness and phenomena of spirit, the problem of "we", the problem of theoretical status of absolute spirit, the reason for the abandonment of the phenomenological system, the driving force of the evolution of *Phenomenology of Spirit*, and the will of the absolute. This paper argues that Heidegger deliberately avoided Hegel's concept of "determinate negation", and used the will of the absolute to explain the dynamics of ideological evolution in the *Phenomenology of Spirit*, thereby added an irrational will to Hegel's concept of absolute spirit and interpreted Hegel's philosophy as an imperfect questioning of being. This paper further purpose the issue of "saving the phenomena" as a realm of conversation between Heidegger and Hegel.

Keywords: Heidegger; Hegel; experience; saving phenomena

The Realm of Poetry and Dao: On the Presentation of Buddhist and Daoist Metaphysics in Poetic Words

GAO Yuhan

Abstract: In addition to the two traditions of "poetry expresses aspirations" in the context of Confucianism and "poetry originates from emotion" as proposed by Lu Ji's Wen Fu, the tradition of using poetry as a medium to convey, enlighten, and experience the supreme essence can also be considered a major trend in ancient poetics, and its root lies in the metaphysical aesthetics that emerged in the Wei and Jin dynasties and the Zen aesthetics that absorbed and transformed it. From the metaphysical language of Ji Kang and Zhi Dao Lin in the Wei and Jin dynasties, to Xie Ling Yun´s landscape poetry in the Southern dynasties, to the light and transcendent beauty of Wang Wei, Meng Hao Ran, Wei Ying Wu and Liu Zong Yuan's writing, to the ethereal enlightenment of the Buddhists and Daoists of the Tang and Song dynasties, the poetry of Dao has become increasingly sophisticated and the techniques have become more mature. This paper will reveal the aesthetic philosophy behind the evolution of metaphysical poetry and its genre genealogy, and point out that the creative practice of metaphysical poetry can be regarded as an alternative spiritual practice.

Keywords: metaphysical poetry; Zhuang-Zen aesthetics; Landscape Poetry; spiritual practice

征稿启事

为了促进哲学学科建设,加强海内外哲学同行的交流,中国人民大学哲学院于 2006 年创办了《哲学家》中文年度学术刊物,由人民出版社出版,迄今为止已经出版了十多辑,逐渐受到国内外学界的瞩目。自 2020 年起,《哲学家》一年出版两期。

《哲学家》除收录马克思主义哲学、中国哲学与外国哲学的历史和经典诠释性论文外,注重发表史论结合、比较研究的佳作,涵盖伦理学、宗教哲学、科技哲学、美学、逻辑学、管理哲学、政治哲学等领域。本刊提倡对哲学问题的原创性研究,尊重资料翔实、论证充分的哲学专题研究,鼓励哲学与其他学科的交叉研究和对重大现实问题的哲学反思。

本刊欢迎哲学领域的专家学者主持研究专题,欢迎青年学者和博士研究生踊跃投稿。

编辑部严格执行双盲审稿制度,杜绝一稿多投。本刊只接受通过电子信箱发来的稿件。通过电邮的投稿,收到后即回电邮确认,并在 3 个月内通报初审情况。编辑部对决定采用的论文会提出中肯的修改意见。

本刊不收取版面费。论文一经刊用,即寄奉样刊并支付稿酬,稿酬从优;版权归中国人民大学哲学院所有。

投稿邮箱:zhexuejia@ruc.edu.cn

编辑部地址:中国北京市海淀区中关村大街 59 号,中国人民大学哲学院《哲学家》编辑部(邮编:1000872)。

稿件的格式要求:

1. 论文篇幅为 7000—12000 字(包括文献资料与注释),由标题名、作者名、具体到学院或研究所的作者单位(请用脚注标出)、内容提要(200—300 字)、关键词(4—6个)、正文组成。在文章开头提供作者单位的英文正式标注、论文的英文题目、英文内容提要(Abstract)和英文关键词(Keywords,请注意不要写成 Key words)。

此外请注明作者联系方式(邮箱与电话号码)以便于编辑部联系。

2. 来稿注释一律采取当页脚注,每页重新编号。注释以阿拉伯数字①②③④⑤等编号。格式为“作者,《书名》,某某译,出版地:出版社,某某年,第某某页。”引用期刊文章格式为“作者,《文章名》(若引用外文期刊文章,则将书名号换为双引号),某某译,载

《期刊名》,某某年,第某某期(外文期刊需具体页码)。"外文文献采取 MLA(Modern Language Association)引用格式。请勿使用文末提供"参考文献"的格式。如果有图像、图表等,请另外提供其 PDF 文档。

3. 在作者名字之后请用脚注标出姓名、工作单位,以及文章的资助信息等,也可以做简要的自我介绍。字号使用小四号,段落行距为 1.5 倍行距。引文四行及以上应单独分段并居中,上下各空一行。注释请提供所参考的材料的具体页码。标注网站链接的,请注明最后的登录日期。文中需要着重的地方请用下圆点或者下划线,请勿使用宽体字或斜体字,着重不宜过多;此外请注明着重来自原引文还是来自本文作者。文章分节标题用中文数词标出并居中。一级分节使用一、二、三,二级分节使用(一)(二)(三)。

4. 关键词的格式为:中文部分用两个空格隔开,英文部分用分号隔开,除了专有名词之外都用小写。例如:

关键词:梅洛—庞蒂;萨特;自由;沉积;处境;一般性的自由

Keywords:Merleau-Ponty;Sartre;freedom;sedimentation;situation;general freedom

责任编辑:洪　琼

图书在版编目(CIP)数据

哲学家·2021(2)/中国人民大学哲学院编;臧峰宇主编. —北京:人民出版社,2022.12
ISBN 978－7－01－025659－7

Ⅰ.①哲…　Ⅱ.①中…②臧…　Ⅲ.①哲学-文集　Ⅳ.①B-53

中国国家版本馆CIP数据核字(2023)第079150号

哲学家·2021(2)
ZHEXUEJIA 2021(2)

中国人民大学哲学院　编　臧峰宇　主编

人民出版社 出版发行
(100706　北京市东城区隆福寺街99号)

北京中科印刷有限公司印刷　新华书店经销

2022年12月第1版　2022年12月北京第1次印刷
开本:787毫米×1092毫米 1/16　印张:14.75
字数:310千字

ISBN 978－7－01－025659－7　定价:69.00元

邮购地址 100706　北京市东城区隆福寺街99号
人民东方图书销售中心　电话 (010)65250042　65289539